제 2 판

미성년·성년후견소송

-이론·서식·실무-

변 호 사 **정동근** 감수
법학박사 **김동근** 저

진 원 사

제2판 머리말

후견제도는 질환, 노령, 그 밖의 사유가 있어 정신적 제약을 받고 있는 상태라 혼자서는 사무처리에 필요한 활동을 할 수 없을 때, 후견인으로 선임된 자에게 그들의 재산관리 및 신상에 관한 결정을 돕도록 할 수 있는 제도입니다. 이러한 성년후견인제도는 특히, 정신적 제약이 있는 고령자나 장애인 등 사회적 약자를 돌볼 수 있는 사회적 안전장치가 부족한 현실에서 그 빈틈을 채워줄 수 있다 점에서 상당한 의미가 있는 제도입니다.

다만, 이러한 성년후견제도는 여러 장점의 존재에도 불구하고 이 제도가 필요한 대상자 수의 1%만이 이용하고 있을 정도로 아직은 그 이용률이 매우 저조한 실정이라고 합니다.

따라서 본서는 이러한 성년후년제도의 활성화를 도모하고 성년후견제도가 필요한 분들에게 후견제도를 알림은 물론 보다 손쉽게 관련 제도를 이용할 수 있도록 초판에서 다소 부족하다고 지적된 성년후견 등 관련 이론부분을 대폭 보강하고 관련 서식들도 일부 추가함으로써 누구라도 이 한권의 책으로 후견관련 소송을 수행할 수 있도록 구성하는데 초점을 맞추었습니다.

혹 부족한 부분은 독자분의 계속된 지도편달 부탁드리며, 관련 내용은 소송수행의 편의 및 독자분들의 이해를 돕기 위하여 판을 거듭하면서 보완할 것임을 약속드립니다.

마지막으로 코로나 19로 인한 경제불황 속에서도 본서의 출간을 위하여 불철주야 노력하신 진원사 양진수 사장님을 비롯하여 편집자 및 여러 임직원들에게도 깊은 감사를 드리는 바이다.

2023. 5. .

편저자 **김 동 근** 씀

머 리 말

기존의 금치산·한정치산제도를 폐지하고, 성년후견, 한정후견, 특정후견 등 새로운 후견제도를 도입한 개정민법(법률 제10429호)이 2013. 7. 1. 시행되었다. 성년후견 등에 관한 민법규정의 개정이유는 기존의 금치산·한정치산 제도를 현재 정신적 제약이 있는 사람은 물론 미래에 정신적 능력이 약해질 상황에 대비하여 후견제도를 이용하려는 사람이 재산행위뿐만 아니라 치료, 요양 등 복리에 관한 폭넓은 도움을 받을 수 있는 성년후견제도로 확대·개편하고, 금치산·한정치산 선고의 청구권자에 후견감독인과 지방자치단체의 장을 추가하여 후견을 내실화하며, 성년후견 등을 요구하는 노인, 장애인 등에 대한 보호를 강화하고, 피성년후견인 등과 거래하는 상대방을 보호하기 위하여 성년후견 등에 관하여 등기로 공시하도록 하기 위한 것이다.

이에 따라 개정민법에 의하면 가정법원이 성년후견을 비롯한 후견의 개시와 종료심판을 하고 후견인을 선임·변경하며, 후견인과 피후견인의 행위능력이나 권한, 후견사무의 처리와 관련한 사항을 결정하고, 후견사무를 처리한다.

따라서 본서는 새로운 후견제도의 시행과 관련된 가정법원의 심판사건과 절차를 중심으로 관련 내용을 정리하되, 각 절차에 맞추어 관련 서식의 작성방법, 법적근거(조문), 관련 판례 등에 관한 사항들을 일목요연하게 정리하였고, 절차적 완성도를 높이기 위하여 각 절차 진행에 필요한 각종 서식 하단에는 인지세, 접수실무, 불복방법 등의 핵심적인 사항을 명시하기도 하는 등, 이를 참조하여 법률·법무 실무자를 비롯하여 법률에 무지한 일반인이라 하더라도 손쉽게 후견관련 소송을 수행할 수 있도록 하였다는데 그 특징이 있다.

아무쪼록 소송 당사자나 관련 실무 종사자 또는 가사법 실무를 연구하려는 독자분들께 본서가 길라잡이 역할을 충분히 해낼 수 있기를 바라고, 다만 다소 미흡하거나 부족한 점은 독자분들의 지도편달을 바라며, 계속 판을 거듭하면서 이를 보완하고자 한다.

또한 본서의 출간을 위하여 많은 자료와 협조를 아낌없이 해주신 법원 및 여러 법무법인(LAW FIRM) 관계자 여러분께 이면을 빌어 고마움을 표시하고자 한다.

끝으로 어려운 가운데에서도 본서의 출판을 위하여 불철주야 노력하신 진원사 양진수 사장님을 비롯하여 편집자(전희성 님) 및 여러 임직원들에게도 깊은 감사를 드리는 바이다.

2014. 4. .

편저자 **김 동 근** 씀

목 차

제1장 후 견

제2장 후견제도 절차

제3장 사전처분

미성년·성년후견소송

제1장
후 견

제1절 후 견

1. 서 설

후견은 정신적 제약을 가지고 있는 사람을 보호하고 미래에 정신적 능력이 약해질 상황을 대비하기 위하여 마련한 제도이다. 종전 금치산·한정치산제도는 그 대상자가 심신상실·미약자로 한정되어 보호가 필요한 사람들에게 효율적인 조력을 제공한다는 측면에서 미흡한 점이 적지 않았다, 새로운 제도는 질병, 노령 등의 사유로 인한 정신적 제약으로 사무를 처리할 능력이 결여된 자(성년후견), 사무를 처리할 능력이 부족한 사람(한정후견), 일시적 또는 특정한 사무에 관한 후원이 필요한 사람(특정후견)으로 그 대상을 넓히고, 가정법원이 이용자의 정신적 제약의 정도에 따라 후견인의 조력을 받아야 하는 행위 유형 등을 개별적으로 결정할 수 있도록 하였다. 또한 모든 유형의 제도 이용자에게 잔존 능력을 인정하고, 피한정후견인 및 피특정후견인은 원칙적으로 완전한 행위능력을 보유한다.[1] 한편 후견에는 미성년후견, 성년후견, 특정후견이 있으며(민법 제940조의2 이하), 실적적인 후견인 감독을 위한 후견감독인 제도와 후견을 받을 사람 스스로 후견인을 선임하고 후견의 내용을 정할 수 있는 후견계약제도가 있다(민법 제959조의14 이하).

---

1) 다시 말해, 성년후견을 받는 사람의 법률행위 중 일용품의 구입 등 일상생활을 영위하는 데 필요한 행위이거나 후견개시의 심판에서 달리 정한 것은 취소할 수 없고, 한정후견을 받는 사람의 법률행위는 가정법원에서 한정후견인의 동의 사항으로 결정하지 아니한 이상 확정적으로 유효한 법률행위로 인정되며, 특정후견을 받는 사람의 법률행위는 어떠한 법적 제약이 따르지 않는다, 그 밖에 후견을 받는 사람의 복리, 치료행이, 주거의 자유 등에 관한 신상보호 규정이 신설되었다(민법 제947조, 제947조의2).

후견인의 유형은 어떤 것이 있나요?

새롭게 도입되는 성년후견제도에서 후견인의 유형은 크게 법원이 후견인을 결정하는 법정후견인과 후견계약에 따라 본인이 후견인을 결정하는 임의후견인이 있습니다. 이중 법정후견인은 청구요건과 권한의 범위, 선임의 효과 등에 따라 성년후견인, 한정후견인, 특정후견인으로 나눌 수 있습니다.

[후견제도의 유형]

후견유형	법정후견			임의후견 (법정후견과 양립불가)
	성년후견	한정후견	특정후견	
개시사유 (질병, 장해, 노령, 그 밖의 사유에 의한 정신적 제약으로)	사무를 처리할 능력의 지속적 결여 + 일정범위의 청구권자의 청구에 의한 가정법원의 후견개시심판	사무를 처리할 능력이 부족 + 일정범위의 청구권자의 청구에 의한 가정법원의 후견개시심판	일시적 또는 특정사무에 관한 후원의 필요 + 일정범위의 청구권자의 청구에 의한 가정법원의 후견개시심판	재산관리 및 신상보호 사무의 위탁과 그 대리권의 수여의 후견계약(공정증서) + 가정법원에 의한 임의후견감독인의 선임
본인 의사 존중의 원칙	심판시 본인 의사의 고려 및 후견인 선임시 본인의사의 존중	심판시 본인 의사의 고려 및 후견인 선임시 본인의사의 존중 본인	본인 의사에 반하지 않을 것	본인의 동의 필요
피후견인의 행위능력	행위능력의 일반적 제한(예외 일용품 거래 및 취소 불가행위의 지정)	원칙적 행위능력의 보유 및 예외적 제한가능성(동의 유보의 결정)	행위능력 제한 없음	행위능력 제한 없음
후견인의 권한	포괄적 재산관리권과 대리권(제한 가능) + 신상보호와 신상결정권	일정 범위의 재산관리권과 대리권 및 동의권 + 신상보호와 신상결정권	특정사무의 후원(대리권 부여 등) + 신상결정권한 부여(유추적용)	재산관리 및 그 대리권 부여 + 신상보호 및 신상결정 권한 부여
후견감독인	후견감독인의	후견감독인의	후견감독인의	법정후견감독인

(친족회 폐지)	임의기관화 주요재산에 관한 대리행위에 대한 동의권	임의기관화 주요재산에 관한 대리행위에 대한 동의권	임의기관화	규정의 준용
신상보호와 신상결정권	(본인 결정 우선의 원칙) 정신병원의 입원 의료행위의 동의 주거부동산의 처분	(본인 결정 우선의 원칙) 정신병원의 입원 의료행위의 동의 주거부동산의 처분	유추적용	(본인 결정 우선의 원칙) 후견계약상 신상결정권한 부여 가능
신상결정의 감독	정신병원의 입원 의료행위의 동의 주거부동산의 처분에 가정법원의 허가	정신병원의 입원 의료행위의 동의 주거부동산의 처분에 가정법원의 허가	유추적용(?)	법정후견감독인 규정의 유추적용(?)

2. 개정민법상 성년후견의 기본원칙

1) 본인의사의 존중

종래 금치산자, 한정치산자는 본인의 무능력을 이유로 후견절차 및 후견사무에 있어서 피후견인 본인의 의사를 고려하지 않고 이를 무시하여 온 것이 사실이다. 그러나 피후견인이라고 하더라도 정도의 차이는 있을망정 잔존능력이 남아 있기 마련이고 그에 기초하여 본인의 의사를 표명하는 것이 가능하다면 당연히 이를 존중하는 것이 사적 자치의 원칙, 자기결정과 인권 존중이라는 관점에 부합한다는 점은 말할 나위가 없다.

이러한 취지에서 개정민법에 있어서 성년후견과 한정후견의 개시심판을 할 때 가정법원은 본인의 의사를 고려하여야 한다는 규정을 신설하는 한편(개정민법 제9조 제2항, 제12조 제2항), 본인의 의사에 반하는 특정후견의 개시를 금지하고 있다(개정민법 제14조의2 제2항), 나아가 가정법원이 성년후견인을 선임하는 경우에도 본인의 의사를 존중하여야 한다(개정민법 제936조 제4항). 그 밖에 본인 스스로 도움이 필요한 후견사항을 정하여 후견사무를 처리해 줄 임의후견인을 선임할 수 있도록 임의후견제도를 마련한 것도 결국은 본인의사 존중에서 비롯된 것이라고 할 수 있고, 후견계약의 이행에 관하여는 가정법원, 임의후견인, 임의후견감독인 등에게 후견계약을 이행·운영할 때 본인의 의사를 최대한 존중하여야 한다는 원칙을 명시하였다. 나아가 임의후견감독인 선임에 있어서 다시 한 번 본인의 동의를 얻도록 한 것도 같은 취지라고 할 것이다(개정민법 제959조의15 제2항 단서).

무엇보다도 후견인은 피후견인의 재산관리와 신상보호를 할 때 피후견인의 반하지 아니하면 피후견인의 의사를 존중하여야 한다(개정민법 제947조, 제959조의6, 제959조의12). 이는 개정민법에 있어서 후견인의 후견사무 수행의 기본원칙을 선언한 것이다. 문면상 피후견인 본인의 의사보다 본인의 복리를 우선하는 것처럼 읽힐 수도 있으나 성년후견제도의 입법목적에 비추어 그 의미는 무엇보다도 본인의 의사가 우선하여 존중되어야 하지만 본인의 (의사)결정능력이 불완전하여 본인이 복리에 반하는 결정을 한 경우에는 본인의 의사에도 불구하고 예외적으로 본인의 복리를 위하여 본인의 의사가 제한될 수 있음을 선언한 것이라고 할 것이다. 이때 피후견인 본인의 의사가 객관적 합리성이 없다고 하여 본인의 의사결정능력이 결여되거나 부족하여 그 의사가 완전하지 못하다고 쉽사리 배척되어서는 안 된다. 본인의 의사결정이 객관적으로 합리적인 결정이 아니더라도 그것이 반드시 본인의 복리에 반한다고 단정할 수 없으며, 심지어 누구나 어떤 사태에 관하여 언제나 합리적인 결정을 하는 것도 아니다. 판단의 합리성은 의사결정능력의 일부에 지나지 않으며 사태에 대하여 갖게 되는 선호나 기호 등은 합리적 판단력과는 별개로 존중될 필요가 있다는 점에도 유의하여야 한다. 후견사무에 관한 것은 결국 자신의 삶의 방식을 결정하는 것과 관련된 것이고 이는 피후견인의 세계관이나 인생관에 의하여 좌우되는 매우 주관적인 것으로서 객관적 합리성의 기준만으로 복리에 반하는 의사로서 치부되어 가볍게 그 의미가 무시되어서는 안 된다는 것이다. 가령, 피후견인이 가이드가 붙은 값비싼 세계여행을 희망하는 것이 객관적으로는 그 돈으로 치료에 집중하는 것이 본인에게 더 유익하다고 할지라도 그러한 결정은 존중되어야 한다고 한다. 왜냐하면 의사결정능력이 없어진 그 순간에도 본인의 삶을 살다 가도록 하여야 하고 개개인의 삶의 태도를 최대한 존중하는 것은 의사능력을 상실한 순간에도 보호되어야 하기 때문이다.[2)]

개정민법에 있어서 성년후견제도 전반에 걸쳐서 가정법원, 후견인, 후견감독인 등에게 본인의 의사를 존중하여야 한다는 원칙을 적용하는 것은 후견사무가 본인의 삶의 방식에 관한 것이라는 점에서 사적자치를 기본원리로 하는 민법에 있어서 어

2) 제철웅, 성년후견제도의 개정방향, 민사법학 제42호(2008. 9), 137면.

쩌면 너무도 당연한 것이라고 하겠다. 오히려 종래 행위무능력자제도가 피후견인의 자기결정과 사적자치의 가능성을 무시하고 배제하였다는 점에서 문제가 있었던 것이다. 이는 아마도 피후견인을 보호의 대상으로만 인정하고 온전한 권리의 주체로 인정하지 않았던 데에서 비롯된 것이 아닌가 생각된다. 그러한 의미에서 본인의사 존중은 권리의 주체로서의 피후견인의 복권을 의미하는 것이라고도 할 수 있다.

2) 자기결정의 존중

본인 의사 존중의 원칙은 다른 한편으로는 본인의 자기결정 존중으로도 나타난다. 다만, 본인의사 존중의 원칙은 가정법원, 후견인, 후견감독인, 후견심판청구인 등 피후견인을 둘러싼 관계인 모두에게 적용되는 원칙으로서 각자의 역할과 직무를 수행함에 있어서 언제나 피후견인 본인의 의사를 존중하여야 한다는 원칙인 데 반하여, 피후견인의 자기결정 존중의 원칙은 요보호인이 그 필요에 따라 후견선고를 받아 피후견인이 되었더라도 자기결정의 가능성이 있다면 후견인 등은 언제나 피후견인이 스스로 결정하도록 지원하고 이를 존중하여야 하고 자기결정이 불가능한 경우에 비로소 피후견인의 결정을 대행한다는 원칙이다(자기결정의 지원과 대행의 원칙). 후견관계인에 의한 본인의 의사 존중 이전에 어떤 사항에 대하여 피후견인이 스스로 결정할 능력이 있다면 본인 스스로 결정하게 하고 이를 존중하는 것이 보다 근본적으로 본인의 의사를 존중하는 것이라고도 말할 수 있다.

개정민법은 이러한 원칙을 피후견인의 신상결정에 관하여만 명문의 규정을 두고 있으나 재산관리에 관하여도 적용되는 원칙이라고 할 것이다. 따라서 재산관리에 있어서도 본인에게 결정능력이 있다면 재산관리나 그에 수반된 법률행위에 관하여도 본인의 결정이 존중되어야 한다. 가정법원이 성년후견이나 한정후견을 개시함에 있어서도 일용품의 거래 외에 취소할 수 없는 법률행위를 정하거나(개정민법 제10조 제2항), 피한정후견인의 법률행위 중 취소할 수 있는 법률행위를 예외적으로만 정할 수 있도록 한 것은 후견선고 후의 재산관리 등에 있어서도 가능한 한 피후견인 본인의 자기결정을 존중하려는 뜻이 포함되어 있는 것이라고 할 것이다.

다만 개정민법은 후견인에게 재산관리와 법률행위 대리권과 관련해서는 자기결정 우선의 원리를 명문화하지 않고 있으므로 후견인에게 대리권이 부여된 재산관리와 법률행위에 관하여 자기결정 존중의 원칙은 후견인의 피후견인에 대한 주의의무로서만 존재한다고 볼 것이다. 따라서 후견인에게 대리권이 부여된 범위 내에서의 재산관리나 법률행위에 관한 한 그 대외적 효력에는 영향이 없다. 이것은 무엇보다도 후견인의 대리권 행사에 있어서 거래의 안전을 고려한 것이라고 이해할 수 있다. 이러한 관점에서 보면 피성년후견인의 법률행위를 원칙적으로 취소할 수 있는 것으로 함으로써 행위능력을 일반적으로 제한한 것은 본인의 자기결정 존중의 원칙과는 잘 조화되지 않는 측면이 있다. 피성년후견인의 행위 중 일용품 거래 외에 취소할 수 없는 행위를 정한 예외적인 경우가 아닌 한 성년후견인이 아무리 피성년후견인 스스로의 결정을 존중하고자 하더라도 피성년후견인의 법률행위는 일반적으로 취소할 수 있으므로 피성년후견인 스스로 유효한 법률행위를 할 수 있는 길이 막혀 있기 때문이다. 그러나 뒤집어 보면 입법자의 이러한 태도는 성년후견의 적용대상을 본인의 자기결정 가능성이 거의 없는 경우로 한정하여 파악한 것으로도 이해될 수 있다.

반면에 한정후견에 있어서는 동의유보 사항을 예외적으로만 정할 수 있게 하고 대리권도 필요에 따라 그 범위를 정하여 부여할 수 있도록 하고 있다. 따라서 피후견인의 자기결정 존중의 관점에서는 성년후견보다 한정후견이 보다 유리한 제도라고 할 것이다. 한정후견인은 원칙으로 유효하게 법률행위를 할 수 있으므로(원칙적 행위능력자) 피한정후견인이 스스로 법률행위를 할 수 있거나 한정후견인의 조력(동의)을 얻어 법률행위를 할 수 있는 경우에는 피한정후견인의 자기결정을 존중하여야 한다. 피한정후견인이 스스로 결정할 수 없는 단계에서 비로소 한정후견인이 피한정후견인의 결정을 대행하여 대리권을 행사할 수 있다고 보아야 한다.

한편 특정후견이나 후견계약에 있어서는 본인의 행위능력을 전혀 제한하지 않으므로 특정후견인이나 임의후견인은 본인이 스스로 결정을 할 수 있는 한 이를 존중 우선시키고 자신의 권한 행사를 자제할 필요가 있다.

결국 자기결정 존중의 관점에서 보면 법정후견 유형의 선택에 있어서도 요보호성인에게 자기결정의 가능성이 인정되는 한 특정후견이나 한정후견이 우선 고려되어야 하고, 성년후견은 본인의 자기결정 가능성을 고려할 필요가 없는 경우로 한정하여 운용되어야 한다는 시시를 얻을 수 있다.

3) 잔존능력의 활용

피후견인의 의사를 존중하고 그의 자기결정을 존중 지원한다는 것은 피후견인에게 일정한 결정능력이 있다는 것을 전제로 한다. 피후견인의 경우에도 모두 획일적으로 의사결정능력을 상실하는 것은 아니고 구체적으로 의사결정능력의 제한 정도는 다양하고 시간의 경과에 따라 달라질 수 있을 뿐 아니라 행위가 이루어진 환경과 시점에 따라 달라지기도 한다. 성년후견제도는 피후견인으로 하여금 남아 있는 잔존능력(현존능력이라고도 한다)을 가능한 한 최대한 활용하여 스스로 생활관계를 형성해 나갈 수 있도록 하는 것이 장애를 넘어서 사회에 복귀 통합되기 위한 중요한 전제라고 이해하고 있다. 앞서의 본인 의사 존중, 자기결정 존중도 결국은 본인의 잔존능력에 기초한 것이며 사회적 재활을 통한 요보호인의 사회 복귀·사회 참여도 요보호인이 잔존능력을 얼마나 활용할 수 있는가가 전제가 된다.

의사결정능력은 획일적 고정적인 것이 아니라 피후견인 각각에 따라 나아가 결정 대상이 무엇인가에 따라 천차만별일 뿐만 아니라 동일 피후견인에 있어서도 어떤 상황, 어떤 일시에서의 결정인가에 따라 그 결정능력이 달라진다. 따라서 피후견인이라는 이유만으로 특정한 의사결정능력이 없는 것으로 간주되어서는 안 된다는 점에 주의하지 않으면 안 된다. 피후견인인 경우에도 그가 특정 사안에 관하여 결정능력이 없다는 구체적인 증명이 없는 한 결정능력이 있는 것으로 보아야 한다.

4) 필요성과 최소개입의 원칙(보호조치의 개별화)

성년후견제도에 있어서 피후견인 또는 요보호인의 본인의사 존중, 자기결정 존중, 잔존능력 활용의 원칙은 국가의 후견 개입을 당해 요보호인에게 후견보호의 필요성이 있는 한도 내에서만 최소한의 개입만을 정당화할 수 있게 한다. 다른 한편으로 필요최소개입의 원칙은 후견보호가 동시에 기본권 제한으로 나타난다는 점에서 기본권 제한에 관한 비례의 원칙으로부터도 도출될 수 있다(김형석 교수 검토의견). 이에 따르면 아무리 요보호인의 결정능력이 부족하더라도 가족이나 친지 등의 도움으로 생활관계를 형성해 가는 데에 문제가 없다면 굳이 국가 등의 후견개입을 요구할 필요는 없다.

따라서 개정민법이 법정후견에 관하여 요보호인의 정신적 제약의 정도에 따라 성년후견, 한정후견, 특정후견의 세 가지 유형을 마련해 두고 있으나, 이것이 오직 요보호인의 정신적 제약의 정도에 좇아 선택 결정되는 성질의 문제가 아니라는 점에 유의하여야 한다. 즉, 아무리 정신적 제약이 심한 경우라도 가족이나 친지의 도움으로 일상의 생활을 영위해 나가는 데에 지장이 없으면 굳이 행위능력의 제한을 수반하는 성년후견이나 후견인에게 동의유보나 대리권이 부여되는 한정후견 등을 이용할 필요가 없다. 당장의 상속재산의 분할(특별대리인의 선임 방법으로 가능하지만)이나 일회적 혹은 단기간의 의료행위에 대한 동의가 필요한 경우에는 후견 개입의 정도가 낮은 특정후견을 이용할 수 있다.

보다 바람직하게는 요보호인 스스로 결정능력이 있을 때 스스로 선임한 자와 후견계약을 체결하여 장차 자신의 후견개입은 요보호인의 필요한 범위에서 그 한도에서만 허용되어야 하고 이는 이용할 법정후견 유형의 선택 그리고 선택된 후견유형에 있어서의 보호조치의 결정에 있어서도 필요한 최소한의 조치로 구성하여야 한다는 것을 의미한다. 그리고 이는 결국 가정법원으로 하여금 후견개시에 있어서 피후견인의 구체적 사정과 필요를 고려하여 후견유형의 선택과 보호조치의 결정을 개별화할 것으로 요구한다. 이점에 관하여 개정민법이 종래 제도와의 연속성이 중시하여 유형주의에 좇아 세 가지 법정유형을 규정하였으나, 각 법정유형의 보호조치의 단절을 제거하고 각 유형 안에서의 보호조치의 결정을 매우 유연하고 탄력적으로 구성할 수 있게 함으로써, 유형주의를 취하면서도 각 유형에 있어서 보호조치의 개별화가 가능하도록 제도를 설계하였다는 점에 주목할 필요가 있다.

5) 정상화의 원칙

개정민법상 새로운 성년후견제도는 장애인에 대한 차별을 제거하고 그들의 인권을 옹호함으로써 궁극적으로는 그들이 사회의 보통의 구성원과 마찬가지로 인격적 대우를 받으며 지역사회에서 더불어 살아가도록 하는 데에 기여하여야 한다. 고립과 배제, 격리와 수용에서 참여와 기회의 제공, 공생과 동행의 사회관계를 형성해 가기 위하여 성년후견제도는 요보호인의 사회 참여와 복귀를 촉진하는 제도 기능을 요구받고 있다. 개정민법이 대가가 과도하지 않은 일용품의 거래 등에 대해서는 피후견인의 의사능력에 관계없이 이를 취소할 수 없도록 하는 것(개정민법 제10조 제4항, 제13조 제4항)도 가능한 한 피후견인의 일상 생활관계에 있어서도 피후견인의 주체적 참여와 훈련의 기회를 부여함으로써 그의 재활과 사회 복귀를 촉진하여 그들의 삶을 정상화하여는 의도에서 비롯된 것 이라고 이해할 수 있다.

후견관계인들은 이와 같은 새로운 성년후견제도의 방향과 원칙을 이해함으로써 그 제도의 운영이나 사무의 처리, 권한의 행사에 있어서 언제나 요보호인의 사회참여와 복귀, 그들의 의사를 존중하고 자기결정을 지원함으로써 궁극적으로 정상적 사회구성원으로서의 그들의 삶의 정상화에 기여하는 것이어야 한다.

제 2 절 미성년후견제도의 내용

1. 후견의 개시

1) 후견개시의 원인

미성년자가에게 친권자가 없거나 친권자가 법률행위의 대리권과 재산관리권을 행사할 수 없는 경우에는 후견이 개시된다(민법 제928조).

【판시사항】

甲이 乙과 협의이혼신고를 하면서 자녀인 丙에 대한 친권자로 어머니인 乙을, 丁에 대한 친권자로 아버지인 甲을 각 지정하였는데,甲이 사망하자 丙·丁의 조부인 戊가 자신을 丙·丁의 미성년후견인으로 선임하여 달라고 청구한 사안에서, 丁의 경우 복리를 위하여 戊를 미성년후견인으로 선임하는 것이 옳고, 丙의 경우 乙에게 丙의 친권을 행사할 수 없는 중대한 사유가 있으므로 戊를 미성년후견인으로 선임하는 것이 타당한지 여부(제주지방법원 2015. 6. 3. 선고 2014느단513 판결)

【심판요지】

甲이 乙과 협의이혼신고를 하면서 자녀인 丙에 대한 친권자로 어머니인 乙을, 丁에 대한 친권자로 아버지인 甲을 각 지정하였는데, 甲이 사망하자 丙·丁의 조부인 戊가 자신을 丙·丁의 미성년후견인으로 선임하여 달라고 청구한 사안에서, 戊를 포함한 丙·丁의 조부모가 甲과 乙의 협의이혼 이전 및 이후 적지 않은 기간 동안 丙·丁을 양육하였는데, 오랜 기간 안정적으로 형성된 양육환경을 변경하는 것은 미성년자의 복리 측면에서 바람직하지 않은 점, 丙은 乙에게 애착을 보이고는 있으나 현재의 양육상황이 변경되는 것을 원하지 않고 있고, 丁은 乙과 애착 관계가 형성되어 있지 않은 점, 乙도 甲과 이혼한 이후 丙·丁과 연락을 하거나 만나지 않았고 이미 재혼하여 그 사이에 자녀를 양육하고 있는 점 등에 비추어, 丁의 경우 복리를 위하여 戊를 미성년 후견인으로 선임하는 것이 옳고, 丙의 경우 제반 사정들을 종합하면 乙에게 丙의 적절한 보호와 교양을 기대할 수 없어 친권을 행사할 수 없는 중대한 사유가 있으므로 戊를 미성년후견인으로 선임하는 것이 타당하다.

가. 미성년자에게 친권자가 없을 때

친권은 부모가 공동으로 행사하여야 하므로(민법 제909조 제2항), 부모 중 일방의 사망, 친권사실의 경우에 다른 일방이 친권을 행사할 수 있기 때문에 후견은 개시되지 않는다. 또한 친권대행자가 있는 경우에도 후견이 개시되지 아니한다. 반면에 부모가 모두 사망하거나 친권을 상실한 경우, 단독친권자가 사망하거나 친권상실의 선고를 받은 경우, 심신상실. 행방불명 기타 사유로 친권을 행사할 수 없는 경우에는 후견이 개시된다. 또한 양자의 경우에는 양부모가 친권자가 되고 친생부모의 친권이 소멸하므로, 양부모가 모두 사망하면 친생부모의 친권은 부활하지 않고 후견이 개시된다.

나. 미성년자의 친권자가 법률행위의 대리권과 재산관리권을 행사할 수 없을 때

친권자가 대리권과 재산관리권을 상실하거나 사퇴한 경우 대리권이나 관리권에 한하여 후견이 개시된다.

미성년후견인의 수는 성년후견과 달리 한명으로 제한됩니다. 미성년 후견인이 될 수 없는 사람은 누가 있을까요?

법인, 미성년자, 피성년후견인, 피한정후견인, 피특정후견인, 피임의후견인, 회생절차개시결정 또는 파산선고를 받은 자, 자격정지 이상의 형의 선고를 받고 그 형기 중에 있는 사람, 법원에서 해임된 법정대리인, 법원에서 해임된 성년후견인, 한정후견인, 특정후견인, 임의후견인과 그 감독인, 행방이 불분명한 사람, 피후견인(미성년후견을 받는 미성년자를 말함)을 상대로 소송을 하였거나 하고 있는 자 또는 그 배우자와 직계혈족 등이다.

2) 후견개시의 선고

후견인은 취임일부터 1개월 이내에 후견개시의 신고를 하여야 한다(가족관계등록법 제180조 제1항). 만일 유언에 의하여 후견인을 지정한 경우에는 지정에 관한 유언서 그 등본 또는 유언녹을 기재한 서면을 신고서에 첨부하여야 하고, 후견인 선임의 재판이 있는 경우에는 재판서의 등본을 신고서에 첨부하여야 한다(동법 제82조).

미성년후견이 개시되면 다음의 서류를 첨부하여 자신의 주소지나 현재지 시, 구, 읍, 면의 장에게 후견개시신고를 하여야 한다.

1. 유언으로 미성년후견인을 지정한 경우 : 지정에 관한 유언서 등본 또는 유언녹음을 기재한 서면
2. 미성년후견인 서임의 재판이 있는 경우 : 재판서 등본

미성년후견개시신고의 기재사항은 무엇인가요?

1. 미성년자와 미성년의 성명, 출생연월일, 주민등록번호 및 등록기준지
2. 미성년후견 개시의 원인 및 연월일
3. 미성연후견인이 취임한 연월일

[서식 1] 후견인개시신고서

<table>
<tr><td colspan="4">후 견 개 시 신 고 서
(년 월 일)</td><td colspan="4">※ 아래의 작성방법을 읽고 기재하시되 선택항목은 해당번호에 “○”으로 표시하여 주시기 바랍니다.</td></tr>
<tr><td rowspan="9">①
피
후
견
인</td><td>성 명</td><td>한글</td><td></td><td>한자</td><td></td><td>주민등록번호</td><td>–</td></tr>
<tr><td>등록기준지</td><td colspan="4"></td><td>출생연월일</td><td></td></tr>
<tr><td>주 소</td><td colspan="6"></td></tr>
<tr><td>성 명</td><td>한글</td><td></td><td>한자</td><td></td><td>주민등록번호</td><td>–</td></tr>
<tr><td>등록기준지</td><td colspan="4"></td><td>출생연월일</td><td></td></tr>
<tr><td>주 소</td><td colspan="6"></td></tr>
<tr><td>성 명</td><td>한글</td><td></td><td>한자</td><td></td><td>주민등록번호</td><td>–</td></tr>
<tr><td>등록기준지</td><td colspan="4"></td><td>출생연월일</td><td></td></tr>
<tr><td>주 소</td><td colspan="6"></td></tr>
</table>

<table>
<tr><td rowspan="5">② (후견인 신고인)</td><td rowspan="2">성 명</td><td>한글</td><td>㉑ 또는 서명</td><td rowspan="2">주민등록
번 호</td><td rowspan="2">–</td></tr>
<tr><td>한자</td><td></td></tr>
<tr><td>등록기준지</td><td colspan="2"></td><td>출생연월일</td><td></td></tr>
<tr><td rowspan="2">주 소</td><td colspan="2" rowspan="2"></td><td>전 화</td><td></td></tr>
<tr><td>이메일</td><td></td></tr>
<tr><td colspan="3">③ 후견개시일자 및 원인</td><td colspan="3">년 월 일</td></tr>
<tr><td colspan="3">④ 취임일자 및 원인</td><td colspan="3">년 월 일 1지정 2법정 3선정</td></tr>
<tr><td colspan="3">⑤ 심 판 일 자</td><td colspan="2">년 월 일</td><td>법원명</td></tr>
<tr><td colspan="3">⑥ 기 타 사 항</td><td colspan="3"></td></tr>
<tr><td>⑦ 제출인</td><td colspan="2">성 명</td><td></td><td>주민등록번호</td><td>–</td></tr>
</table>

■ 작성방법

※ 등록기준지 : 각 란의 해당자가 외국인인 경우에는 그 국적을 기재합니다.
※ 주민등록번호 : 각 란의 해당자가 외국인인 경우에는 외국인등록번호(국내거소신고번호 또는 출생연월일)를 기재합니다.
①란 : 2명 이상의 피후견인에 대해 후견개시가 있는 경우에는 순서대로 적으시면 됩니다.
　: 법 제25조 제2항에 따라 주민등록번호란에 주민등록번호를 기재한 때에는 출생연월일의 기재를 생략할 수 있습니다.
③란 : 후견개시일자 및 원인은 2009. 2. 1. 성년후견개시심판확정, 2010. 2. 1. 한정후견개시심판확정 등으로 기재합니다.
④란 : 지정·법정후견인의 취임연월일은 후견개시원인이 발생한 날(친권자의 사망, 상실등)을 기재합니다.
　: 선정후견인의 취임연월일은 후견인선임심판일을 기재합니다.
⑤란 : 심판일자란은 선정후견인의 경우에만 기재합니다.
⑥란 : 가족관계등록부에 기록을 분명하게 하는데 특히 필요한 사항을 기재합니다.
⑦란 : 제출자(신고인 여부 불문)의 성명 및 주민등록번호 기재[접수담당공무원은 신분증과 대조]

■ 첨부서류

1. 유언서, 그 등본 또는 유언녹음을 기재한 서면 1부(유언에 의하여 후견인을 지정한 경우).
2. 재판서 등본 1부(가정법원이 재판에 의하여 후견인을 선정한 경우).

※ 아래 3항은 가족관계등록관서에서 전산으로 그 내용을 확인할 수 있는 경우 첨부를 생략합니다.
3. 당사자의 가족관계등록부의 기본증명서, 가족관계증명서 각 1통.
4. 신분확인[가족관계등록예규 제23호에 의함]
 – 신고인이 출석한 경우 : 신분증명서
 – 제출인이 출석한 경우 : 제출인의 신분증명서
 – 우편제출의 경우 : 신고인의 신분증명서 사본

※ 타인의 서명 또는 인장을 도용하여 허위의 신고서를 제출하거나, 허위신고를 하여 가족관계등록부에 부실의 사실을 기록하게 하는 경우에는 형법에 의하여 5년 이하의 징역 또는 1천만원 이하의 벌금에 처해집니다.

미성년후견인 또는 성년후견인이 미성년후견개시신고 또는 성년후견인 선임등기를 마치기 전에 한 가족관계등록신고나 동의의 효력은?

미성년후견인이 지정 또는 선임되거나 성년후견인이 선임된 후 미성년후견개시신고 또는 성년후견인선임등기를 마치기 전에 후견인의 자격으로 가족관계등록신고를 하거나 동의를 하여 가족관계등록부에 기록한 때에는 그 신고 또는 동의는 유효하다.

[서식 2] 미성년후견인 선임청구

미성년후견인 선임 청구

청 구 인 ○ ○ ○ (주민등록번호)
등록기준지 ○○시 ○○구 ○○로 ○○
주소 ○○시 ○○구 ○○로 ○○(○○동)
전화 ○○○-○○○○
사건본인과의 관계

사 건 본 인 △ △ △ (주민등록번호)
등록기준지 ○○시 ○○구 ○○로 ○○
주소 ○○시 ○○구 ○○로 ○○(○○동)
전화 ○○○-○○○○

미성년후견인 선임 청구

청 구 취 지

사건본인의 미성년후견인으로 ○○○(주민등록번호 : ○○○○○○-○○○○○○○, 주소 : ○○시 ○○구 ○○로 ○○)을 선임한다.
라는 심판을 구합니다.

청 구 원 인

1. 청구인은 20○○. ○. ○. ○○○와 혼인하여 그 사이에 사건본인을 두었으나 20○○. ○. ○. 협의이혼하였고, 협의이혼 당시 사건본인에 대한 친권자로 사건본인의 어머니인 ○○○이 지정되었습니다.

2. 그런데, 위 ○○○는 사건본인을 양육하던 중 ○○. ○○. ○○. 사망하였고, 유언으로 미성년후견인을 지정한 바 없을 뿐만 아니라 그로부터 6개월이 지나도록 사건본인의 아버지인 ○○○를 친권자로 지정하여 달라는 청구도 없습니다.

3. 따라서 사건본인의 복리를 위하여 사건본인의 미성년후견인 선임을 청구합니다.

4. 한편, 미성년후견인으로는 ○○○를 추천합니다.

미성년 후견인 후보자	성 명	
	주 소	
	주민등록번호	
	직 업	
	사건본인과의 관계	

5. 이상과 같은 이유로 청구인은 사건본인의 미성년후견인을 선임하고자 이 사건 청구에 이르렀습니다.

첨 부 서 류

1. 기본증명서(청구인, 단독친권자, 후견인후보자) 각 1통
2. 가족관계증명서(청구인, 사건본인, 후견인후보자) 각 1통
3. 주민등록등본(사건본인) 1통
4. 기타(소명자료) ○통

20○○년 ○월 ○일

위 청구인 ○ ○ ○ (인)

○○가정법원 귀중

■ 참고사항

1. 관할 : 사건본인의 주소지 관할 가정법원
2. 청구권자 : 미성년자, 친족, 이해관계인, 검사, 지방자치단체의 장, 친권자(친권자가 대리권 및 재산관리권을 사퇴한 경우)
3. 인지대 : 5,000원, 송달료 : 5,200원 × 8회분 = 41,600원
4. 불복절차
   - 미성년자, 미성년자의 부모와 친족, 이해관계인, 검사, 지방자치단체의 장이 즉시항고(가사소송법 제43조, 가사소송규칙 제67조)
   - 즉시항고를 할 수 있는 자가 심판을 고지 받는 경우에는 그 고지를 받은 날부터, 심판을 고지 받지 아니하는 경우에는 청구인(청구인이 수인일 때에는 최후로 심판을 고지받은 청구인)이 심판을 고지 받은 날로부터 14일 이내(가사소송법 제43조, 가사소송규칙 제31조)

[서식 3] 미성년후견인 선임청구

미성년후견인 선임 청구

청 구 인 ○ ○ ○ (주민등록번호)
등록기준지 ○○시 ○○구 ○○길 ○○
주소 ○○시 ○○구 ○○길 ○○ (우편번호 ○○○○○)
전화 ○○○-○○○○

사건본인 1. 안 △ △ (주민등록번호)
등록기준지 ○○시 ○○구 ○○길 ○○
주소 ○○시 ○○구 ○○길 ○○ (우편번호 ○○○○○)
2. 안 ▲ ▲ (주민등록번호)
등록기준지 ○○시 ○○구 ○○길 ○○
주소 ○○시 ○○구 ○○길 ○○ (우편번호 ○○○○○)

청 구 취 지

청구인을 사건본인들의 미성년후견인으로 선임한다.
라는 심판을 구합니다.

청 구 원 인

1. 신분관계
청구인은 사건본인의 조모입니다(갑 제3, 4호증 각 가족관계증명서 참조).

2. 친권상실심판 및 미성년후견인 선임 필요성
가. 사건본인의 부모는 20○○. ○. ○. 모 오○○를 친권행사자로 하는 친권행사자지정협의를 한 후 같은 달 ○. 이를 신고하였습니다(갑 제1호증 기본증명서 참조).
나. 청구인은 사건본인의 모 오○○를 상대방으로 하여 사건본인에 대한 친권상실심판청구(대구가정법원 김천지원 ○○○○느합○○)를 하여 20○○.

○. ○.자 친권상실심판이 20○○. ○. ○. 확정되었습니다(갑 제1호증 기본증명서, 갑 제9호증 심판정본, 갑 제10호증 송달·확정증명원 참조).

다. 민법 제932조 제2항은『가정법원은 친권상실의 선고나 대리권 및 재산관리권 상실의 선고에 따라 미성년후견인을 선임할 필요가 있는 경우에는 직권으로 미성년후견인을 선임한다.』고 규정하고 있는 바 친권상실심판이 있었으므로 사건본인에 대한 미성년후견인을 선임할 필요성이 있다고 할 것입니다.

3. 청구인을 미성년후견인으로 선임해야 하는 이유

가. 청구인은 사건본인의 조모로서(갑 제3, 4호증 각 가족관계증명서 참조), 사건본인의 모 오○○가 20○○.경 가출한 이후 현재에 이르기까지 사건본인의 부를 대신하여 사건본인을 양육하여 왔습니다(갑 제6호증 주민등록등본, 갑 제7, 8호증 각 주민등록초본 참조).

나. 사건본인의 부 안○○는 20○○. ○. ○. 사망하였고(갑 제3, 4호증 각 가족관계증명서 참조), 사건본인의 모 오○○는 친권상실심판에 의해 친권을 상실하였으며(갑 제1호증 기본증명서, 갑 제9호증 심판정본, 갑 제10호증 송달·확정증명원 참조), 사건본인의 외조부모는 모두 사망하였고, 사건본인의 조부 안○○이 생존해 있기는 하나 청구인과 20○○. ○. ○. 이혼한 이후(갑 제5호증 제적등본 참조) 전혀 왕래가 없고 사실상 후견을 기대할 수 없는 상태입니다.

다. 그렇다면 현실적으로 사건본인을 양육할 수 있는 사람은 청구인 밖에 없고, 또 청구인이 약 10년간 사건본인을 양육하여 왔으므로 청구인을 사건본인의 미성년후견인으로 선임하는 것이 가장 적합하다고 할 것입니다.

입 증 방 법

1. 갑 제1호증	기본증명서(사건본인)
1. 갑 제2호증	기본증명서(청구인)
1. 갑 제3호증	가족관계증명서(사건본인)
1. 갑 제4호증	가족관계증명서(청구인)
1. 갑 제5호증	제적등본
1. 갑 제6호증	주민등록등본(청구인, 사건본인)
1. 갑 제7호증	주민등록초본(사건본인)

1. 갑 제8호증 주민등록초본(청구인)
1. 갑 제9호증 심판정본
1. 갑 제10호증 송달·확정증명원

첨 부 서 류

1. 위 입증방법 각 1통
1. 납부서 1통
1. 소송위임장 1통
1. 심판청구서 부본 1통

20○○년 ○월 ○일

위 청구인 ○ ○ ○ (인)

○○가정법원 귀중

[서식 4] 미성년후견인 선임청구

미성년후견인 선임 청구

청 구 인 ○ ○ ○
(사건본인의 5촌 당숙) 19○○년 ○월 ○일생
등록기준지 ○○시 ○○구 ○○길 ○○
주소 ○○시 ○○구 ○○길 ○○ (우편번호○○○○○)
전화 ○○○-○○○○

사건본인　　　　△　△　△
(미성년자)　　　20○○년 ○월 ○일생
등록기준지　○○시 ○○구 ○○길 ○○
주소　○○시 ○○구 ○○길 ○○ (우편번호 ○○○○○)
전화　○○○-○○○○

미성년후견인 선임 청구

청 구 취 지

청구인을 사건본인의 미성년후견인으로 선임한다.
라는 심판을 구합니다.

청 구 원 인

1. 사건본인은 그의 부 ▽▽▽가 20○○. ○. ○. 사망함으로써 모 ◇◇◇ 친권에 복종하였는데, 모도 20○○. ○. ○.에 사망하였으므로 친권을 행사할 자가 없습니다. 또한 지정후견인도 없습니다.

2. 청구인은 사건본인의 5촌 당숙으로서 현재 사건본인을 부양하고 있고 사건본인이 ○○생명에서 암보험금 청구에 대한 상속권자로 지정되어 보험금에 대한 재산관리가 어려운 상태에 있습니다.

3. 이상의 이유로 청구인을 사건본인의 미성년후견인으로 선임 받고자 이 청구에 이른 것입니다.

첨 부 서 류

1. 기본증명서(청구외 망 ▽▽▽, 망 ◇◇◇)
(단, 20○○. ○. ○. 이전 사망한 경우 제적등본)　　각 1통
1. 친족관계를 확인할 수 있는 제적등본
(또는, 가족관계기록사항에 관한 증명서)　　1통
1. 직계혈족 및 3촌 이내 방계혈족이 표시된 가계도 및

사망 등 부존재를 증명할 수 있는 제적등본 각 1통
1. 진술서(지정후견인이 없음을 증명) 1통
1. 진술인의 인감증명서 1통
1. 보험증권사본 1통
1. 주민등록등본(청구인, 사건본인) 1통

20○○년 ○월 ○일

위 청구인 ○ ○ ○ (인)

○ ○ 가 정 법 원 귀중

2. 후 견 인

1) 후견인의 수

미성년후견인은 책임소재를 분명히 하고 사무의 신속처리를 위하여 1인으로 한다(민법 제930조 제1항).

2) 후견인의 순위

후견인은 1순위가 지정후견인, 2순위가 선임후견인다.

가. 지정후견인

미성년자에게 친권을 행사는 부모는 유언으로 미성년후견인을 지정할 수 있다(민법 제931조 제1항 본문). 따라서 친권상실 등의 이유로 친권을 행사할 수 없는 부모는 후견인을 지정할 수 없고, 법률행위의 대리권과 재산관리권이 없는 친권자도 후견인을 지정할 수 없다(민법 제931조 제1항 단서).

나. 선임후견인

유언으로 지정된 미성년후견인이 없는 경우, 미성년후인이 없게 된 경에는 가정법원은 직권 또는 미성년자, 친족, 이해관계인, 검사, 지방자치단체의 장의 청구에 의하여 미성년후견인으로 선임한다(민법 제932조 제1항). 가정법원은 친권상실의 선고나 대리권 및 재산관리권 상실의 선고에 따라 미성년후견인을 선임할 필요가 있는 경우에는 직권으로 미성년후견인을 선임한다(민법 제932조 제2항). 또한 친권자가 대리권 및 재산관리권을 사퇴한 경우에는 지체없이 가정법원에 미성년후견인의 선임을 청구하여야 한다(민법 제932조 제3항).

【판시사항】

이혼한 모의 자에 대한 후견순위(대법원 1986. 2. 11. 선고 85다카1970 판결)

【판결요지】

부모가 이혼한 때에도 그 모는 민법 제932조가 규정하는 직계혈족으로서 3촌 이내의 방계혈족 보다는 선순위로 후견인이 된다.

3. 후견인의 결격·사퇴·변경

1) 결 격

미성년자, 미성년후견인, 피한정후견인, 피특정후견인, 피임의후견인, 회생절차 개시결정 또는 파산선고를 받은 자, 자격정시 이상의 형의 선고를 받고 그 형기 중에 있는 사람, 법원에서 해임된 법정대리인, 법원에서 해임된 성년후견인, 한정후견인, 특정후견인, 임의후견인과 그 감독인, 행방이 불분명한 사람, 피후견인을 상대로 소송을 하였거나 하고 있는 자 또는 그 배우자와 식계혈족은 후견인이 되지 못한다(민법 제937조).

2) 사 임

후견인은 정당한 사유가 있는 경우에는 가정법원의 허가를 받아 사임할 수 있다. 이 경우 그 후견인은 사임청구와 동시에 가정법원에 새로운 후견인의 선임을 청구하여야 한다(민법 제919조).

[서식 5] 미성년후견인 사임에 대한 허가청구

미성년후견인 사임에 대한 허가 청구

청 구 인 ○ ○ ○ (주민등록번호)
등록기준지 ○○시 ○○구 ○○로 ○○
주소 ○○시 ○○구 ○○로 ○○(○○동)
전화 ○○○-○○○○
사건본인과의 관계

사 건 본 인 △ △ △ (주민등록번호)
등록기준지 ○○시 ○○구 ○○로 ○○
주소 ○○시 ○○구 ○○로 ○○(○○동)
전화 ○○○-○○○○

미성년후견인 사임에 대한 허가 청구

청 구 취 지

1. 청구인이 사건본인의 미성년후견인을 사임함을 허가한다.
2. 사건본인의 미성년후견인으로 ○○○(주민등록번호 : ○○○○○○-○○○○○○○, 주소 : ○○시 ○○구 ○○로 ○○)를 선임한다.

라는 심판을 구합니다.

청 구 원 인

1. 청구인은 20○○. ○. ○. ○○법원 20○○느단○○○○호 미성년후견인 선임 심판에 따라, 사건본인에 대한 미성년후견인으로 선임되었습니다.
2. 그런데, 이번에 청구인은 ....를 하게 되었습니다(미성년후견인으로서 직무수행이 곤란한 사정을 적시).
3. 따라서 청구인은 미성년후견인의 직무 수행이 곤란하므로 그 직을 사임하고

자 합니다.

4. 한편, 새로운 미성년후견인으로는 ○○○를 추천합니다.

미 성 년 후 견 인 후보자	성 명	
	주 소	
	주 민 등 록 번 호	
	직 업	
	사건본인과의 관계	

5. 이상과 같은 이유로 청구인은 사건본인의 미성년후견인을 사임하고, 새로운 미성년후견인으로 ○○○를 추천하고자 이 사건 청구에 이르렀습니다.

첨 부 서 류

1. 기본증명서(청구인, 사건본인, 후견인후보자) 각 1통
2. 가족관계증명서(청구인, 사건본인, 후견인후보자) 각 1통
3. 주민등록등본 (사건본인) 1통
4. 기타(소명자료) ○통

2013 . ○. ○.

위 청구인 ○ ○ ○ (인)

○ ○ 가 정 법 원 귀중

■ 참고사항

1. 관할 : 사건본인의 주소지 관할 가정법원
2. 청구권자 : 미성년후견인
3. 인지대 : 5,000원, 송달료 : 5,200원 × 8회분 = 41,600원

4. 불복절차 및 기간
- 미성년후견인사임허가심판청구의 경우, 그 청구를 기각한 심판에 대하여 청구인에 한하여 즉시항고(가사소송법 제43조, 가사소송규칙 제27조, 민법 제939조)
- 미성년후견인선임심판의 경우, 미성년자, 미성년자의 부모와 친 족, 이해관계인, 검사, 지방자치단체의 장이 즉시항고(가사소송법 제43조, 가사소송규칙 제67조)
- 즉시항고를 할 수 있는 자가 심판을 고지 받는 경우에는 그 고지를 받은 날부터, 심판을 고지받지 아니하는 경우에는 청구인(청구인이 수인일 때에는 최후로 심판을 고지받은 청구인)이 심판을 고지 받은 날로부터 14일 이내(가사소송법 제43조, 가사소송규칙 제31조)

3) 변 경

가정법원은 피후견의 복리를 위하여 후견인을 변경할 필요가 있다고 인정하면, 직권으로 또는 피후견인, 친족, 후견감독인, 검사, 지방자치단체의 장의 청구에 의하여 후견인을 변경할 수 있다(민법 제940조).

【판시사항】

민법 제940조에서 성년후견인 변경요건으로 정한 '피성년후견인의 복리를 위하여 후견인을 변경할 필요가 있다고 인정되는 경우'의 의미 및 성년후견인 변경사유를 판단할 때 재산관리와 신상보호라는 양 업무의 측면을 모두 고려하여야 하는지 여부(대법원 2021. 2. 4.자 2020스647 결정)

【결정요지】

가정법원은 직권 또는 친족 등의 청구에 의하여 성년후견인을 변경할 수 있는데(민법 제940조), 그 변경의 요건은 '피성년후견인의 복리를 위하여 후견인을 변경할 필요가 있다고 인정되는 경우'이다.
성년후견제도의 도입 취지 및 목적, 성년후견인의 임무와 범위, 가정법원의 감독권한 등을 종합하면 성년후견인의 변경사유인 '피성년후견인의 복리를 위하여 후견인을 변경할 필요가 있다고 인정되는 경우'는 가정법원이 성년후견인의 임무수행을 전체적으로 살펴보았을 때 선량한 관리자로서의 주의의무를 게을리하여 후견인으로서 그 임무를 수행하는 데 적당하지 않은 사유가 있는 경우로서 그 부적당한 점으로 피후견인의 복리에 영향이 있는 경우라고 봄이 상당하다. 또한 성년후견인의 임무에는 피성년후견인의 재산관리 임무뿐 아니라 신상보호 임무가 포함되어 있고, 신상보호 임무 역시 재산관리 임무 못지않게 피성년후견인의 복리를 위하여 중요한 의미를 가지기 때문에, 특별한 사정이 없는 한 성년후견인 변경사유를 판단함에 있어서는 재산관리와 신상보호의 양 업무의 측면을 모두 고려하여야 한다.

【판시사항】

후견인선임 청구사건에서 법정후견인이 존재하고 후견인변경에 대한 법정후견인의 동의가 없더라도 법원이 직권으로 후견인을 변경할 수 있는지 여부(서울가정법원 2006. 8. 28. 선고 2006느199 판결)

【판결요지】

– 사안의 개요–

가. 미성년자인 사건본인의 아버지와 어머니가 이혼하면서 어머니가 친권자가 되었는데, 그 후 어머니가 사망하고, 아버지도 친권상실선고심판을 받아, 결국 친권자가 존재하지 않게 되었다.

나. 이에, 사건본인의 할머니가 법정후견인이 되었으나, 사건본인은 외할아버지에 의해 양육되어 오고 있고, 외할아버지가 사건본인의 후견인이 되기를 원하여 후견인선임 청구를 하고 있다.

– 쟁 점 –

후견인선임 청구사건에서 법정후견인이 존재하고 후견인변경에 대한 법정후견인의 동의가 없더라도 법원이 직권으로 후견인을 변경할 수 있는지 여부

– 법원의 판단 –

사건본인의 복리를 위하여 사건본인의 후견인을 할머니에서 외할아버지로 법원 직권으로 변경한다.

[서식 6] 후견인경질신고서

<table>
<tr><td colspan="4">후 견 인 경 질 신 고 서
(년 월 일)</td><td colspan="4">※ 아래의 작성방법을 읽고 기재하시되 선택항목은 해당번호에 "○"으로 표시하여 주시기 바랍니다.</td></tr>
<tr><td rowspan="9">① 피후견인</td><td>성 명</td><td>한글</td><td></td><td>한자</td><td></td><td>주민등록번호</td><td>–</td></tr>
<tr><td>등록기준지</td><td colspan="4"></td><td>출생연월일</td><td></td></tr>
<tr><td>주 소</td><td colspan="6"></td></tr>
<tr><td>성 명</td><td>한글</td><td></td><td>한자</td><td></td><td>주민등록번호</td><td>–</td></tr>
<tr><td>등록기준지</td><td colspan="4"></td><td>출생연월일</td><td></td></tr>
<tr><td>주 소</td><td colspan="6"></td></tr>
<tr><td>성 명</td><td>한글</td><td></td><td>한자</td><td></td><td>주민등록번호</td><td>–</td></tr>
<tr><td>등록기준지</td><td colspan="4"></td><td>출생연월일</td><td></td></tr>
<tr><td>주 소</td><td colspan="6"></td></tr>
<tr><td colspan="3">② 전임후견인 성명</td><td colspan="5"></td></tr>
<tr><td rowspan="5">③ 후임후견인
(신고인)</td><td rowspan="2">성 명</td><td>한글</td><td colspan="3">㉊ 또는 서명</td><td rowspan="2">주민등록
번 호</td><td rowspan="2">–</td></tr>
<tr><td>한자</td><td colspan="3"></td></tr>
<tr><td>등록기준지</td><td colspan="4"></td><td>출생연월일</td><td></td></tr>
<tr><td rowspan="2">주 소</td><td colspan="4" rowspan="2"></td><td>전 화</td><td></td></tr>
<tr><td>이메일</td><td></td></tr>
<tr><td colspan="3">④ 경질일자 및 원인</td><td colspan="5">년 월 일</td></tr>
<tr><td colspan="3">⑤ 취임일자 및 원인</td><td colspan="5">년 월 일 [1]법정 [2]선정 [3]후견인변경재판</td></tr>
<tr><td colspan="3">⑥ 재판확정일자</td><td colspan="3">년 월 일</td><td>법원명</td><td></td></tr>
<tr><td colspan="3">⑦ 기 타 사 항</td><td colspan="5"></td></tr>
<tr><td colspan="2">⑧ 제출인</td><td colspan="2">성 명</td><td colspan="2"></td><td>주민등록번호</td><td>–</td></tr>
</table>

■ 작성방법

※ 등록기준지 : 각 란의 해당자가 외국인인 경우에는 그 국적을 기재합니다.

※ 주민등록번호 : 각 란의 해당자가 외국인인 경우에는 외국인등록번호(국내거소신고번호 또는 출생연월일)를 기재합니다.

①란 : 2명 이상의 피후견인에 대해 후견개시가 있는 경우에는 순서대로 적으시면 됩니다.

①란 및 ③란 : 법 제25조 제2항에 따라 주민등록번호란에 주민등록번호를 기재한 때에는 출생연월일의 기재를 생략할 수 있습니다.

④란 : 경질일자 및 원인란에는 2008. 1. 17. 후견인 사망, 2008. 1. 17. 후견인 사퇴, 2009. 4. 1. 성년후견인변경심판확정, 한정후견인변경심판확정 등으로 기재합니다.

⑤란 : 취임일자 및 원인란에는 후임후견인의 취임일자 및 원인을 기재합니다.

: 후임후견인이 법정후견인인 경우에는 후견인경질사유 발생일이 취임일이고, 선정후견인인 경우에는 그 후견인선임심판일이 취임일입니다. 다만, 후견인변경재판에 의한 후견인인 경우에는 그 후견인변경의 재판확정일이 취임일입니다.

⑦란 : 가족관계등록부에 기록을 분명하게 하는데 특히 필요한 사항을 기재합니다.

⑧란 : 제출자(신고인 여부 불문)의 성명 및 주민등록번호 기재[접수담당공무원은 신분증과 대조]

■ 첨부서류

1. 재판서 등본 1부(가정법원이 재판에 의하여 후견인을 선정한 경우).

※ 아래 2항은 가족관계등록관서에서 전산으로 그 내용을 확인할 수 있는 경우 첨부를 생략합니다.

2. 당사자의 가족관계등록부의 기본증명서, 가족관계증명서 각 1통.
3. 후견인 사퇴에 대한 가정법원의 허가의 경우에는 그 재판서 등본, 후견인변경의 재판이 있는 경우에는 그 재판서등본 및 확정증명서 각 1부.
4. 신분확인[가족관계등록예규 제23호에 의함]
   - 신고인이 출석한 경우 : 신분증명서
   - 제출인이 출석한 경우 : 제출인의 신분증명서
   - 우편제출의 경우 : 신고인의 신분증명서 사본

※ 타인의 서명 또는 인장을 도용하여 허위의 신고서를 제출하거나, 허위신고를 하여 가족관계등록부에 부실의 사실을 기록하게 하는 경우에는 형법에 의하여 5년 이하의 징역 또는 1천만원 이하의 벌금에 처해집니다.

[서식 7] 후견인경질심판청구서

후 견 인 경 질 심 판 청 구

신 청 인 ○ ○ ○
(사건본인의 ○○) 19○○년 ○월 ○일생
등록기준지 ○○시 ○○구 ○○길 ○○
주소 ○○시 ○○구 ○○길 ○○ (우편번호 ○○○○○)
전화 ○○○-○○○○

사건본인 △ △ △
(미성년자) 19○○년 ○월 ○일생
등록기준지 ○○시 ○○구 ○○길 ○○
주소 ○○시 ○○구 ○○길 ○○ (우편번호 ○○○○○)
전화 ○○○-○○○○

후 견 인 김 □ □
19○○년 ○월 ○일생
등록기준지 ○○시 ○○구 ○○길 ○○
주소 ○○시 ○○구 ○○길 ○○ (우편번호 ○○○○○)
전화 ○○○-○○○○

후견인 경질심판 청구

청 구 취 지

사건본인 △△△의 후견인 김□□을 해임하고 이□□(주소: ○○시 ○○구 ○○길 ○○)을 후견인으로 선임한다.
라는 심판을 구합니다.

청 구 원 인

신청인은 사건본인 △△△의 ○○인데, 위 후견인 김□□은 사건본인의 후견사무를 처리함에 있어 비행행위를 한 바 있으므로 계속하여 사건 본인의 후견 사무를 처리하기에는 부적절하므로 해임하여 주시길 바랍니다.

위 이□□은 사건본인의 사촌 형으로서 사건본인과 가장 가까운 혈족이므로 위 김□□를 대신하여 사건본인의 후견인이 되기에 적합하므로 신청취지와 같은 이 건 청구에 이른 것입니다.

첨 부 서 류

1. 기본증명서(사건본인의 부모) 1통
   (20○○. ○. ○. 이전 사망한 경우 제적등본)
1. 가족관계증명서 1통
1. 기본증명서(사건본인) 1통
1. 친족관계를 확인할 수 있는 제적등본 1통
1. 직계혈족 및 3촌 이내 방계혈족의 가계도 및 사망 등 부존재사유를 확인할 수 있는 제적등본 1통
1. 비행확인서 및 확인자의 인감증명 1통
1. 주민등록등본(사건본인, 이□□) 1통

20○○년 ○월 ○일

위 신청인 ○ ○ ○ (인)

○ ○ 가 정 법 원 귀중

■ 참고사항

1. 관할법원 : 피후견인의 주소지 가정법원
2. 청구권자 : 피후견인 또는 민법 제777조의 친족(민법 제940조)
3. 인지대 : 금 5,000원, 송달료 : 5,200원 × 8회분 = 41,600원
4. 불복절차 및 기간
   ‣ 후견인 해임에 관한 심판에 대하여 후견인은 즉시항고(가사소송규칙 제67조)

- 후견인의 해임청구를 기각한 심판에 대하여는 민법 제777조의 친족 및 이해관계인이 즉시항고
- 심판을 고지받은 날로부터 14일 내(가사소송규칙 제31조)

[서식 8] 미성년후견인변경청구

미성년후견인 변경 청구

청 구 인　　○　○　○ (전화번호)
　　　　　　주민등록번호
　　　　　　주소
　　　　　　사건본인과의 관계

사건본인　　△　△　△
　　　　　　주민등록번호(외국인등록번호)
　　　　　　주소
　　　　　　등록기준지(국적)

후 견 인　　□　□　□ (전화번호)
　　　　　　주민등록번호
　　　　　　주소

미성년후견인 변경 청구

청 구 취 지

사건본인의 미성년후견인 □□□를 ◇◇◇(주민등록번호, 주소)로 변경한다.
라는 심판을 구합니다.

청 구 원 인

1. 사건본인에 대하여 20○○. ○. ○. ○○법원 20○○느단○○○○호로 미성

년후견개시 심판이 있었고, 미성년후견인으로 □□□가 선임되었습니다.

2. 그런데, 미성년후견인 □□□은 고령인데다 건강이 악화되어 후견인으로서의 직무수행이 곤란한 상태이고, 이로 인해 사건본인의 개호와 재산관리가 제대로 되지 않고 있는 상황입니다.

3. 따라서 사건본인의 복리를 위하여 미성년후견인의 변경을 구합니다.

4. 새로운 후견인으로는 ◇◇◇를 추천합니다.

미성년 후견인 후보자	성 명	
	주 소	
	주민등록번호	
	직 업	
	사건본인과의 관계	

첨 부 서 류

1. 기본증명서, 가족관계증명서 각 1통
   (청구인, 사건본인, 후견인후보자)
2. 주민등록등본 (사건본인, 후견인후보자) 각 1통
3. 기타(소명자료) ○통

20○○년 ○월 ○일

위 청구인 ○ ○ ○ (인)

○ ○ 가정법원 귀중

■ 참고사항

1. 관할법원 : 사건본인(미성년자)의 주소지 가정법원(지방법원, 지원)
2. 청구권자 : 피후견인, 친족, 후견감독인, 검사, 지방자치단체의 장
3. 인 지 대 : 사건본인 수 × 5,000원, 송달료 : 청구인수 5,200원 × 8회분 = 41,600원

4. 후견인의 임무

1) 후견인의 취임 당시의 임무

가. 재산조사와 재산목록 작성

후견인은 지체 없이 피후견인의 재산을 조사하여 2개월 내에 그 목록을 작성하여야 한다, 다만, 정당한 사유가 있는 경우에는 법원의 허가를 받아 그 기간을 연장할 수 있다(민법 제941조 제1항). 만약 후견감독인이 있는 경우에는 이러한 재산조사와 목록작성에 후견감독인이 참여하여야 하고, 그의 참여가 없으면 효력이 없다(민법 제942조 제2항).

[서식 9] 미성년후견인의 재산목록 작성기간 연장신청

미성년후견인의 재산목록 작성기간 연장 허가 청구

청 구 인 ○ ○ ○ (주민등록번호)
등록기준지 ○○시 ○○구 ○○로 ○○
주소 ○○시 ○○구 ○○로 ○○(○○동)
전화 ○○○-○○○○
사건본인과의 관계

사 건 본 인 △ △ △ (주민등록번호)
등록기준지 ○○시 ○○구 ○○로 ○○
주소 ○○시 ○○구 ○○로 ○○(○○동)
전화 ○○○-○○○○

미성년후견인의 재산목록 작성기간 연장 허가 청구

청 구 취 지

청구인이 사건본인의 재산목록을 작성하는 기간을 20○○. ○. ○.까지 연장함을 허가한다.
라는 재판을 구합니다.

청 구 원 인

1. 청구인은 20○○. ○. ○. ○○법원 2013느단○○○○호 미성년후견인 선임 심판에 따라, 사건본인에 대한 미성년후견인으로 선임되었습니다.

2. 청구인은 20○○. ○. ○.까지 사건본인의 재산목록을 작성해야 하지만 사건본인의 재산이 다액이고, 부동산이 여러 곳에 분산되어 있어 법정기간 내에 이를 작성하는 것이 어려운 상황입니다.

3. 따라서 청구인은 이 사건 청구에 이르렀습니다.

첨 부 서 류

1. 기본증명서(청구인, 사건본인)	각 1통
2. 가족관계증명서(청구인, 사건본인)	각 1통
3. 주민등록등본 (사건본인)	1통
4. 기타(소명자료)	○통

20○○. ○. ○.

위 청구인 ○ ○ ○ (인)

○ ○ 가 정 법 원 귀중

■ 참고사항

1. 관할법원 : 사건본인의 주소지 관할 가정법원
2. 청구권자 : 미성년후견인
3. 인지대 : 5000원, 송달료 : 5,200원 × 8회분 = 41,600원
4. 불복절차 및 기간
   - 그 청구를 기각한 심판에 대하여 청구인에 한하여 즉시항고(가사소송법 제43조, 가사소송규칙 제27조, 민법 제941조)
   - 청구인이 심판을 고지 받은 날로부터 14일 이내(가사소송법 제43조, 가사소송규칙 제31조)

나. 후견인의 채권·채무의 제시

후견인과 피후견인 사이에 채권, 채무의 관계가 있고 후견감독인이 있는 경우에는 후견인은 재산목록의 작성을 완료하기 전에 그 내용을 후견감독인에게 제시하여야 하며, 후견인이 피후견인에 대한 채권이 있음을 알고도 이를 제시하지 않은 때에도 채권을 포기한 것으로 본다(민법 제942조).

다. 피후견인이 취득한 포괄적 재산의 조사 등

후견인의 취임 후 피후견인이 포괄적 재산을 취득한 경우에도 민법 제941조 내지 제943조의 규정이 준용된다(민법 제944조).

2) 미성년자의 신분에 관한 후견인의 권리·의무

미성년자를 위한 후견은 친권의 연장이므로, 미성년자의 신분에 대해서 친권자와 동일한 권리의무를 가지지만 일정한 제한을 받는다(민법 제945조).

가. 후견인은 미성년자인 피후견인의 보호, 교양, 거소지정, 징계, 유아의 인도청구에 관하여 친권자와 동일한 권리·의무를 가진다(민법 제945조 본문). 다만 친권자가 정한 교육방법, 양육방법 또는 거소를 변경하는 경우, 미성년자를 감화기관이나 교정기관에 위탁하는 경우, 친권자가 허락한 영업을 취소하거나 제한하는 경우에는 미성년후견감독인이 있으면 그의 동의를 받아야 한다(민법 제945조 단서).

나. 신분행위의 대리권과 동의권

후견인도 법률이 정하는 일정한 경우에는 미성년자의 신분상의 행위에 대하여

대리권과 동의권을 가진다.

① 대리권을 가지는 경우

혼인적령 미달자에 대한 취소(민법 제817조), 인지청구의 소(민법 제863조), 13세 미만자의 입양승낙(민법 제869조), 미성년자가 양친이 된 입양의 취소(민법 제885조), 13세 이상의 미성년자가 동의권자의 동의를 받지 않고 양자가 되었을 때의 취소(민법 제886조), 상속의 포기·승인(민법 제1019조, 제1020조) 등이며, 그밖에 가사소송법에 의하여 법정대리인으로서 소송을 제기할 수 있다(동법 제23조, 제28조, 제31조).

② 동의권이 있는 경우

약혼(민법 제801조), 혼인(민법 제808조 제2항)에 관하여 동의할 권한을 갖는다. 후견인이 미성년자의 인지, 협의이혼에 대한 동의권이 없는 이유는 미성년자에게 인지능력이 있고, 미성년자도 혼인하면 성년자로 간주되기 때문이다.

③ 친권의 대행

미성년후견인은 미성년자를 갈음하여 미성년자의 자녀에 대한 친권을 행사하며, 친권행사에는 미성년후견인의 임무에 관한 규정을 준용한다(민법 제948조).

3) 미성년자의 재산에 관한 후견인의 권리·의무

가. 대리권과 재산관리권

후견인은 피후견인의 법정대리인이 된다(민법 제938조 제1항). 따라서 후견인은 피후견인의 재산을 관리하고 그 재산에 관한 법률행위에 대하여 피후견인을 대리한다(민법 제949조 제1항). 한편 미성년자의 친권자가 법률행위의 대리권과 재산관리권에 한정하여 친권을 행사할 수 없는 경우에 미성년후견인의 임무는 미성년자의 재산에 관한 행위에 한정된다(민법 제946조). 이 경우 자기재산에 관한 행위와 동일한 주의를 요하는 친권자와 달리 미성년후견인은 재임 중 피후견인의 재산을 선량한 관리자의 주의로 관리하여야 한다(민법 제956조, 제681조). 다만, 미성년자에게 재산을 무상으로 수여한 제3자가 미성년후견인의 관리에 반대하는 의사를 표시한 경우에는 재산관리권이 없다(민법 제956조, 제918조). 이 경우 관리인을 지정하지 않았을 때에는 가정법원이 선임하는 관리인이 관리한다.

【판시사항】

소 제기 이후 성년후견이 개시되어 피성년후견인이 소송능력을 상실한 경우, 소송절차에서 당사자는 여전히 피성년후견인인지 여부및 성년후견인은 피성년후견인의 법정대리인으로서 소송절차를 수계하는 것인지 여부(대법원 2017. 6. 19. 선고 2017다212596 판결)

【판결요지】

성년후견이 개시되면 후견인은 피후견인의 법정대리인이 되고(민법 제938조 제1항), 그 재산에 관한 법률행위에 대하여 피후견인을 대리하며(민법 제949조 제1항), 피성년후견인은 법정대리인에 의하여서만 소송행위를 할 수 있다(민사소송법 제55조 제1항 본문). 한편 소 제기 이후 성년후견이 개시되어 피성년후견인이 소송능력을 상실한 경우 소송절차는 중단되나, 성년후견인이 법정대리인으로 소송절차를 수계하게 된다(민사소송법 제235조). 이러한 경우 소송절차에서 당사자는 여전히 피성년후견인이고, 성년후견인은 피성년후견인의 법정대리인으로서 소송절차를 수계하는 것이지 당사자적격을 가지게 되는 것은 아니다.

나. 동 의 권

미성년자가 의사능력이 있을 때에는 동의를 주어 스스로 법률행위를 하도록 할 수 있다(민법 제5조, 제7조).

[서식 10] 미성년후견 종료시 관리계산기간 연장 허가청구

미성년후견 종료시 관리계산기간 연장 허가 청구

청 구 인　　○ ○ ○ (전화　　　　　　)
주민등록번호
주소

사건본인　　○ ○ ○
주민등록번호(외국인등록번호)
주소

등록기준지(국적)

청 구 취 지

청구인이 사건본인의 재산관리계산을 하는 기간을 20○○. ○. ○.까지 연장함을 허가한다.
라는 재판을 구합니다.

청 구 원 인

1. 사건본인에 대하여 20○○. ○. ○. ○○법원 20○○느단○○○○호로 미성년후견개시 심판이 있었고, 미성년후견인으로 청구인이 선임되었습니다.

2. 사건본인은 20○○. ○. ○. 성년이 되었으므로 미성년후견이 종료되었습니다.

3. 청구인은 20○○. ○. ○.까지 사건본인의 재산관리계산을 해야 하지만 사건본인의 재산이 다액이고, 부동산이 여러 곳에 분산되어 있어 법정기간 내에 이를 마치는 것이 어려운 상황입니다.

4. 따라서 청구인은 이 사건 청구에 이르렀습니다.

첨 부 서 류

1. 가족관계증명서 및 기본증명서(사건본인) 각 1통
2. 수민능록등본 (사선본인) 1통
3. 기타(소명자료) ○통

20○○. ○. ○.

위 청구인 ○ ○ ○ (인)

○○가정법원 귀중

■ 참고사항

1. 관할법원 : 입양, 친양자 입양 또는 파양에 관한 사건은 양자·친양자의 주소지 또는 양친자가 될 사람의 주소지의 가정법원
2. 인지대 : 사건본인의 수 × 5,000원, 송달료 : 청구인수 × 5,200원 × 8회분
3. 불복방법 : 즉시항고(가사소송법 제43조)

다. 후견인의 권한에 대한 제한

① 대리권의 제한

후견인은 피후견인의 행위를 목적으로 하는 채무를 부담할 경우에는 본인의 동의를 받아야 한다(민법 제949조 제2항, 제920조 단서). 또한 미성년자의 근로계약에 대해서도 친권자의 경우와 같이 계약을 체결할 수 없다(근로기준법 제67조 제1항).

② 중요한 행위에 대한 제한

후견인이 피후견인을 대리하여 일정한 행위를 하거나 미성년자의 일정한 행위에 동의를 할 때는 후견감독인이 있으면 그의 동이를 받아야 한다(민법 제950조). 예를 들어, 영업에 관한 행위, 금전을 빌리는 행위, 의무만을 부담하는 행위, 부동산 또는 중요한 재산에 관한 권리의 득실변경을 목적으로 하는 행위, 소송행위, 상속의 승인, 한정승인 또는 포기 및 상속재산의 분할에 관한 협의에는 후견감독인이 있으면 그의 동의를 받아야 한다. 그 밖에 후견인이 피후견인에 대한 제3자의 권리를 양수하는 경우에는 후견감독인의 동의가 필요한 행위에 대하여 후견감독인이 피후견인의 이익이 침해될 우려가 있음에도 동의를 하지 아니하는 경우에는 가정법원은 후견인의 청구에 의하여 후견감독인의 동의를 갈음하는 허가를 할 수 있다(민법 제950조 제2항). 주의할 것은 후견인이 그와 미성년자 사이에 이해가 상반되는 행위를 할 때에는 특별대리인을 선임하여야 하지만, 후견감독인이 있는 경우에는 그가 미성년자를 대리하므로(민법 제94조의6 제3항) 특별대리인을 선임할 필요가 없다는 것이다(민법 제949조의3).

③ 후견감독인의 동의 없는 후견인의 행위의 효력

후견감독인의 동의가 필요한 법률행위를 후견인이 후견감독인의 동의 없이 하였을 때에는 피후견인 또는 후견감독인이 그 행위를 취소할 수 있다(민법 제950

조 제3항, 제951조 제2항). 물론 후견감독인의 동의 없는 후견의 행위에 대한 취소권은 행사상의 일신전속권이므로, 채권자대위권을 행사할 수 없다.[3] 또한 후견인이 후견감독인의 동의를 필요로 하는 경우에 이를 얻지 않고 대리행위를 하였을 경우, 그것은 무권대리행위이며 상대방이나 제3자는 후견감독인에 대하여 추인여부를 최고할 수 있다(민법 제952조, 제15조). 다만 행위의 상대방이 과실 없이 동의를 받은 것으로 믿고 그렇게 믿을 만한 정당한 이유가 있으면 제126조의 표현대리가 성립할 수 있다.[4] 이때 후견감독인의 동의가 필요한 법률행위를 후견인이 후견감독인의 동의 없이 한 경우에 발생하는 취소권은 민법 제146조에 의하여 추인할 수 있는 날로부터 3년 내에, 법률행위를 한 날로부터 10년 내에 행사하여야 한다.

【판시사항】

후견인이 친족회의 동의 없이 피후견인의 부동산을 매도한 경우, 그 취소권의 행사방법 (대법원 7. 27. 선고 92다52795 판결)

【판결요지】

미성년자 또는 친족회가 민법 제950조 제2항에 따라 제1항의 규정에 위반한 법률행위를 취소할 수 있는 권리는 형성권으로서 민법 제146조에 규정된 취소권의 존속기간은 제척기간이라고 보아야 할 것이지만, 그 제척기간 내에 소를 제기하는 방법으로 권리를 재판상 행사하여야만 되는 것은 아니고, 재판 외에서 의사표시를 하는 방법으로도 권리를 행사할 수 있다고 보아야 한다.

[서식 11] 후견인직무집행정지 및 직무대행자선임 사전처분

후견인 직무집행정지 및 직무대행자 선임 사전처분

신 청 인　　○ ○ ○ (전화　　　　　)
주민등록번호

3) 대법원 1996. 5. 31. 선고 94다35985 판결.
4) 대법원 1997. 6. 27. 선고 97다3828 판결.

주소
사건본인과의 관계

사건본인 ○ ○ ○
주민등록번호(외국인등록번호)
주소
등록기준지(국적)

후 견 인 ○ ○ ○ (전화)
주민등록번호
주소

청 구 취 지

1. ○○가정법원 20○○느단○○○○호 ○○후견인변경청구 사건의 심판이 확정될 때까지 피신청인의 사건본인에 대한 ○○후견인으로서의 직무집행을 정지한다.

2. 사건본인의 ○○후견인 직무대행자로 ○○○(주민등록번호 , 주소)을 선임한다.

라는 결정을 구합니다.

청 구 원 인

1. 신청인은 ○○가정법원에 20○○느단○○○○호로 ○○후견인변경청구 사건의 심판을 청구하였습니다.

2. 후견인 ○○○은 선임된 후 .... 등의 행위를 하고 있기 때문에 사건본인의 복리를 위하여 후견인의 변경을 청구하였으나, 변경심판이 효력을 발생하기까지 후견인 ○○○이 이대로 계속 관리를 한다면 사건본인에게 회복하기 어려운 불이익을 초래할 우려가 있습니다.

3. 이에 후견인 ○○○의 직무집행을 정지하고 직무대행자 선임을 신청하는 바입니다.

4. 직무집행자의 권한범위 관련한 의견

□ 기존 후견인과 동일한 권한을 갖길 원함
□ 직무집행자의 권한범위를 새로 정하길 원함(이 경우 별지 체크리스트 활용)

5. 사건본인의 직무대행자로는 ○○○를 추천합니다(또는 가정법원이 적임자를 선임해 주시기 바랍니다.).

직 무 대행자 후보자	성 명	
	주 소	
	주민등록번호	
	직 업	
	사건본인과의 관계	

첨 부 서 류

1. 가족관계증명서 및 기본증명서 (신청인, 사건본인, 직무대행자후보자) 각 1통
2. 주민등록등본(사건본인) 1통
3. 사건본인의 후견등기사항증명서(말소 및 폐쇄사항 포함) 1통
4. 직무대행자후보자의 후견등기사항증명서(말소 및 폐쇄사항 포함), 후견등기사항 부존재증명서(후견등기사항이 없는 경우에는 후견등기사항부존재증명서만 제출) 각 1통
5. 신청인 및 직무대행자후보자와 사건본인과의 관계를 밝혀줄 제적등본, 가족관계증명서 등(제1항의 가족관계 증명서만으로는 그 관계를 알 수 없는 경우) 각 1통
6. 기타(소명자료) ○통

20○○년 ○월 ○일

위 청구인 ○ ○ ○ (인)

○○가정법원 귀중

5. 후견인의 보수

법원은 후견인의 청구에 의하여 피후견인의 재산상태 등을 참작하여 피후견인의 재산으로 보수를 줄 수 있다(민법 제955조). 후견인은 친권자 대신 미성년 자녀를 보호하고 교양하는 등 그 임무수행에 상당한 시간과 노력을 제공하기 때문이다, 그밖에 후견인이 후견사무를 수행하는데 필요한 비용은 피후견인의 재산 중에서 지출한다(민법 제955조의2).

6. 미성년자를 위한 후견종료

1) 종료사유

가. 절대적 종료사유

피후견인의 사망, 피후견인인 미성년자의 성년 도달 또는 혼인에 의한 성년의제, 친권상실선고의 취소 등으로 친권자의 친권행사가 가능해 진 경우, 미성년자의 인지 또는 입양 등과 같이 후견의 필요성이 없어져 후견관계 자체가 소멸해 버리는 경우에 후견은 절대적으로 종료한다.

나. 상대적 종료사유

후견인의 사망, 실종선고, 결적, 사임 도는 변경과 등과 같이 후견 그 자체는 종료하지 않지만 현재 후견임무를 수행하는 후견인의 임무가 종료하는 경우이다. 후견종료의 사유는 이를 다른 상대방에게 통지하거나 또는 다른 일방이 이를 안 때가 아니면 그 종료로서 다른 일방에게 대항할 수 없다(민법 제959조, 제692조).

2) 후견종료시의 임무

가. 관리의 계산

후견인의 임무가 종료된 때에는 후견인 또는 그 상속인은 1개월 내에 피후견인의 재산에 관한 계산을 하여야 한다(민법 제957조 제1항 본문). 다만 정당한 사유가 있는 경우에는 법원이 허가를 받아 그 가간을 연장할 수 있다(민법 제957조 제1항 단서). 이 계산은 후견감독인이 있는 경우에는 그가 참여하지 아니하면 효력이 없다(민법 제957조 제2항).

나. 이자의 부가 및 손해배상

후견인이 피후견인에게 지급할 금액이나 피후견인이 후견인에게 지급할 금액은 계산종료의 날로부터 이자를 부가하여야 한다(민법 제958조 제1항). 또 후견인이 자기를 위하여 피후견인의 금전을 소비한 때에는 그 소비한 날로부터 이자를 부가하고 피후견인에게 손해가 있으면 이를 배상하여야 한다(민법 제958조 제2항). 도한 후견인이 자기를 위하여 피후견인의 금전을 소비한 때에는 그 소비한 날로부터 이자를 부가하고 피후견인에게 손해가 있으면 이를 배상하여야 한다(민법 제958조 제2항).

다. 후견종료와 긴급처리

후견종효의 경우에 급박한 사정이 있으면 후견인, 그 상속인이나 법정대리인은 피후견인, 그 상속인이나 법정대리인이 그 후견사무를 처리할 수 있을 때가지 그 사무의 처리를 계속하여야 한다. 이러한 경우에는 후견의 존속과 동일한 효력이 있다(민법 제959조, 제691조).

3) 후견종료의 신고

후견종료의 신고는 가족관계등록법이 정하는 바에 따라서 후견인이 1개월 이내에 하여야 한다(동법 제83조).

미성년후견개시 신고 된 미성년자가 혼인한 때 미성년후견종료 기록 여부
[대법원(법원행정처), 02-3480-1100]
미성년후견개시신고가 된 미성년자가 혼인한 때에는 「민법」 제826조의2에 따라 성년자로 보아 혼인신고서 기타 사항란에 「혼인으로 인하여 미성년후견종료」라고 기재하게 하고, 가족관계등록부에 기록을 할 때에는 혼인사유를 기록한 다음에 미성년후견종료의 취지를 기록하여야 한다.

가정법원으로부터 친권·미성년후견 등에 관한 기록촉탁이 있는 경우의 처리
[대법원(법원행정처), 02-3480-1100]
관할법원이 「가사소송법」 제9조 및 「가사소송규칙」 제5조 또는 「가정보호심판규칙」 제46조에 따라 친권 또는 미성년후견 후견감독에 관한 사항(상실·회복·일시정지·대행자선임 등)의 가족관계등록부에기록을 촉탁한 경우에는 그 촉탁서를 「가족관계의 등록 등에 관

한 규칙」 제40조의 신고서류로 보아 접수하여 처리하고 해당 미성년자의 가족관계등록부의 일반등록사항란에 기록하여야 한다.

[서식 12] 후견종료신고서

<table>
<tr><td colspan="4">후 견 종 료 신 고 서
(년 월 일)</td><td colspan="4">※ 아래의 작성방법을 읽고 기재하시되 선택항목은 해당번호에 "○"으로 표시하여 주시기 바랍니다.</td></tr>
<tr><td rowspan="3">①
피
후
견
인</td><td>성 명</td><td>한글</td><td></td><td>한자</td><td></td><td>주민등록번호</td><td>-</td></tr>
<tr><td>등록기준지</td><td colspan="6"></td></tr>
<tr><td>주 소</td><td colspan="6"></td></tr>
<tr><td rowspan="3">②
후
견
인</td><td>성 명</td><td>한글</td><td></td><td>한자</td><td></td><td>주민등록번호</td><td>-</td></tr>
<tr><td>등록기준지</td><td colspan="6"></td></tr>
<tr><td>주 소</td><td colspan="6"></td></tr>
<tr><td colspan="3">③ 종료일자 및 원인</td><td colspan="5">년 월 일</td></tr>
<tr><td colspan="3">④ 재판확정일자</td><td colspan="3">년 월 일</td><td>법원명</td><td></td></tr>
<tr><td colspan="3">⑤ 기 타 사 항</td><td colspan="5"></td></tr>
<tr><td rowspan="3" colspan="2">⑥ 신고인</td><td>성 명</td><td colspan="3">㉝ 또는 서명</td><td>주민등록번호</td><td></td></tr>
<tr><td>자 격</td><td colspan="5">1후견인 2법정대리인 3기타(자격 :)</td></tr>
<tr><td>주 소</td><td colspan="2"></td><td>전 화</td><td></td><td>이메일</td></tr>
<tr><td colspan="2">⑦ 제출인</td><td>성 명</td><td colspan="3"></td><td>주민등록번호</td><td>-</td></tr>
</table>

■ 작성방법

※ 등록기준지 : 각 란의 해당자가 외국인인 경우에는 그 국적을 기재합니다.

※ 주민등록번호 : 각 란의 해당자가 외국인인 경우에는 외국인등록번호(국내거소 신고번호 또는 출생연월일)를 기재합니다.

③란 : "2008. 1. 1. 피후견인사망", "2008. 1. 13. 성년후견종료심판" 등으로 기재합니다.

④란 : 후견의 종료원인이 된 재판으로서 성년후견종료심판 또는 한정후견종료심판 등의 재판이 확정된 일자를 기재합니다.

⑤란 : 가족관계등록부에 기록을 분명하게 하는데 특히 필요한 사항을 기재합니다.
⑦란 : 제출자(신고인 여부 불문)의 성명 및 주민등록번호 기재[접수담당공무원은 신분증과 대조]

■ 첨부서류

1. 후견종료의 원인이 재판에 의하여 발생한 경우 그 재판서의 등본과 확정증명서 각 1부.

※ 아래 2항은 가족관계등록관서에서 전산으로 그 내용을 확인할 수 있는 경우 첨부를 생략합니다.

2. 당사자의 가족관계등록부의 기본증명서 1통.
3. 신분확인[가족관계등록예규 제23호에 의함]
   - 신고인이 출석한 경우 : 신분증명서
   - 제출인이 출석한 경우 : 제출인의 신분증명서
   - 우편제출의 경우 : 신고인의 신분증명서 사본

※ 타인의 서명 또는 인장을 도용하여 허위의 신고서를 제출하거나, 허위신고를 하여 가족관계등록부에 부실의 사실을 기록하게 하는 경우에는 형법에 의하여 5년 이하의 징역 또는 1천만원 이하의 벌금에 처해집니다.

[서식 13] 미성년후견종료 및 친권자지정청구

미성년후견 종료 및 친권자지정 청구

청 구 인　　○ ○ ○ (전화　　　　　　)
주민등록번호
주소
사건본인과의 관계

사건본인　　○ ○ ○ (전화　　　　　　)
주민등록번호(외국인등록번호)
주소
등록기준지(국적)

후 견 인　　○ ○ ○ (전화　　　　　　)
주민등록번호

주소

청 구 취 지

사건본인에 대한 미성년후견을 종료하고, 청구인(주민등록번호 ,
주소)을 사건본인의 친권자로 지정한다.
라는 심판을 구합니다.

청 구 원 인

청구인은 20○○. ○. ○. ○○○와 혼인하여 그 사이에 사건본인을 두었으나 20○○. ○. ○. 협의이혼하였고, 협의이혼 당시 사건본인에 대한 친권자로 사건본인의 어머니인 ○○○이 지정되었습니다.

그런데, 위 ○○○이 사건본인을 양육하던 중 20○○. ○. ○. 사망하였고, 20○○. ○. ○. 이 법원 20○○느단○○○호 미성년후견인선임청구 사건의 심판에 의하여 ○○○이 사건본인의 미성년후견인으로 선임되었습니다.

청구인은 이혼 이후 위 ○○○와 연락이 잘 되지 않아서 위 ○○○가 사망한 사실을 알지 못하였고, 그 결과 법정기간 내에 사건본인에 대한 친권자 지정 청구를 하지 못하였습니다.

따라서 사건본인의 복리를 위하여 미성년후견을 종료하고 청구인을 친권자로 지정하여 줄 것을 청구합니다.

첨 부 서 류

1. 가족관계증명서, 기본증명서(청구인, 사건본인) 각 1통
2. 주민등록등본(청구인, 사건본인) 각 1통
3. 기타(소명자료) ○통

20○○년 ○월 ○일

위 청구인 ○ ○ ○ (인)

○ ○ 가 정 법 원 귀중

■ 참고사항

1. 관할법원 : 사건본인(미성년자)의 주소지 가정법원(지방법원, 지원) (가사소송규칙 제2조)
2. 신청인 : 생존하는 부 또는 모, 친생부모 일방 또는 쌍방, 미성년자(민법 제909조의2 제6항)
3. ▸ 인지대 : 사건본인 수 × 5,000원
   ▸ 송달료 : 청구인수 × 5,200원 × 8회분

7. 미성년후견감독인

1) 후견감독인의 지정과 선임

미성년후견인을 지정할 수 있는 사람은 유언으로 후견감독인을 지정할 수 있다(민법 제940조의2). 한편 미성년후견감독인의 지정이 없는 경우에 가정법원은 필요하다고 인정하면 직권 또는 미성년자, 친족, 미성년후견인, 검사, 지방자치단체의 장의 청구에 의하여 후견감독인을 선임할 수 있다(민법 제940조의3 제1항). 또한 가정법원은 미성년후견감독인이 사망, 결격, 그 밖의 사유로 없게 된 경우에는 직권으로 또는 미성년자, 친족, 미성년후견인, 검사, 지방자치단체의 장의 청구에 의하여 후견감독인을 선임한다(민법 제940조의3 제2항). 이 경우 미성년후견인은 1명이지만, 미성년후견감독인은 여러 명을 둘 수 있고, 법인도 후견감독인이 될 수 있다(민법 제940조의7, 제930조 제2항, 제3항). 그밖에 후견감독인은 정당한 사유가 있는 경우에 가정법원의 허가를 받아 사임할 수 있고, 가정법원은 직권으로 또는 청구권자의 청구에 의하여 후견감독인을 추가로 선임하거나 변경할 수 있으며, 후견감독인을 선임할 때에는 피후견인의 의사를 존중하여야 하고, 피후견인의 건강, 생활관계 등의 사정도 고려하여야 한다(민법 제940조의7, 제936조 제3항, 제4항, 제939조, 제940조).

[서식 14] 후견감독개시신고서

<table>
<tr><td colspan="6">미성년 1 후 견 · 2 후견감독
개 시 신 고 서
(년 월 일)</td><td colspan="3">※ 아래의 작성방법을 읽고 기재하시되 선택항목은 해당번호에 "○"으로 표시하여 주시기 바랍니다.</td></tr>
<tr><td rowspan="9">① 미성년자</td><td>성 명</td><td>한글</td><td>(성) /(명)</td><td>한자</td><td>(성) /(명)</td><td>주민등록번호</td><td>-</td></tr>
<tr><td>등록기준지</td><td colspan="4"></td><td>출생연월일</td><td></td></tr>
<tr><td>주 소</td><td colspan="6"></td></tr>
<tr><td>성 명</td><td>한글</td><td>(성) /(명)</td><td>한자</td><td>(성) /(명)</td><td>주민등록번호</td><td>-</td></tr>
<tr><td>등록기준지</td><td colspan="4"></td><td>출생연월일</td><td></td></tr>
<tr><td>주 소</td><td colspan="6"></td></tr>
<tr><td>성 명</td><td>한글</td><td>(성) /(명)</td><td>한자</td><td>(성) /(명)</td><td>주민등록번호</td><td>-</td></tr>
<tr><td>등록기준지</td><td colspan="4"></td><td>출생연월일</td><td></td></tr>
<tr><td>주 소</td><td colspan="6"></td></tr>
<tr><td rowspan="5">② 신고인</td><td rowspan="2">성 명</td><td>한글</td><td>(성) /(명)</td><td colspan="2" rowspan="2">인 또는 서명</td><td>주민등록번호</td><td>-</td></tr>
<tr><td>한자</td><td>(성) /(명)</td><td>출생연월일</td><td></td></tr>
<tr><td>자 격</td><td colspan="6">1 후견인 2 후견감독인 3 후견인임무대행자</td></tr>
<tr><td>등록기준지</td><td colspan="4"></td><td>전 화</td><td></td></tr>
<tr><td>주 소</td><td colspan="4"></td><td>이메일</td><td></td></tr>
<tr><td colspan="3">③ 개시일자 및 원인</td><td colspan="5">년 월 일</td></tr>
<tr><td colspan="3">④ 취임일자 및 원인</td><td colspan="5">년 월 일 1 지정 2 선정</td></tr>
<tr><td colspan="3">⑤ 심 판 일 자</td><td colspan="3">년 월 일</td><td>법원명</td><td></td></tr>
<tr><td colspan="3">⑥ 기 타 사 항</td><td colspan="5"></td></tr>
<tr><td colspan="2">⑦ 제출인</td><td>성 명</td><td colspan="3"></td><td>주민등록번호</td><td>-</td></tr>
</table>

■ 작성방법

※ 등록기준지 : 각 란의 해당자가 외국인인 경우에는 그 국적을 기재합니다.

※ 주민등록번호 : 각 란의 해당자가 외국인인 경우에는 외국인등록번호(국내거소신고번호 또는 출

생연월일)를 기재합니다.

①란 : 2명 이상의 미성년자에 대해 미성년후견·후견감독이 있는 경우에는 순서대로 적으시면 됩니다.

: 법 제25조 제2항에 따라 주민등록번호란에 주민등록번호를 기재한 때에는 출생연월일의 기재를 생략할 수 있습니다.

③란 : 개시일자 및 원인은 2013. 7. 17. 친권자의 사망(상실), 2013. 7. 17. 친권자행방불명 등으로 기재합니다.

④란 : 지정후견인·후견감독인의 취임연월일은 후견개시원인이 발생한 날(친권자의 사망, 상실등)을 기재합니다.

: 선정후견인·후견감독인, 후견인임무대행자의 취임연월일은 선임심판일을 기재합니다.

⑤란 : 심판일자란은 선정후견인·후견감독인, 후견인임무대행자의 경우에만 기재합니다.

⑥란 : 가족관계등록부에 기록을 분명하게 하는데 특히 필요한 사항을 기재합니다.

⑦란 : 제출자(신고인 여부 불문)의 성명 및 주민등록번호 기재[접수담당공무원은 신분증과 대조]

■ 첨부서류

1. 유언서 그 등본 또는 유언녹음을 기재한 서면 1부(유언에 의하여 후견인·후견감독인을 지정한 경우).
2. 재판서 등본 및 확정증명서 각 1부(법원이 재판에 의하여 미성년후견인을 선임한 경우)
   재판서 등본 1부(법원이 재판에 의하여 미성년후견감독인, 미성년후견인 임무대행자를 선임한 경우)

※ 아래 3항은 가족관계등록관서에서 전산으로 그 내용을 확인할 수 있는 경우 첨부를 생략합니다.

3. 당사자의 가족관계등록부의 기본증명서, 가족관계증명서 각 1통.
4. 신분확인[가족관계등록예규 제23호에 의함]
   - 신고인이 출석한 경우 : 신분증명서
   - 제출인이 출석한 경우 : 제출인의 신분증명서
   - 우편제출의 경우 : 신고인의 신분증명서 사본

※ 타인의 서명 또는 인장을 도용하여 허위의 신고서를 제출하거나, 허위신고를 하여 가족관계등록부에 부실의 사실을 기록하게 하는 경우에는 형법에 의하여 5년 이하의 징역 또는 1천만원 이하의 벌금에 처해집니다.

[서식 15] 미성년후견감독인 선임청구

미성년후견감독인 선임 청구

청 구 인　　○ ○ ○ (전화　　　　　　)
주민등록번호
주소
사건본인과의 관계

사건본인　　○ ○ ○
주민등록번호(외국인등록번호)
주소
등록기준지(국적)

청 구 취 지

사건본인의 미성년후견감독인으로 ○○○(주민등록번호　　　　　　,
주소　　　　　　　　　　　　　　)를 선임한다.
라는 심판을 구합니다.

청 구 원 인

1. 사건본인에 대하여 20○○. ○. ○. ○○법원 20○○느단○○○○호로 미성년후견개시 심판이 있었고, 미성년후견인으로 ○○○가 선임되었습니다.

2. 그런데, ... 등에 비추어 미성년후견감독인을 선임하여 미성년후견인을 감독할 필요성이 있습니다.

3. 따라서 청구인은 이건 청구에 이르렀습니다.

4. 청구인은 미성년후견감독인으로 다음과 같은 사람을 추천합니다.

미성년	성　　　명	

후 견 감독인 후보자	주 소	
	주민등록번호	
	직 업	
	사건본인과의 관계	

첨 부 서 류

1. 가족관계증명서 및 기본증명서 각 1통
   (청구인, 사건본인, 후견감독인후보자)
2. 주민등록등본 (사건본인) 1통
3. 사건본인 및 후견감독인후보자의 후견등기사항전부 증명서(말소 및 폐쇄사항 포함) 또는 후견등기사항 부존재증명서(후견등기사항이 없는 경우) 1통
4. 청구인과 사건본인과의 관계를 밝혀줄 제적등본, 가족관계증명서 등(1.항의 가족관계증명서만으로는 그 관계를 알 수 없는 경우) 각 1통
5. 기타(소명자료) ○통

20○○년 ○월 ○일

위 청구인 ○ ○ ○ (인)

○ ○ 가정법원 귀중

■ 참고사항

1. 관할법원 : 사건본인(피후견인)의 주소지의 가정법원(지방법원, 지원)
2. ‣ 인지액 : 사건본인 수 × 5,000원

- 송달료 : 청구인수 × 5,200원 × 10회분을 송달료취급은행에 납부하고 영수증을 첨부하여야 합니다.

3. 불복절차
   - 즉시항고(가사소송규칙 제27조)
   - 심판을 고지받은 날로부터 2주 이내(가사소송법 제43조)

[서식 16] 미성년후견감독인 변경청구

미성년후견감독인 변경 청구

청 구 인 ○ ○ ○ (주민등록번호)
주소 ○○시 ○○구 ○○길 ○○
등록기준지 ○○시 ○○구 ○○길 ○○

사건본인 ◇ ◇ ◇ (주민등록번호)
주소 ○○시 ○○구 ○○길 ○○
등록기준지 ○○시 ○○구 ○○길 ○○

청 구 취 지

사건본인의 미성년후견감독인을 ◇◇◇(주민등록번호, 주소 :) 에서 ◉◉◉(주민등록번호, 주소 :)으로 변경한다.
라는 심판을 구합니다.

청 구 원 인

1. 청구인은 사건본인의 백부입니다.

2. 사건본인에 관하여서는 ○○법원 2○○○. ○. ○. 2○○○느단○○○○호 미성년후견감독인선임 심판에 따라 현재 그 미성년후견감독인으로 변호사 ◇◇◇이 선임되어 있습니다.

3. 그런데, ◇◇◇은 지병으로 인하여 최근 건강이 악화되어 더 이상 후견감독 사무를 수행하기 어렵게 되었습니다.

4. 그렇다면 사건본인의 복리를 위하여 사건본인의 미성년후견감독인을 변경할 필요가 있는바, 변호사 ◉◉◉이 ◇◇◇와 같은 법률사무소 소속으로서 후견감독 사무를 인수인계받기에 적임자이오니, 사건본인의 미성년후견감독인을 ◉◉◉로 변경하여 주시기 바랍니다.

첨 부 서 류

1. 주민등록표등본, 가족관계증명서(청구인) 각 1통
1. 주민등록표등본, 기본증명서, 가족관계증명서(사건본인) 각 1통
1. 주민등록표등본, 기본증명서(◉◉◉) 각 1통
1. 각 진술서 및 인감증명서(사건본인, ◉◉◉) 각 1통
1. 송달료납부서 1통

20○○년 ○월 ○일

위 청구인 ○ ○ ○ (인)

○ ○ 가 정 법 원 귀중

■ 참고사항

1. 관할법원 : 피후견인의 주소지 가정법원
2. 청구권자 : 피후견인, 친족, 검사, 지방자치단체의 장
3. 인지대 : 5,000원, 송달료 : 5,200원 × 8회분 = 41,600원
4. 불복절차
   - 미성년후견감독인의 변경 심판에 대하여는 변경 대상 미성년후견감독인이 즉시항고를 할 수 있음(가사소송규칙 제67조 제1항 제2호)
   - 미성년후견감독인의 변경청구를 기각한 심판에 대하여는 피후견인, 친족, 검사, 지방자치단체의 장이 즉시항고를 할 수 있음(가사소송규칙 제67조 제2항).
   - 심판을 고지받은 날로부터 14일내(가사소송규칙 제31조)

2) 결격사유

결격사유로는 후견인의 결격사유(민법 제940조의7, 제937조) 이외에 미성년후견인의 가족이라는 사유가 추가되었다(민법 제940조의5). 적적한 감독을 위하여 미성년후견인과 가까운 위치에 있는 그의 가족은 후견감독인이 될 수 없도록 한 것이다.

3) 후견감독인의 임무

후견감독인은 후견인의 사무를 감독하며, 후견인이 없는 경우 지체 없이 가정법원에 후견인의 선임을 청구하여야 한다(민법 제940조의6 제1항). 도한 후견감독인은 피후견인의 신상이나 재산에 대하여 급박한 사정이 있는 경우 그의 보호를 위하여 필요한 행위 또는 처분을 할 수 있고(민법 제940조의6 제2항), 후견인과 피후견인 사이에 이해가 상반되는 행위에 관하여는 후견감독인이 피후견인을 대리하며(민법 제940조의6 제3항), 그밖에 후견감독인은 선관주의를 하여 후견감독사무를 수행하여야 한다.

또한 후견감독인은 피후견인의 신체를 침해하는 의료행위에 대하여 피후견인이 동의할 수 없는 경우에는 그를 대신하여 동의할 수 있다(민법 제940조의7, 제947조의2 제3항). 이 경우 피후견인이 의료행위의 직접적인 결과로 사망하거나 상당한 장애를 입을 위험이 있을 때에는 가정법원의 허가를 받아야 한다. 다만 허가절차로 의료행위가 지체되어 피후견인의 생명에 위험을 초래하거나 심신상의 중대한 장애를 초래할 때에는 사후에 허가를 청구할 수 있다(민법 제940조의7, 제947조의2 제5항). 한편 여러 명의 후견감독인이 있는 경우, 가정법원은 직권으로 여러 명의 후견감독인이 공동으로 또는 사무를 분장하여 그 권한을 행사하도록 정할 수 있고, 이를 변경하거나 취소할 수 있다(민법 제940조의7, 제949조의2).

[서식 17] 미성년후견감독인의 동의를 갈음하는 허가청구

미성년후견감독인의 동의를 갈음하는 허가 청구

청 구 인 ○ ○ ○ (전화)
주민등록번호
주소
사건본인과의 관계

사건본인 ○ ○ ○
주민등록번호(외국인등록번호)
주소
등록기준지(국적)

후견감독인 ○ ○ ○ (전화)
주민등록번호
주소

청 구 취 지

미성년후견감독인은 청구인이 사건본인을 대리하여 별지 기재 행위를 함에 동의하는 것으로 갈음한다.
라는 재판을 구합니다.

청 구 원 인

1. 사건본인에 대하여 20○○. ○. ○. ○○법원 20○○느단○○○○호로 미성년후견개시 심판이 있었고, 미성년후견인으로 청구인이, 미성년후견감독인으로 ○○○가 선임되었습니다.

2. 그런데, 사건본인의 학비, 생활비, 치료비 등으로 ○○원이 소요되는데 사건

본인에게는 별다른 현금재산이나 소득이 없으므로 사건본인 소유의 부동산 중 일부를 처분하여야 할 필요가 있습니다.

3. 이러한 이유로 청구인은 사건본인 소유의 부동산 중 일부를 처분하고자 하였으나 미성년후견감독인인 ○○○에게 동의를 구하였으나, ○○○는 ……… 등의 이유를 들어 이에 동의하지 않고 있습니다.

4. 따라서 청구인은 사건본인의 복리를 위하여 이 사건 청구에 이르렀습니다.

첨 부 서 류

1. 가족관계증명서 및 기본증명서(사건본인) 각 1통
2. 주민등록등본(사건본인) 1통
3. 사건본인의 후견등기사항전부증명서 1통
   (말소 및 폐쇄사항 포함)
4. 기타(소명자료) ○통

20○○년 ○월 ○일

위 청구인 ○ ○ ○ (인)

○○가정법원 귀중

■ 참고사항

1. 관할법원 : 사건본인(피후견인이 될 사람)의 주소지의 가정법원(지방법원, 지원)
2. 비 용
   - 인지액 : 사건본인 수 × 5,000원
   - 송달료 : 청구인수 × 5,200원 × 10회분을 송달료취급은행에 납부하고 영수증을 첨부하여야 합니다.
3. 불복절차
   - 즉시항고(가사소송규칙 제27조)

▸ 심판을 고지받은 날로부터 2주 이내(가사소송법 제43조)

4) 후견감독인의 보수 등

법원은 후견감독인의 청구에 의하여 피후견인의 재산상태 기타 사정을 참작하여 피후견인의 재산 중에서 상당한 보수를 후견감독인에게 수여할 수 있다(민법 제940조의7, 제955조). 그밖에 후견감독인이 후견감독사무를 수행하는데 필요한 비용은 피후견인의 재산중에서 현출한다(민법 제940조의7, 제955조의2).

5) 후견감독의 종료

후견감독의 종료에는 후견 그 자체가 종료하는 경우와 후견은 종료하지 않았으나 현재 후견감독임무를 수행하는 후견감독인의 임무가 종료하는 경우가 있다, 후자의 경우는 후견감독인의 사망, 사임, 변경, 결격의 사유가 발생하였을 때이다. 후견감독종료의 사유는 이를 상대방에게 통지하거나 상대방이 이를 안 때가 아니면 이로써 대항하지 못한다(민법 제940조의7, 제692조). 후견감독종료의 경우 급박한 사정이 있는 때에는 후견감독인, 그 상속인이나 법정대리인은 피후견인, 그 상속인이나 법정대리인이 스스로 그 사무를 처리할 수 있을 때까지 그 사무의 처리를 계속하여야 한다(민법 제940조의7, 제691조).

[서식 18] 미성년후견인, 후견감독인 경질신고서

<table>
<tr><td colspan="6">미성년 1 후 견 · 2 후견감독
경 질 신 고 서
(년 월 일)</td><td colspan="3">※ 아래의 작성방법을 읽고 기재하시되 선택항목은 해당번호에 "○"으로 표시하여 주시기 바랍니다.</td></tr>
<tr><td rowspan="6">①
미
성
년
자</td><td>성 명</td><td>한글</td><td>(성) /(명)</td><td>한자</td><td>(성) /(명)</td><td>주민등록번호</td><td>−</td></tr>
<tr><td>등록기준지</td><td colspan="4"></td><td>출생연월일</td><td></td></tr>
<tr><td>주 소</td><td colspan="6"></td></tr>
<tr><td>성 명</td><td>한글</td><td>(성) /(명)</td><td>한자</td><td>(성) /(명)</td><td>주민등록번호</td><td>−</td></tr>
<tr><td>등록기준지</td><td colspan="4"></td><td>출생연월일</td><td></td></tr>
<tr><td>주 소</td><td colspan="6"></td></tr>
</table>

<table>
<tr><td rowspan="3"></td><td>성 명</td><td>한글</td><td>(성) /(명)</td><td>한자</td><td>(성) /(명)</td><td>주민등록번호</td><td>-</td></tr>
<tr><td>등록기준지</td><td colspan="4"></td><td>출생연월일</td><td></td></tr>
<tr><td>주 소</td><td colspan="6"></td></tr>
<tr><td colspan="3">② 전임후견인·후견감독인 성명</td><td colspan="5"></td></tr>
<tr><td rowspan="6">③
신
고
인</td><td rowspan="2">성 명</td><td>한글</td><td>(성) /(명)</td><td colspan="2" rowspan="2">㊞ 또는 서명</td><td>주민등록번호</td><td>-</td></tr>
<tr><td>한자</td><td>(성) /(명)</td><td>출생연월일</td><td></td></tr>
<tr><td>자 격</td><td colspan="6">1 후임후견인 2 후임후견감독인</td></tr>
<tr><td>등록기준지</td><td colspan="4"></td><td>전 화</td><td></td></tr>
<tr><td>주 소</td><td colspan="4"></td><td>이메일</td><td></td></tr>
</table>

<table>
<tr><td colspan="2">④ 경질일자 및 원인</td><td colspan="3">년 월 일</td></tr>
<tr><td colspan="2">⑤ 취임일자 및 원인</td><td colspan="3">년 월 일</td></tr>
<tr><td colspan="2">⑥ 재판확정일자</td><td>년 월 일</td><td>법원명</td><td></td></tr>
<tr><td colspan="2">⑦ 기타사항</td><td colspan="3"></td></tr>
<tr><td>⑧ 제출인</td><td>성 명</td><td></td><td>주민등록번호</td><td>-</td></tr>
</table>

■ 작성방법

※ 등록기준지 : 각 란의 해당자가 외국인인 경우에는 그 국적을 기재합니다.

※ 주민등록번호 : 각 란의 해당자가 외국인인 경우에는 외국인등록번호(국내거소신고번호 또는 출생연월일)를 기재합니다.

①란 : 2명 이상의 미성년자에 대해 미성년후견·후견감독이 있는 경우에는 순서대로 적으시면 됩니다.

①란 및 ③란 : 법 제25조 제2항에 따라 주민등록번호란에 주민등록번호를 기재한 때에는 출생연월일의 기재를 생략할 수 있습니다.

④란 : 경질일자 및 원인란에는 20○○. 7. 17. 후견인 사망, 20○○. 7. 17. 후견감독인 사망, 20○○. 7. 17. 후견인 사임, 20○○. 7. 17. 후견감독인 사임, 20○○. 7. 17. 후견인변경재판확정 등으로 기재합니다.

⑤란 : 취임일자 및 원인란에는 후임후견인·후견감독인의 취임일자 및 원인을 기재합니다.
후임후견인·후견감독인의 선임심판일 또는 변경 재판확정일이 취임일입니다.

⑦란 : 가족관계등록부에 기록을 분명하게 하는데 특히 필요한 사항을 기재합니다.

⑧란 : 제출자(신고인 여부 불문)의 성명 및 주민등록번호 기재[접수담당공무원은 신분증과 대조]

■ 첨부서류

1. 재판서 등본 1부(가정법원이 재판에 의하여 미성년후견인·후견감독인을 선정한 경우).

※ 아래 2항은 가족관계등록관서에서 전산으로 그 내용을 확인할 수 있는 경우 첨부를 생략합니다.

2. 당사자의 가족관계등록부의 기본증명서, 가족관계증명서 각 1통.
3. 미성년후견인·후견감독인 사임에 대한 가정법원의 허가의 경우에는 그 재판서 등본, 미성년후견인·후견감독인변경의 재판이 있는 경우에는 그 재판서등본 및 확정증명서 각 1부.
4. 신분확인[가족관계등록예규 제23호에 의함]
   - 신고인이 출석한 경우 : 신분증명서
   - 제출인이 출석한 경우 : 제출인의 신분증명서
   - 우편제출의 경우 : 신고인의 신분증명서 사본

※ 타인의 서명 또는 인장을 도용하여 허위의 신고서를 제출하거나, 허위신고를 하여 가족관계등록부에 부실의 사실을 기록하게 하는 경우에는 형법에 의하여 5년 이하의 징역 또는 1천만원 이하의 벌금에 처해집니다.

[서식 19] 미성년후견감독인 사임에 관한 청구

미성년후견감독인 사임에 대한 허가 청구

청 구 인　　○ ○ ○ (주민등록번호)
주소 ○○시 ○○구 ○○길 ○○
사건본인과의 관계

사건본인　　◇ ◇ ◇ (주민등록번호)
주소 ○○시 ○○구 ○○길 ○○
등록기준지(국적) ○○시 ○○구 ○○길 ○○

청 구 취 지

1. 청구인이 사건본인의 미성년후견감독인을 사임함을 허가한다.
2. 사건본인의 미성년후견감독인으로 ◉◉◉(주민등록번호, 주소 :)을 선임한다.

라는 심판을 구합니다.

청 구 원 인

1. 청구인은 ○○법원 20○○. ○. ○. 20○○느단○○○○호 미성년후견감독인선임 심판에 따라 사건본인의 미성년후견감독인으로 선임되었습니다.

2. 그런데, 청구인은 지병으로 인하여 최근 건강이 악화되어 더 이상 후견감독 사무를 수행하기 어렵게 되었으므로 미성년후견감독인을 사임하고자 하오니, 허가하여 주시기 바랍니다.

3. 한편, 변호사 ◉◉◉이 청구인과 같은 법률사무소 소속으로서 후견감독 사무를 인수인계받기에 적임자이오니, ◉◉◉을 사건본인의 새로운 미성년후견감독인으로 선임하여 주시기 바랍니다.

첨 부 서 류

1. 주민등록표등본, 기본증명서, 가족관계증명서(사건본인) 각 1통
1. 소견서(청구인) 1통
1. 주민등록표등본, 기본증명서(◉◉◉) 각 1통
1. 각 진술서 및 인감증명서(사건본인, ◉◉◉) 각 1통
1. 송달료납부서 1통

20○○년 ○월 ○일

위 청구인 ○ ○ ○ (인)

○○가정법원 귀중

■ 참고사항

1. 관할법원 : 피후견인의 주소지의 가정법원
2. 청구권자 : 미성년후견감독인
3. 인지대 : 5,000원, 송달료 : 5,200원 × 8회분 = 41,600원
4. 불복절차
   - 미성년후견감독인의 사임허가 청구를 기각한 심판에 대하여는 청구인이 즉시항고를 할 수 있음 (가사소송규칙 제27조 제2항).
   - 심판을 고지받은 날로부터 14일내(가사소송규칙 제31조)

제 3 절 성년후견제도의 내용

성년후견제도란 무엇인가요(보건복지부 답변)**?**

성년후견제도는 장애·질병·노령 등으로 인해 사무처리 능력이 부족한 성인에게 가정법원의 결정 또는 후견계약을 통해 선임된 후견인이 재산관리 및 일상생활과 관련된 신상보호를 지원하도록 하는 제도입니다. 정신적 능력의 제약으로 의사결정과 권리주장에 어려움이 있는 발달장애인, 정신장애인과 치매노인이 성년후견제의 주된 이용자가 되며 성년후견인을 선임하여 활용하려면 가정법원에 후견심판을 청구하거나 임의후견계약을 체결하여야 합니다.

후견심판은 본인, 배우자, 4촌 이내의 혈족, 검사 또는 지방자치단체의 장이 청구할 수 있으며, 후견인은 본인의 의사를 존중하고 본인의 건강, 생활관계, 재산상황과 후견인이 될 사람의 직업과 경험, 이해관계의 유무 등을 고려하여 가정법원이 직권으로 결정하게 됩니다. 기존 금치산·한정치산제도가 재산관리 등 경제적 문제를 지원하기 위한 제도였다면 새로운 성년 후견제도는 가정법원의 권한부여에 따라 의료행위나 우편물 관리, 거주지의 결정 등 신상과 관련한 지원도 가능하게 되었고, 후견인이 선임되어도 당사자가 스스로 결정하는 영역이 보장되고 신상과 관련하여 스스로 할 수 있는 것은 단독으로 결정할 수 있도록 보장되어 있는 점에서 차이가 있습니다.

보건복지부는 후견제도를 필요로 하나 그에 소요되는 비용을 부담할 능력이 없는 발달장애인들을 위하여 후견심판 청구절차와 이들을 지원할 후견인의 활동비를 지원할 예정입니다. 보건복지콜센터 (국번없이 ☎129)

Ⅰ. 법정후견제도

[신·구 성년후견인 제도의 비교(출처 : 법무부)]

	현행 후견제도	새로운 후견제도
용 어	금치산, 한정치산 등 부정적 용어 사용	부정적 용어 폐지
대 상	중증 정신질환자에 국한	치매노인 등 고령자까지 확대
보호 범위	재산 행위	의료, 요양 등 복리영역까지 확대
독자적 행위권	금치산자－독자적인 법률행위 불가한정치산자－모든 법률행위에 후견인의 동의 필요(수익적 법률행위 제외)	피성년후견인－일용품 구입 등 일상 행위 가능 피한정후견인－가정법원이 정한 행위에만 후견인 동의 필요
후견인 선임	일률적으로 순위 규정(배우자 → 직계혈족 → 3촌 이내의 친족	가정법원이 전문성, 공정성 등을 고려하여 선임
본인 의사	반영절차 없음	후견심판시 본인의 의사 청취
감독 기관	친족회(실질적인 활동 없었음)	가정법원이 선임한 후견감독인
자 격	1인만 가능, 법인은 불가 (전문 후견인 양성 불가)	복수 또는 법인 후견인 가능 (전문 후견인 양성 가능)
후견계약	불가능(법원이 후견인과 후견내용 결정)	가능(본인이 후견인과 후견내용 결정)

성년 후견인, 한정후견인, 특정후견인은 어떤 차이가 있나요?

성년후견인, 한정후견인, 특정후견인은 대리권의 범위와 후견개시에 따른 본인의 행위능력 제약 등의 측면에서 차이가 있습니다. 따라서 각각의 후견인의 선임을 청구할 수 있는 본인의 상황에서도 차이가 있습니다. 즉, 정신적인 능력의 제약이 많고 사무를 처리할 능력이 많이 부족한 경우일수록 성년후견인이 선임을 청구할 필요성이 크다고 할 수 있습니다.

그러나 성년후견인의 경우 본인의 행위능력을 포괄적으로 제약할 가능성이 크기 때문에 UN 장애인권리협약의 취지와 상충될 위험이 있습니다. 따라서 외국 선진사례에서는 이러한 포괄적인 대리권을 부여하는 것보다는 본인에게 필요하지만 스스로는 할 수 없는 영역에 한해 대리권을 부여하는 방식을 채택하고 있습니다. 일본의 성년후견제도가 가장 비판을 받는 부분도 우리의 성년후견에 해당하는 "후견"의 결정이 대부분을 이룬다고 점입니다. 이렇게 될 경우 본인의 잔존능력과 자기결정권을 최대한 보장하여야 한다는 제도의 취지는 무색해 지고, 성년후견제도가 기존의 금치산제도와 차이가 있다고 보기 어려운 상황이 될 수 있습니다.
따라서 우리제도에서는 향후 법정후견유형으로서 "성년후견"의 결정보다는 한정후견 또는 특정후견이 보다 활성화되고 보편화되어야 장애인의 자기결정권을 보장할 수 있다고 할 수 있습니다. 특히 특정후견의 경우 통장관리나 계약행위 등 몇 가지 어려운 사항에 대해서만 지원을 받으면 되는 경증발달장애인들이 사회에서 자신의 권리를 당당하게 주장할 수 있도록 하는데 큰 도움이 될 것이라 생각합니다. 금번 시범청구 사례에서 성년후견으로 청구한 사건이 없는 것도 그러한 취지에 따른 것입니다. 후견을 필요로 하는 사람이 최소한의 의사결정을 할 수 있는 능력이 있다면 그 부분에 대해서는 본인의 의사결정 능력을 존중하여 주어야 하는 것이 개정민법에 따른 제도의 취지입니다.

〈기존 행위무능력제도와 성년후견제도의 비교〉

	금치산·한정치산제도	성년후견제도
후견인 선임	자연인	자연인, 법인
	1인	복수 가능
	후견인 자격 및 순위 有 ※ 배우자→3촌 이내 직계혈족·방계혈족 중 최근친 연장자 순	가정법원이 결정(법정후견) 후견계약에 따름(임의후견)
지원범위	재산관리 중심	재산관리 뿐 아니라 신상결정 가능
행위능력	잔존능력 무시	잔존능력 존중(보충성)
	탄력적 조치 불가	탄력적 적용 가능
후견감독	친족회가 감독(형식적)	후견감독인이 감독(실질적)

1. 법정후견의 3유형의 의의와 특징

1) 법정후견 3유형과 유형의 탄력화

가. 법정후견의 3유형

개정민법상 새로운 성년후견제도는 종래 금치산자, 한정치산자 제도를 폐지하고 이를 대체하는 새로운 법정후견제도로서 성년후견, 한정후견, 특정후견의

3유형(이하 성년후견등이라고 칭한다)을 신설하는 한편 임의후견제도로서 후견계약을 신설하였다.[5)]

먼저 개정민법상 법정후견제도는 현행 행위무능력자제도와의 제도적 연속성을 고려하여 형식적으로는 범주적 유형적 보호제도(다원주의)를 취하면서도 실질적으로는 각 유형을 매우 탄력적으로 규정함으로써 유형 간 단절이 없는 보호의 연속성을 유지할 수 있도록 설계되었다. 이로써 범주적 유형적 보호에 수반되는 보호의 획일성이라는 문제점을 제거하고, 요보호 성인의 개별 구체적 사정에 따라 필요 최소한의 최적의 개입과 보호를 제공함으로써, 그의 잔존능력의 활용과 자기결정을 존중하고자 하였다.

개정민법의 이러한 특징은 제도적 연속성과 필요 최소한의 개입을 요구하는 새로운 성년후견제도의 이상 사이의 타협점이자 비교법적으로는 피후견인의 정신적 제약의 정도와 보호조치의 내용에 따라 복수의 후견유형을 두는 다원주의와 하나의 폭넓은 보호제도를 두고 이를 구체적 사정에 따라 탄력적으로 운영하는 일원주의 사이의 절충적 입법 형태라고 평가할 수 있다.[6)]

즉, 개정민법은 법정후견제도로서, ① 질병, 장애, 노령, 그 밖의 사유로 인한 정신적 제약으로 '사무를 처리할 능력이 지속적으로 결여된 사람'에 대해서는 성년후견(개정민법 제9조), ② 같은 사유로 '사무를 처리할 능력이 부족한 사람'에 대해서는 한정후견(개정민법 제12조), ③ 같은 사유로 '일시적 또는 특정한 사무에 관한 후원이 필요한 사람'에 대해서는 특정후견(개정민법 제14조의2)을 신설하였다.

법정후견의 각 보호유형은 각각의 실질적 요건에 있어서는 '사무처리능력의 지속적 결여', '사무처리능력의 부족', '일시적 특정 사무의 후원의 필요'와 같이 피후견인의 정신적 제약의 정도에 따른 사무처리능력의 수준에 따라 단계적으로 보호유형을 구분하고 있다.

그러나 다른 한편으로 개정민법은 각 보호유형별 보호조치에 관하여 이를 획일적으로 정하지 아니하고 피후견인의 구체적 보호필요성을 고려하여 보호조치를 선택적 탄력적으로 부여하여 개별화할 수 있는 가능성을 폭넓게 인정하

---

5) 임의후견제도 도입의 의의와 특징에 관하여는 아래(5)에서 살펴본다.

6) 박인환, "새로운 성년후견제 도입을 위한 민법개정안 검토", 가족법연구 제24권 제1호(2010) 175면.

고 있다.

즉, 성년후견에 있어서는 성년후견인의 법정대리권 등의 범위를 제한할 수 있고 취소 할 수 없는 피후견인의 행위를 정할 수 있도록 하였으며, 한정후견에 있어서는 원칙적으로는 피한정후견인의 행위능력을 제한하지 않고 본인 보호를 위하여 필요한 경우에만 동의유보의 심판을 하여 행위능력을 제한하며 한정후견인에 대한 대리권도 필수적이 아니라 필요에 따라 그 범위를 정하여 부여할 수 있도록 하였다. 그리고 특정후견에 있어서는 피후견인의 사무처리능력과는 관계없이 요보호인의 필요에 따라 일시적 또는 특정한 사무의 처리를 위하여 특정후견을 개시할 수 있도록 하였다.

나. 보호 유형의 탄력화

법정후견의 세 가지 보호유형의 상관관계를 살펴보면 다음과 같은 모습으로 그려질 수 있다. 즉, 한정후견은 보호의 폭이 가장 탄력적인 보호유형으로 가장 많이 활용될 것이 기대되는 것이다. 한정후견에서는 피후견인의 법률행위에 대한 동의유보와 일정한 범위의 사무에 관한 대리권을 선택적으로 부여할 수 있다. 따라서 한정후견은 동의유보의 선택 여부나 대리권이 인정되는 사무범위의 확장과 축소에 따라 성년후견과 특정후견의 양쪽의 보호조치를 모두 포괄할 수도 있다. 이에 대하여 성년후견은 지속적 보호필요성 있는 경우에 대하여 피후견인의 행위능력을 제한하고 유형의 제한 없는 포괄적 재산관리와 대리권을 부여하지만 그 감축을 인정하여 탄력적 운용이 가능하다. 특정후견은 그 반대로 일시적 혹은 특정의 보호조치가 필요한 경우에 그에 맞는 개별적 소치를 취할 수 있다.[7]

새로운 성년후견제도상 법정후견에 있어서 보호유형 및 보호조치의 유연화와 탄력화는 종래 금치산자·한정치산자 제도가 획일적으로 행위능력을 제한하고 그 대신 포괄적인 법정대리권을 부여함으로써 피후견인의 잔존능력과 그에 기초한 자기결정의 가능성을 배제함으로써 인권 침해의 폐해가 있다는 비판을 극복하기 위한 것이다.

---

7) 박인환(주 4), 175면.

2) 필요한 최소한의 개입과 보호의 개별화

이러한 유형적 탄력화가 오직 피후견인의 정신적 제약의 정도에만 연결된 것이라고 볼 필요는 없다.[8] 따라서 성년후견 등에 있어서 보호유형과 보호조치의 선택과 결정은 피후견인의 정신적 제약의 정도뿐만 아니라 피후견인의 개별 구체적 보호필요성을 아울러 고려하여야 한다. 피후견인의 개별 구체적 보호필요성의 고려는 후견에 있어서 최소개입의 원칙적으로부터 도출될 수 있다.

아무리 중대한 정신적 제약이 있는 요보호인이라 하더라도 그가 가족 등의 도움으로 원만히 생활할 수 있는 상황에 굳이 자신의 보호필요성을 넘어서는 후견적 개입을 강요받을 필요는 없다. 오직 자기가 필요한 사무의 범위 내에서만 필요 최소한의 보호조치를 선택적으로 이용할 수 있도록 하는 것이 새로운 성년후견제도의 입법목적과 취지에 부합한다.

따라서 새로운 성년후견제도의 입법 목적과 취지를 구현하기 위해서는 실제 제도의 실무적 운용에 있어서도 피후견인의 정신적 제약의 정도에 따라 획일적으로 보호유형과 보호조치를 결절할 것이 아니라 당해 피후견인의 생활 조건과 제반 사정을 고려하여 구체적으로 필요한 보호유형과 보호조치를 결정하여야 한다. 요보호인의 보호를 위하여 필요 최소한에 범위 내에서만 후견적 개입을 허용하고 본인의 자기결정의 가능성을 보장할 수 있도록 가능한 한 최소한의 보호유형과 보호조치를 선택 결정하여야 한다는 것이다.[9]

따라서 후견청구권자와 후견심판을 담당하는 가정법원은 요보호인을 위하여 보호유형과 보호조치를 선택 결정함에 있어서 본인의 의사를 존중하여야 함은 물론 피후견인이 스스로 할 수 있는 행위가 어디까지인지, 피후견인이 독자적으로 결정하고 행위 할 수는 없지만 친족이나 지인 등의 적절한 조력이 있으면 후견적 개입 없이 스스로 결정하고 행위 할 수 있는 가능성은 없는지 나아가 피후견인의 행위능력을 넘어서는 불이익한 법률행위로부터 피후견인을 보호하기 위하여 행

8) 김형석, "민법개정안에 따른 성년후견법제" 가족법연구 제24권 2호, 119~120면도 특히 한정후견에 관한 설명에서 동의유보와 대리권의 부여는 피한정후견인의 능력뿐만 아니라 피한정후견인이 처한 제반 사정을 고려하여 보호조치를 결정할 수 있다고 하고 있다. 그리고 이러한 취지는 보호유형의 선택에도 아울러 고려되어야 한다.

9) 새로운 성년후견제도의 입법에 앞서 성년후견제도의 입법원칙으로 이점이 강조되었다. 제철웅(주 2), 138면.

위능력을 제한할 구체적 필요가 있는지 만약 그렇다면 피후견인을 보호하기 위한 필요 최소한의 행위능력 제한의 범위는 어디까지인지를 구체적으로 고려하여야 한다. 나아가 의료행위의 동의나 주거의 결정, 치료요양시설에의 입소 등을 포함하는 신상보호조치와 그에 따른 신상 결정 권한의 대행이 필요 한지 등에 대하여도 각 후견 사안마다 후견인의 개별 구체적인 조건과 사정을 살펴서 신상에 관하여 필요한 보호조치와 권한을 후견인에게 부여하여야 한다.10)

즉, 요보호인의 정신적 제약의 정도에 따라 추상적으로 보호유형과 보호조치를 결정하는 것이 아니라, 비록 정신적 제약의 정도가 중하다 하더라도 지금 피후견인을 위하여 필요한 보호조치가 무엇이냐의 관점에 따라 일시적이거나 특정한 사무의 처리에 대한 보호조치로서 충분하다면 성년후견이나 한정후견이 아니라 특정후견을 개시하여야 할 것이다.11)

만약 행위능력을 제한할 필요가 있거나 비교적 넓은 범위 내에서의 후견적 보호조치가 필요한 경우라 할지라도 획일적 행위능력 제한과 후견인에게 포괄적 대리권을 부여하는 성년후견보다는 한정후견을 선택하여야 하고, 한정후견에 있어서도 피후견인의 행위능력을 제한하는 동의유보의 결정은 그것이 필요한 구체적인 사정이 있는 경우에만 필요한 최소한의 범위 안에서 제한적으로만 내려져야 할 것이며, 한정후견인의 권한도 그것이 필요한 범위 내에서만 제한적으로 부여하는 것이 바람직하다.

따라서 피후견인의 행위능력이 획일적으로 제한되고 후견인에게 포괄적인 대리권이 부여되는 성년후견제도는 가능한 한 최후의 보호유형으로 남겨져 있어야 한다. 이러한 제도 유영이 경우에 따라서는 장래 피후견인의 보호에 필요한 조치를 충분히 강구하지 못하게 될 가능성이 있을지라도 그것은 다시 피후견인의 정신적 제약의 정도의 변동이나 그의 생활조건 및 환경의 변화에 따라 수시로 보호

---

10) 김형석(주 6), 119면 이하.

11) 김형석(주 6), 120면의 특정후견에 관한 설명은 바로 이러한 태도에 입각해 있다. 그러나 이러한 태도는 성년후견이나 한정후견의 관계에서도 적용된다고 보아야 할 것이다. 즉, 사무처리능력이 지속적으로 결여된 상태라 하더라도 획일적 행위능력 제한을 수반하는 성년후견개시심판을 선택하지 아니하고 본인이 필요로 하는 보호의 필요성을 고려하여 한정후견을 선택한 경우에는 이는 존중하여야 하며 오직 정신적 제약의 정도에만 구애되어 성년후견의 개시를 청구를 하거나 성년후견개시심판을 하는 것은 보호의 필요를 넘어서 피후견인의 자율성을 침해하는 결과가 될 것이다.

조치의 조정과 변경을 통하여 해결하여야 한다. 이것이 가정법원과 후견인등에게 상당한 절차적 비용을 강요하는 것이라 할지라도 후견적 개입조치들의 중대한 권리 제한적 결과를 고려한다면 이는 후견제도 운영에 있어서 정당히 지불되어야 할 사회적 비용이라고 할 것이다.[12)]

2. 성년후견

1) 성년후견의 대상

'질병, 장애, 노령, 그 밖의 사유로 인한 정신적 제약으로 사무를 처리할 능력이 지속적으로 결여된 사람'이 성년후견의 대상이 된다(민법 제9조 제1항).

2) 성년후견의 개시

가. 성년후견개시심판의 실질적 요건

① 정신적 제약

성년후견개시의 원인은 '질병, 장애, 노령, 그 밖의 사유로 인한 정신적 제약으로 사무를 처리할 능력이 지속적으로 결여된' 상태이다. 가정법원은 성년후견개시의 심판을 할 경우에는 피성년후견인이 될 사람의 정신 상태에 관하여 의사에게 감정을 시켜야 한다. 다만, 정신 상태를 판단할 만한 다른 충분한 자료가 있는 경우에는 그러하지 아니하다.[13)]

나아가 가정법원이 성년후견개시심판을 하는 경우에는 의식불명 그 밖의 사유로 자신의 의사를 표명할 수 없는 경우가 아닌 한 피성년후견인이 될 사람의 의견을 들어야 한다.[14)] 여기서 장애는 신체적 장애를 포함하지 않는다는 것이 입법기초자의 견해이다.[15)] 그러나 문제가 되는 것은 법문의 구조상 정신적 장

---

12) 이러한 제도 운영을 위해서는 후견제도 운영의 중심인 가정법원에 있어서 성년후견에 관한 인력과 조직의 확충과 전문성 제고를 위한 적극적인 투자가 수반되지 않으면 안 된다. 연간 천 건 안팎의 후견사건을 처리하던 때의 가정법원 등의 인력과 조직으로는 도저히 새로운 성년후견제도 도입의 제도적 이상과 목적을 달성할 수 없다.

13) 가사소송법 개정안{2012. 10. 23. 정부 제출 법률안(의안번호 2265)} 제45조의2 제1항.

14) 가사소송법 개정안 제45조의3 제1호.

15) 성년후견개시심판의 실질적 요건은 약간 표현은 달리하지만 세 가지 법정후견유형에 공통된다. 개정 민법 제9조, 제12조, 제14조의2 참조. 이 경우 신체적 장애도 포함되는가에 대해서는 독일민법(제1896조 제1항)이나 프랑스민법(제425조)등은 일정한 신체적 장애에 대하여도 그로

애이냐 신체적 장애이냐가 아니라 그로 인하여 정신적 제약이 있느냐가 중요할 것이다.

② 신체적 장애에 대한 유추적용의 가능성

그런데 가령, 정신능력에는 전혀 문제가 없으나 목 이하 부위의 전신마비로 주위의 도움이 없으면 자신의 의사를 효과적으로 전달 관철하기 곤란한 경우, 본인의 의사를 정확히 전달하고 이를 관철하기 위하여 후견인을 선임할 수는 없는가가 문제될 수 있다. 이 문제에 관하여 개정민법의 입안자는 종래 금치산자·한정치산제도에 관한 민법 제정 당시의 입법적 결단을 참고하여 이에 부정적인 견해를 피력한 바 있다.[16)]

그러나 순수한 의사결정능력 면에서의 손상이 없는 경우에도 본인이 자신의 의사를 외부에 전달하는 것이 주변사람들의 자의로 차단되어 자신의 재산관리나 신상에 관한 결정을 효과적으로 외부에 전달하여 관철할 수 없는 경우, 국가 등 제3자의 적극적 개입과 지원이 필요할 수 있고 이때 성년후견제도에서와 유사한 보호의 필요성이 인정될 수 있다. 따라서 이러한 경우에도 후견개시에 관한 개정민법의 각 규정들을 유추적용하여 성년후견제도의 개입을 허용할 필요가 있다고 본다.

③ 후견유형 결정에 있어서 정신적 제약 정도의 제한적 영향

다른 한편 사무처리능력의 지속적 결여는 정신적 제약의 중대성을 시사하고 있다. 즉, 정신적 제약이 생활관계 전반에 걸쳐 있고 그것이 장래에 있어서도 회복될 가능성이 희박할 경우에 비로소 사무처리능력의 지속적 결여를 인정할 수 있을 것이다. 그리고 사무처리능력의 지속적 결여가 곧바로 후견의 필요성을 의미하거나 후견 유형을 결정하는 것으로 보아서는 안 된다.

사무처리능력이 지속적으로 결여되었다고 하더라도 당해 피후견인의 생활관계 전반에 걸쳐 후견적 개입의 필요성이 인정되지 않는 경우에는 성년후견개

인하여 원활한 의사표시가 곤란한 경우를 상정하여 성년후견개시를 할 수 있도록 하고 있다. 그러나 개정민법은 현행민법 제정 당시의 입법적 결단을 중요한 정책적 근거로 고려하여 신체적 장애 자체를 성년후견 개시의 요건으로 하는 것은 취하지 않았다고 한다. 김형석(주 6), 125면.

16) 김형석(주 6), 125면 참조, 그러나 독일민법 제1896조 제1항, 프랑스민법 제425조는 신체적 장애로 인하여 원활한 의사표시가 곤란한 경우를 상정하여 신체적 장애를 이유로 하는 후견개시를 허용한다.

시심판은 자제되어야 한다. 가령 본인이 정신적 제약으로 지속적으로 사무처리능력이 결여되어 있더라도 본인이 법률행위를 할 가능성이 없고 본인에게 관리할 재산도 없다면 굳이 행위능력 제한을 수반하고 불필요한 재산관리 및 그에 따른 대리권을 부여하는 성년후견의 심판을 할 필요는 없다. 오직 피후견인의 상속재산분할 참가 또는 의료행위에 대한 동의만이 문제된다면 오히려 특정후견이 사태에 적합한 후견조치가 될 수 있다.[17)]

나. 청구유형의 직권 변경과 후견청구 취하의 경우

① 청구유형에 관한 직권 변경 가능성

이와 같은 법정후견 유형간의 탄력적 운용을 위해서는 후견개시심판에 있어서 청구권자이 청구 유형에 가정법원이 구속되는지가 실무가 문제될 수 있다. 가사비송사건에 대해 가정법원은 후견적 입장에서 폭넓은 재량을 가지고 당사자가 희망하는 것과는 관계없이 당사자의 법률관계를 형성하고 그에 따른 의무를 명하는 것이 허용된다는 점에서, 성년후견, 한정후견, 그리고 특정후견의 각 개시심판간의 기본적 법률관계(즉 "질병, 장애, 노령, 그 밖의 사유로 인한 정신적 제약으로 사무를 처리할 능력"의 결여 내지 부족)가 동일한 이상 가정법원은 청구유형과 다른 유형의 후견개시심판을 할 수 있다고 해석할 수 있다. 현행 민법의 실무적 해석[18)]이 "한정치산선고의 심판청구에 대하여 금치산선고를 한다거나 그 반대의 경우에, 청구취지의 변경이 없이도 허용되는지에 관하여는 이를 긍정하는 견해가 다수설"이며, "실무에서는 가정법원이 당사자의 청구취지에 구속됨이 없이 심리과정에서 인정된 바에 따라서 한정치산이나 금치산선고를 할 수 있다는 견해에 따라 처리하는 경우가 많다."고 서술하고 있다는 점도 참조될 수 있다.

나아가 성년후견제도의 유연한 운영이라는 면에서도 청구권자가 성년후견심판을 청구하였다 하더라도 가정법원의 판단에 좇아 한정후견이나 특정후견의 개시를 명하거나 반대로 한정후견을 청구하였다 하더라도 성년후견이나 특정

17) 나아가 향후 성년후견대체제도로서 가족등에 의한 의료행위의 동의에 관한 법적 근거가 마련된다면 그 범위에서 후견개시의 필요성은 다시 감축될 것이다. 의료행위에 대한 동의 등에 관한 성년후견대체제도의 입법가능성에 대해서는 제철웅 외, 성년후견제도 시행을 위한 신상보호 관계법령 정비를 위한 연구(보건복지부 연구보고서), 2012. 4.(미공간).

18) 법원 실무제요 가사[Ⅱ], 법원행정처, 2010, 234면.

후견의 개시를 명할 수 있다고 보는 것이 좋을 것이다.

② 청구 취하의 경우

성년후견등 청구권자가 성년후견등을 청구한 후 여러 사정으로 성년후견 청구를 취하였으나 사건 본인에 대한 후견 개입의 필요성이 인정되는 경우 가정법원은 성년후견등의 절차를 중단하여야 하는 지도 문제이다. 현행 민법상 가정법원은 직권으로 성년후견, 한정후견, 특정후견의 개시심판을 할 수 없다는 점을 고려하면 가정법원은 가사소송법상 청구권자의 청구에 구속된다고 볼 수 있다. 그러한 경우에는 본인보호와의 충돌문제가 발생할 수 있으므로 가령 일본에서의 해석론으로서는 취하를 인정하지 않고 직권주의적으로 운용하여야 한다는 견해가 있다.[19]

다. 피한정후견인, 피특정후견인, 미성년자

피한정후견인, 피특정후견인에 대하여도 정신적 상태가 악화된 경우에 성년후견이 가능하다. 다만, 미성년자에 대해서는 성년후견이 친권·미성년후견과 병존할 수 없다는 전제에서 미성년자에 대한 성년후견청구는 성년기가 임박하여 보호의 공백을 막기 위한 경우로 제한해야한다는 견해[20]와 법문상 성년후견청구를 위와 같이 제한할 근거가 없고 성년후견의 필요가 있는데 미성년자라는 이유로 성년후견을 할 수 없다는 것은 타당하지 않다고 보는 견해가 대립된다.

3. 청구권자

1) 청구권자의 범위

'본인, 배우자, 4촌 이내의 친족, 미성년후견인, 미성년후견감독인, 한정후견인, 한정후견감독인, 특정후견인, 특정후견감독인, 검사 또는 지방자치단체의 장'은 가정법원에 성년후견개시 심판을 청구할 수 있다. 위에서 정한 자에 의한 심판청구가 반드시 있어야 하고 가정법원이 직권으로 절차를 개시할 수는 없다.

---

19) 이관주평, 가족법(신세사, 2009), 235면.

20) 프랑스의 경우 미성년자를 사건본인으로 하는 성년후견신청에 대하여는 미성년기 마지막 해에 신청, 심판할 수있으나, 후견개시 심판 등의 효과는 성년기 첫날부터 효력을 가진다고 규정하고 있다(프랑스 민법 제429조 제2항).

[성년후견개시 청구권자]

구 분	후견개시청구권자	본인의 행위능력 여부	후견인의 권한
성년후견	본인, 배우자, 4촌 이내의 친족, 미성년후견인, 미성년후견감독인, 한정후견인, 한정후견감독인, 특정후견인, 특정후견감독인, 검사 또는 지방자치단체의 장	원칙적으로 행위능력 상실	포괄적대리권, 취소권
한정후견	본인, 배우자, 4촌 이내의 친족, 미성년후견인, 미성년후견감독인, 한정후견인, 성년후견인, 성견후견감독인, 특정후견인, 특정후견감독인, 검사 또는 지방자치단체의 장	원칙적으로 행위능력자	법원이 정한 범위 내에서 대리권, 동의권, 취소권
특정후견	본인, 배우자, 4촌 이내의 친족, 미성년후견인, 미성년후견감독인, 검사 또는 지방자치단체의 장	행위능력자	법원이 정한 범위 내에서 대리권
임의후견	본인, 배우자, 4촌 이내의 친족, 임의후견인, 검사 또는 지방자치단체의 장 (임의후견개시 요건인 임의후견감독인 선임청구권자)	행위능력자	각 계약에서 정한 범위 내

2) 지방자치단체 장의 청구권

오늘날 성연후견제도는 종래 재산관리 및 그에 따른 법정대리권의 행사에서 신상보호 및 신상에 관한 결정 권한의 행사로 확대되고 있는바, 신상보호와 신상결정은 인간으로서의 존엄과 인간다운 삶을 위한 전제조건으로서 단지 개인이나 가족의 문제를 넘어서 국가 사회적 책무로 인식되고 있다. 오늘날 국가와 사회는 사회적 취약계층 또는 사회적 약자들의 인간으로서의 존엄과 인간다운 삶을 보장하기 위하여 헌법상 사회적 기본권을 명문화하고 법률에 따라 각종 사회보장 급여를 제공하고 있다.

마찬가지로 의사결정능력 없는 사회적 약자에 대하여 국가와 사회는 그들의 신상을 보호하고 그들의 신상결정을 존중하고 지원하며 그것이 불가능할 경우에는 적법한 권한을 부여 받은 사람에 의하여 신상 결정 권한이 적절히 대행되도록 보장함으로써 이들의 인권을 보호하고 인간으로서의 존엄과 인간다운 삶을 보장하여야 한다. 그러기 위해서는 인권 침해에 취약한 이들의 권리를 옹호하고 의사를 대변할 사람, 즉 후견인이 필요한 경우가 많다.

특히 국가와 지방자치단체는 여러 종류의 사회보장급여를 사회적 취약계층에 제공하고 있는바, 수급권자 본인이 충분한 의사결정능력을 갖추지 못한 것을 기화로 주변 사람들이 요보호인의 사회보장급여를 횡령하거나 착취하는 사례가 빈번히 사회문제가 되고 있다. 국가나 지방자치단체는 사회보장급여가 수급권자에게 확실하게 전달되어 수급권자 본인을 위하여 사용되도록 보장하지 않으면 안 된다.

나아가 사회보장급여의 제공에 있어서 국가가 서비스를 직접 제공하는 방식에서 서비스 제공기능을 민간에 이양하고 수급권자가 스스로 사회보장서비스의 내용과 제공업자를 선택하여 계약에 의하여 이를 제공받는 방식으로 사회보장서비스 전달방식에 큰 변화가 일어나고 있다. 사회보장 서비스 전달과정이 계약화 됨에 따라 서비스 전달을 원활히 보장하기 위해서는 수급권자의 의사결정기능이 전제되어 있지 않으면 안 된다. 따라서 사회보장급여 전달의 확실성을 보장하기 위한 전제로서도 지방자치단체장이 의사결정 능력이 없는 요보호인에 대한 성년후견 등 개시에 관하여 적극적으로 선제적인 행사를 할 필요가 있다. 이와 같이 후견 신청단계에 있어서 지방자치단체의 개입은 근대민법 이래 가족 중심의 후견에서 후견이 국가나 사회적 책무로서 전환되는 새로운 계기가 될 수 있다.

그러나 다른 한편으로 지방자치단체장의 청구권은 가족 등 근친자의 청구권에 대하여 사실상 보충적인 것이므로 요보호인의 주변에 성년후견등 개시심판 청구를 하여 줄 가족등 근친이 없거나 근친에 의한 청구를 기대할 수 없는 경우에 비로소 지방자치단체장에 의한 청구가 실행될 것이다. 그러나 지방자치단체장에 의한 후견개시심판청구는 가족 등 근친의 반대에도 불구하고 본인의 복리를 위하여 행사될 경우도 있을 것이다.

3) 검사의 청구권

개정 전 민법상 금치산자·한정치산 제도에 있어서도 공익의 대표자로서 검사를 금치산 또는 한정치산의 청구권자로 규정되어 있었다. 그러나 실제로 검사의 청구권은 거의 행사된 적이 없어서 사실상 사문화에 가까운 상태에 있었으므로 검사의 후견심판청구권에 관하여는 여러 회의적인 견해가 적지 않다.

그러나 실제 요보호인의 인권보호라는 관점에서 보면 가령, 요보호인의 인권침해가 형사사건으로 입건되는 경우와 같이 검사는 피해자인 요보호인의 후견 필요성을 쉽게 인식 할 수 있고 요보호인 보호를 위하여 검사가 후견청구권을 적극적으로 행사하는 것이 필요하고도 적합한 경우를 예상할 수 있다. 가령, 요보호인이 사실상 격리 감금되어 있거나 정신적 육체적 경제적으로 학대를 당하는 등 범죄에 노출되어 있고 사실상 보호자가 요보호인에 대한 접근을 방해하는 경우와 같이 주위의 다른 후견청구권자의 개입이 어려운 경우가 그러하다. 이와 같은 경우라면 검사는 형사소추를 통하여 인권침해로부터 요보호인을 보호할 뿐 아니라 요보호인에 대한 인권보호를 위한 보다 적극적인 보호책으로서 가정법원에 대하여 요보호인을 후견인의 보호하에 둘 것을 청구하는 것이 필요하다. 이미 검사는 공익의 대표자로서 가족법 여러 기능을 맡고 있을 뿐 아니라 사회적 약자의 인권 보호와 대국민 사법서비스의 일환으로서 향후 성년후견개시심판청구에 있어서 검사의 적극적 역할이 요청된다.

4) 본인 의사의 존중

한편 가정법원은 성년후견개시 심판에 있어서 본인의 의사를 고려하여야 한다(개정민법 제9조 제2항). 요보호인이 스스로 후견개시에 관한 의견을 표시할 수 있는 상태에 있는 한 본인의 의견을 청취하여야 하고, 그것이 본인의 복리에 배치되지 않는 한에서는 이를 적극적으로 고려하여야 한다는 취지이다.[21] 이 규정은 말할 나위 없이 가능한 한 요보호자의 의사를 고려함으로써 그의 인격과 존엄을 존중하고자 하는 새로운 성년후견제도의 기본원칙이 구현된 것이라 할 것이다. 그러나 본인의 복리를 위하여 필요한 때에는 본인의 의사에도 불구하고 성년후견의 개시를 선언할 수 있을 뿐 아니라 본인이 성년후견개시 심판에 필요한 정신감정 등을 거부하는 경우에는 본인 의사에 반하여 사전처분[22] 을 통하여 이를 강제할 수도 있다고 보아야 할 것이다.

다른 한편으로 요보호인이 장래 자신의 후견이 필요한 상황에 대비하여 자신의 의사를 표시해 둔 경우에는 이를 고려하여야 함은 물론이다(후견에 관한 사전지시). 독일민법 제1897조 제4항[23]은 과 제1901조[24]는 이러한 취지를 명문으로 인정하

21) 김형석(주 6), 128면.
22) 가사소송법 제62조.
23) 독일민법 제1897조 제4항 성년자가 성년후견인으로 선임될 수 있는 자를 제안한 경우에는

고 있다. 성년후견등의 개시심판 당시 본인의 의사를 확인할 수 없는 경우에는 과거에 표시된 본인의 의사를 고려할 필요가 있다. 그러한 의사를 표시할 때에 본인이 그러한 의사를 표시할 만한 상태에 있을 것을 요함은 물론이나, 그러한 의사의 표명은 법률행위에 필요한 행위능력과 같은 것이 아니라 가령 신상에 관한 결정능력 혹은 그 보다도 낮은 수준에서도 가능한 본인의 어떤 희망이나 선호를 표시한 것도 이를 참작 고려할 필요가 있다.

[신청취지 기재례]

1. 사건본인에 대하여 성년후견을 개시한다.
2. 사건본인의 성년후견인으로 ○○○(주민등록번호, 주소)을 선임한다.
3. 취소할 수 없는 사건본인의 법률행위의 범위, 성년후견인의 법정대리권의 범위 및 성년후견인이 사건본인의 신상에 관하여 결정할 수 있는 권한의 범위는 각 별지 기재와 같다.

1. 사건본인에 대하여 성년후견을 개시한다.
2. 사건본인의 성년후견인으로 ○○○(주민등록번호, 주소)와 △△△(주민등록번호, 주소)을 선임한다.
3. 성년후견인 ○○○에 대하여, 취소할 수 없는 사건본인의 법률행위의 범위, 성년후견인의 법정대리권의 범위, 성년후견인이 사건본인의 신상에 관하여 결정할 수 있는 권한의 범위 및 성년후견인 사이의 권한분장에 관한 사항은 각 별지(1) 기재와 같다.
4. 성년후견인 △△△에 대하여, 취소할 수 없는 사건본인의 법률행위의 범위, 성년후견인의 법정대리권의 범위, 성년후견인이 사건본인의 신상에 관하여

그것이 본인의 복리에 반하지 않는 한 그에 따라야 한다. 특정한 사람을 배제하는 제안도 이를 고려하여야 한다. 성년자가 성년후견절차 개시 전에 한 제안이라도 제1문과 제2문에 따른다. 그러나 성년자가 그 제안을 유지할 의사가 없음이 분명한 경우에는 그러하지 아니하다.

24) 독일민법 제1901는 누군가 자신의 성년후견에 대비하여 성년후견인의 선정에 관한 제안이나 성년후견의 개시에 관한 바람을 표시한 서면을 가지고 있는 사람이 성년후견인선임절차가 개시된 사실을 안 때에는 지체 없이 그 서면을 후견법원에 제출하여야 한다. 그 서면의 소지자는 본인이 다른 사람에게 자신의 사무를 처리할 권한 부여한 서면에 대해서도 후견법원에 통지하여야 한다. 후견법원은 그 사본의 제출을 요구할 수 있다.

결정할 수 있는 권한의 범위 및 성년후견인 사이의 권한분장에 관한 사항은 각 별지(2) 기재와 같다.

또는 3, 4.항을 통합하여 아래와 같이 기재해도 무방할 것임

3. 취소할 수 없는 사건본인의 법률행위의 범위, 성년후견인의 법정대리권의 범위, 성년후견인이사건본인의 신상에 관하여 결정할 수 있는 권한의 범위 및 성년후견인 사이의 권한분장에 관한 사항은 각 별지 기재와 같다.

4. 피성년후견인의 행위능력

1) 행위능력의 일반적 제한

개정민법에 따르면 피성년후견인은 원칙적으로 유효한 법률행위를 할 수 없고, 그의 법률행위는 취소할 수 있다(개정민법 제10조 제1항). 그러나 가정법원은 취소할 수 없는 법률행위를 정할 수 있고(동조 제2항), '일용품 등 일상생활을 영위하는데 필요한 행위로 그 대가가 과도하지 아니한 법률행위'는 이를 취소할 수 없다(개정민법 제10조 제4항).

성년후견인은 피성년후견인의 법률행위를 원칙적으로 취소할 수 있다는 점에서 피성년후견인의 행위능력은 일반적으로 제한된다. 개정민법상 새로운 성년후견제도 도입의 가장 중요한 이유의 하나가 피후견인의 획일적 행위능력 제한으로 인한 인권침해의 문제였다는 점을 상기하면, 새로운 성년후견제도가 피성년후견인의 행위능력을 일반적으로 제한하는 것에 대하여는 종래 행위무능력자제도와의 단절이 불완전하다는 비판을 피할 수 없다.

다만, 개정안 해설은 피성년후견인의 법률행위를 원칙적으로 취소할 수 있는 것으로 한 것은 지속적으로 의사능력을 결여한 사람이 개별소송에서 의사능력의 결여에 대하여 증명해야 하는 부담을 완화하기 위한 것으로 지속적 의사능력 결여 상태에서만 성년후견이 개시되므로 잔존능력의 무시와 같은 문제는 발생하지 않는 것으로 설명되고 있다.[25] 그러나 이미 지속적 의사능력 결여 상태가 계속되어 잔존능력의 행사가 고려될 수 없는 상태라면 의사능력 결여에 대한 증명이

25) 김형석(주 6), 117면.

반드시 곤란한 것이 아닐 경우가 많으므로 위 설명이 충분한 것은 아니다. 그러나 뒤집어 보면 잔존능력의 활용 및 그에 기초한 자기결정의 가능성이 있는 경우에는 일반적 행위능력 제한을 수반하는 성년후견개시심판은 유보되어야 한다는 점을 시사하는 것이고 그렇게 보면 잔존능력의 무시나 그에 기초한 자기결정 존중과의 충돌문제는 실제로는 일어나지 않는다고 볼 수도 있다. 이점에서 다시 한 번 성년후견유형이 본인의 자기결정의 가능성을 고려할 필요가 없는 예외적인 경우에만 적용되어야 한다는 점을 인정할 수 있다.

2) 일용품 거래 등에서의 예외

다른 한편으로 개정안 해설은 일용품거래에 관하여 이를 취소할 수 없는 행위로 규정한 이유에 대하여 "이러한 일상생활을 영위하기 위한 거래는 심중한 고려를 요구하지 않을 뿐만 아니라 그것의 대가가 과도하지 않은 한에서는 피성년후견인에게 불이익이 있다고 할 수 없으므로, 피성년후견인의 거래의 자유 및 거래의 안전을 보장하기 위한 것"이라고 한다.[26] 이 규정은 슈퍼마켓 같은 곳에서의 일상생활에 필요한 식료품이나 일상 생활용품의 구입과 같은 최소한의 법률행위에 관하여는 피성년후견인이 그의 의사능력과는 관계없이 거래를 거절당하지 않고 일상행활의 라이프 스타일을 유지할 수 있도록 하기 위한 규정으로 이해된다. 따라서 피성년후견자에게 그러한 거래를 판단할 수 있는 최소한의 의사능력을 갖추고 있었느냐는 처음부터 문제 삼지 않는다고 해석하는 것이 타당하다. 이러한 예외규정은 목적은 일용품 구입 등 일상의 거래는 그에 필요한 의사능력을 따지지 않고 일상생활의 유지에 필요한 행위를 가능한 한 피성년후견인이 스스로 처리할 수 있도록 함으로써, 피성년후견인의 재활과 사회 적응 내지 복귀(정상화)에 도움이 되도록 하는 데에 주목적이 있는 것으로 이해되기 때문이다.[27] 부수적으로는 거래 상대방에 대해서도 소소한 일상 거래에 대해서는 취소의 염려 없이 안심하고 거래할 수 있도록 함으로써 거래의 안전에도 도움이 될 것이다.

그 밖에도 가정법원이 취소할 수 없는 피성년후견인의 행위를 정할 수 있도록 한 것은 성년후견과 한정후견의 경계에 있는 사안에 있어서 양 제도의 탄력적 운영을 위하여 보충적으로 규정된 것이라고 평가할 수 있다.

---

26) 김형석(주 6), 118면, 한편 제철우(주 1) 참조.
27) 박인환(주 4), 47면.

다른 한편으로 피성년후견인의 행위능력은 위와 같이 일반적으로 제한되지만 그 밖에 자신의 신상에 관한 결정에 관하여는 자연적 의사능력이 있는 한 행위능력이 없는 경우에도 단독으로 결정할 수 있다. 본인이 스스로 신상에 관한 결정을 할 수 있는 한 산상에 관한 결정 권한을 부여받은 성년후견인이라도 신상에 관한 결정을 대행할 수 없다.

5. 성년후견인

1) 성년후견인의 선임

후견인을 선임하려면 어떻게 해야 하는가?

법정후견인을 선임하고자 하는 경우 본인, 배우자, 사촌이내의 친족, 검사 또는 지방자치단체의 장 등이 가정법원에 후견개시의 심판청구를 할 수 있다.

임의후견의 경우에는 별도로 후견계약을 맺은 뒤 후견개시가 필요한 상황이 되었을 때 가정법원에 임의후견인감독인의 선임을 청구하여야 하며 각각의 심판청구에 대한 가정법원의 결정이 나면 후견인이 선임되고 후견업무를 개시하게 된다.

누가 후견인이 될 수 있나?

개정민법은 후견인의 자격을 별도로 규정하고 있지 않다. 다만 후견인이 될 수 없는 사람으로서 회생절차개시결정 또는 파산건고를 받은 자, 자격정지 이상의 형의 선고를 받고 그 형기 중에 있는 자, 법원에서 해임된 법정대리인, 법원에서 해임된 후견인 또는 그 감독인 등을 규정하고 있다, 법정후견인을 선임하고자 하는 경우 본인, 배우자, 사촌이내의 친족, 검사 또는 지방자치단체의 장 등이 가정법원에 후견개시의 심판청구를 할 수 있다.

참고로 외국이 예를 살펴보면, 피후견인의 가족 또는 친지 가까운 사람들이 주로 후견이 된다. 제3후견인으로는 무보수로 지원하려는 이웃들이나 자원봉사자들도 후견인이 될 수 있다. 따라서 변호사, 법무사, 사회복지사 등 전문직에 종사중인 사람만이 후견인이 될 수 있는 것이 아니다. 다만, 후견업무를 적절히 수행하기 위해서는 사전에 교육을 받는 등 별도의 준비가 실질적으로 필요하다. 한편 개정민법은 가정법원이 후견인을 선임하면서 피후견인의 의사를 존중하고 그의 건강, 생활관계, 재산 등을 고려하여 후견인의 후보자의 직업, 경협, 이해관계를 고려하도록 규정하고 있다(민법 제963조 제4항). 이에 따라 후견인을 필요로 하는 사람과 이해관계가 다른 사람은 후견으로 선임하기 어려울 것이다.

가. 가정법원의 직권에 의한 선임

누구를 성년후견인등(성년후견인, 한정후견인, 특정후견인을 지칭한다. 이하 같다)으로 선임할 것인가에 대하여 개정민법은 일정한 범위의 친족에 대하여 순위에 따라 당연히 후견인이 되도록 하는 현행 법정후견인제도가 실제상 부적절한 경우가 많다는 비판[28]을 수용하여 법정후견인 규정을 폐지하고 직권으로 성년후견인을 선임하도록 규정하였다(개정민법 제936조 제1항). 따라서 가정법원은 성년후견인의 복리를 위하여 적적한 재량으로 성년후견인을 임명하며, 다만, 이때에도 피성년후견인의 의사와 기타 제반 사정을 고려하여야 한다(동조 제4항). 이는 후견인의 선택에 있어서도 가능한 한 요보호인의 의사를 존중하여 이를 고려하여야 한다는 개정민법의 기본 원칙에 따른 것이다.

법정후견인과 그 사무의 범위는 가정법원이 결정하는데, 지방자치단체 등에서 심판청구시에 후견인후보자와 후견사무의 범위를 같이 청구하는 것이 무슨 의미가 있나요?

성년후견심판에서 후견인이 누가될 것인지와 후견인의 사무범위를 결정하는 것은 가정법원의 권한입니다. 따라서 심판청구권자(본인, 배우자, 4촌 이내 친족, 지방자치단체의 장 등)가 후견인후보자와 후견인의 권한범위를 함께 청구한다고 하여도 가정법원이 그에 전적으로 따라야 하는 것은 아닙니다.

그러나 후견심판 결정시 가정법원은 피후견인이 될 사람(여기서는 장애인)의 의사를 존중하여야 하고, 그의 건강, 생활관계, 재산을 고려하고 후견인 후보자의 직업·경험, 이해관계를 고려하도록 규정하고 있습니다(개정 민법 제936조 제4항). 그런데 이러한 사정을 고려하는 것과 관련하여 법원에 사전에 많은 정보를 제공하는 것은 법원의 심리부담 축소에도 도움이 되겠지만 당사자의 의사를 최대한 반영할 수 있게 하고 심판결정시까지의 시간을 단축하여 후견심판이 원활하게 이루어지게 하는 효과가 있을 것입니다.

28) 가령, 백승흠, "현행 성년자보호를 위한 제도의 문제점과 대안으로서의 성년후견제도," 민사법학 제24호(2003. 9), 411면 이하.

[서식 20] 성년후견인 선임청구

성년후견인 선임 청구

청 구 인　　○ ○ ○ (전화　　　　　)
주민등록번호
주소
사건본인과의 관계

사건본인　　○ ○ ○
주민등록번호
주소
등록기준지(국적)

청 구 취 지

사건본인의 성년후견인으로 ○○○(주민등록번호　　　　　, 주소　　　　　)을 선임한다.
라는 심판을 구합니다.

청 구 원 인

1. 사건본인에 대하여 20○○. ○. ○. ○○법원 20○○느단○○○○호로 성년후견개시 심판이 있었고, 성년후견인으로 ○○○가 선임되었습니다.

2. 그런데, 성년후견인은 20○○. ○. ○.에 사망하였습니다.

3. 따라서 사건본인의 복리를 위하여 새로운 성년후견인의 선임을 구합니다.

4. 새로운 성년후견인으로 ○○○를 추천합니다.

성 년 후견인	성　　명	
	주　　소	

후보자	주민등록번호	
	직 업	
	사건본인과의 관계	

첨 부 서 류

1. 가족관계증명서 및 기본증명서(청구인, 사건본인, 종전 후견인, 후견인후보자) 각 1통
2. 주민등록등본(사건본인) 1통
3. 사건본인 및 후견인후보자의 후견등기사항전부증명서 (말소 및 폐쇄사항 포함) 또는 후견등기사항부 존재증명서(후견등기사항이 없는 경우) 각 1통
4. 청구인과 사건본인과의 관계를 밝혀줄 제적등본, 가족관계증명서 등(1.항의 가족관계증명서만으로는 그 관계를 알 수 없는 경우) 각 1통
5. 기타(소명자료) 각○통

20○○년 ○월 ○일

위 청구인 ○ ○ ○ (인)

○ ○ 가정법원 귀중

■ 참고사항

1. 관할법원 : 사건본인(피후견인)의 주소지 가정법원(지방법원, 지원)
2. ‣ 인지대 : 사건본인 수 × 5,000원
   ‣ 송달료 : 청구인수 × 5,200원 × 10회분

[서식 21] 성년후견인 임무수행에 필요한 처분명령 청구

성년후견인의 임무수행에 관하여 필요한 처분명령 청구

청 구 인　　○ ○ ○ (주민등록번호)
○○시 ○○구 ○○길 ○○ (우편번호 ○○○○○)
전화, 휴대폰 번호 :
사건본인과의 관계

사건본인　　○ ○ ○ (주민등록번호)
○○시 ○○구 ○○길 ○○ (우편번호 ○○○○○)
전화, 휴대폰 번호 :
등록기준지(국적) :

청 구 취 지

청구인이 사건본인을 대리하여 별지 기재 부동산을 ○○○에게 매각함을 허가한다.
라는 심판을 구합니다.

청 구 원 인

1. 사건본인에 대하여 20○○. ○. ○. ○○법원 20○○느단○○○○호로 성년후견개시 심판이 있었고, 성년후견인으로 청구인이 선임되었습니다.

2. 위 심판에 의하면, 성년후견인이 사건본인 소유의 부동산을 매각함에 가정법원의 허가를 받도록 정해져 있습니다.

3. 그런데, 사건본인의 요양비 지급을 위하여 별지 기재 부동산을 매각해야 할 필요성이 발생하였고, 마침 ○○○로부터 위 부동산을 ○○○원에 매수하겠다는 제의가 들어온 상태입니다.

4. 따라서, 사건본인의 복리를 위하여 청구인이 위 부동산을 매도하는 행위에 대한 허가를 구합니다.

첨 부 서 류

1. 가족관계증명서 및 기본증명서(청구인, 사건본인) 각 1통
1. 주민등록등본(사건본인) 1통
1. 사건본인의 후견등기사항전부증명서 1통
   (말소 및 폐쇄사항 포함)
1. 기타(소명자료) 각○통

20○○년 ○월 ○일

위 청구인 ○ ○ ○ (인)

○ ○ 가정법원 귀중

■ 참고사항

1. 관할법원
   - 소(訴)는 피고의 보통재판적(普通裁判籍)이 있는 곳의 법원의 관할에 속하고, 사람의 보통재판적은 그의 주소에 따라 정하여지나, 대한민국에 주소가 없거나 주소를 알 수 없는 경우에는 거소에 따라 정하고, 거소가 일정하지 아니하거나 거소도 알 수 없으면 마지막 주소에 따라 정하여짐.
   - 사건본인 주소지의 가정법원(라류사건은 가소법 제44조 각호에 관할이 규정되어 있는데 성질상 임의관할임.)
   - 따라서 위 사안에서 청구인은 사건본인(피후견인이 될 사람)의 주소지를 관할하는 가정법원(지방법원, 지원)에 심판청구를 제기할 수 있음.
2. 인지대 : 5,000원, 송달료 : 5,200원 × 10회분 = 52,000원
3. 불복절차
   - 대법원규칙으로 따로 정하는 경우에 한정하여 14일 이내 즉시항고(가사소송법 제43조 제1항)
   - 재판에 영향을 미친 헌법, 법률, 명령 또는 규칙 위반이 있음을 이유로 하는 경우에 한정하여 대법원에 재항고(가사소송법 제43조 제4항)

[서식 22] 성년후견인 사임에 대한 허가청구

성년후견인 사임에 대한 허가 청구

청 구 인　　○ ○ ○ (전화　　　　　　)
주민등록번호
주소
사건본인과의 관계

사건본인　　○ ○ ○
주민등록번호(외국인등록번호)
주소
등록기준지(국적)

청 구 취 지

1. 청구인이 사건본인의 성년후견인을 사임함을 허가한다.
2. 사건본인의 성년후견인으로 ○○○(주민등록번호　　　　　　,
주소　　　　　　　　　　)를 선임한다.

라는 심판을 구합니다.

청 구 원 인

1. 사건본인에 대하여 20○○. ○. ○. ○○법원 20○○느단○○○○호로 성년후견개시 심판이 있었고, 성년후견인으로 청구인이 선임되었습니다.

2. 그런데, 이번에 청구인은 .... 를 하게 되었습니다.

3. 따라서 청구인은 성년후견인의 직무 수행이 곤란하므로 그 직을 사임하고자 합니다.

4. 새로운 성년후견인으로는 ○○○를 추천합니다.

성 년 후견인 후보자	성 명	
	주 소	
	주 민 등 록 번 호	
	직 업	
	사건본인과의 관계	

첨 부 서 류

1. 가족관계증명서 및 기본증명서 각 1통
   (사건본인, 후견인후보자)
2. 주민등록등본(사건본인) 1통
3. 사건본인 및 후견인후보자의 후견등기사항전부증명서
   (말소 및 폐쇄사항 포함) 또는 후견등기사항부
   존재증명서(후견등기사항이 없는 경우) 각 1통
4. 후견인후보자와 사건본인과의 관계를 밝혀줄 제적등본,
   가족관계증명서 등(제1항의 가족관계증명서만으로는
   그 관계를 알 수 없는 경우) 각 1통
5. 기타(증거자료) ○통

20○○년 ○월 ○일

위 청구인 ○ ○ ○ (인)

○ ○ 가 정 법 원 귀중

■ 참고사항

1. 관할법원 : 사건본인(피후견인)의 주소지가정법원(지방법원, 지원)
2. 청구권자 : 후견인(민법 제939조)

3. 인지대 : 5,000원, 송달료 : 5,200원 × 10회분 = 52,000원

[서식 23] 성년후견감독인 사임에 대한 허가청구

성년후견감독인 사임에 대한 허가 청구

청 구 인 ○ ○ ○
주민등록번호 ○○○○○○-○○○○○○○
주 소 ○○시 ○○구 ○○길 ○○
등록기준지 ○○시 ○○구 ○○길 ○○
전 화 ○○○○-○○○○
사건본인과의 관계 ▽ ▽ ▽ ▽

사건본인 ◎ ◎ ◎
주민등록번호(외국인등록번호) ○○○○○○-○○○○○○○
주 소 ○○시 ○○구 ○○길 ○○
등록기준지(국적) ○○시 ○○구 ○○길 ○○

성년후견감독인 사임 허가 청구

청 구 취 지

1. 청구인이 사건본인의 성년후견감독인을 사임함을 허가한다.
2. 사건본인의 성년후견감독인으로 ◇◇◇(주민등록번호 ○○○○○○-○○○○○○○, 주소 ○○시 ○○구 ○○길 ○○)를 선임한다.

라는 심판을 구합니다.

청 구 원 인

1. 사건본인에 대하여 20○○. ○. ○. ○○법원 20○○느단○○○○호로 성년

후견개시 심판이 있었고, 성년후견인으로 ㅁㅁㅁ가, 성년후견감독인으로 청구인이 선임되었습니다.

2. 그런데, (이번에 청구인은 직업상의 이유로 거주지를 미국으로 이전하게) 되었습니다.

3. 이상의 이유로 청구인은 성년후견감독인의 직무 수행이 곤란하므로 그 직을 사임하고 새로운 성년후견감독인으로는 ◇◇◇를 추천하고자 이 청구에 이른 것입니다.

성년후견 감 독 인 후 보 자	성 명	◇ ◇ ◇
	주 소	○○시 ○○구 ○○길 ○○
	주 민 등 록 번 호	○○○○○○-○○○○○○○
	직 업	◆ ◆ ◆
	사건본인과의 관계	

첨 부 서 류

1. 가족관계증명서 및 기본증명서 (사건본인, 후견감독인후보자) 각 1통
1. 주민등록등본(사건본인) 1통
1. 사건본인 및 후견감독인후보자의 후견등기사항 전부증명서(말소 및 폐쇄사항 포함) 또는 후견등기사항부존재증명서(후견등기사항이 없는 경우) 1통
1. 기타(소명자료) ○통

20○○년 ○월 ○일

위 청구인 ○ ○ ○ (인)

○○가정법원 귀중

■ 참고사항

1. 관할법원 : 사건본인(피후견인)의 주소지 가정법원
2. 청구권자 : 성년후견감독인(민법 제940조의7, 제939조)
3. 인지대 : 5,000원, 송달료 : 5,200원 × 10회분 = 52,000원
4. 불복절차
   - 심판에 대하여는 대법원규칙으로 따로 정하는 경우에 한정하여 즉시항고만을 할 수 있음(가사소송법 제43조).
   - 후견인 선임에 관한 심판에 대하여 청구인은 즉시항고(가사소송규칙 제27조)
   - 청구인이 심판을 고지 받은 날부터 14일(가사소송법 제43조)

나. 제3자 직업적 후견인

다른 한편으로 개정민법은 성년후견인이 될 수 있는 사람을 근친의 가족 외에 후견사무에 관한 전문적 지식과 경험 또는 조직을 갖춘 법률전문가, 사회복지전문가, 법인 등 제3자가 후견인으로 참여할 수 있도록 규정하였다. 제3자 직업적후견인의 허용으로 인하여 후견의 사회화가 촉진되는 계기를 마련함과 동시에 후견의 시장화의 가능성도 열리게 되었다.[29]

그렇다면 어떤 경우 제3자 직업적후견인이 선임될 수 있는가, 가족 후견인과 전문적후견인 사이에는 선후가 있는가 하는 문제를 검토해 볼 필요가 있다. 이에 관하여 개정민법이 법정 순위에 위한 친족후견을 폐지하기는 하였으나, 요보호인의 혈연관계 및 그에 기초한 유대와 신뢰관계를 고려하면, 가정법원은 후견인으로 요보호인의 가족 등 근친을 우선적으로 고려하지 않을 수 없다. 근친 가운데에 후견인이 될 만한 사람이 없거나 부적당한 경우에 비로소 제3자 후견인이 고려될 것이다. 특히 요보호인이 후견인에게 보수를 지급[30]할 만한 재정상태에 있지 않은 경우에는 무상의 가족 후견인이 우선적으로 고려될

29) 후견의 시장화는 반드시 영리법인의 허용 여부에만 관련된 문제는 아니며, 사회복지서비스의 시장화라는 관점에서 이해할 수 있다. 이는 국가 또는 사회가 책임지고 수행하여야 할 사회복지에 관한 공공의 서비스를 민간시장의 기능과 역할에 맡기려고 하는 복지정책의 새로운 경향이다. 자유주의적 관점에서 작은 정부를 지향하고 공공부문에서 민간의 효율과 경쟁력을 활용하고자 하는 취지에서 나온 것이다. 그러나 사회복지부문에는 시장으로 대체할 수 없는 영역이 있다는 점을 과소평가해서는 안될 것이다. 이에 관한 우려와 비판에 대해서는 박인환(주 4), 49면.
30) 민법 제955조(후견인에 대한 보수).

것이다.

문제는 가족 등 근친이 없거나 있더라도 적당한 후보자를 찾을 수 없는 경우이다. 이러한 경우에는 부득이 제3자를 후견인으로 선임하지 않을 수 없는데 충분한 보수를 지급할 만한 재정적 여유가 없는 피후견인의 경우에는 후견인이 되어 줄 적당한 전문가를 찾기가 쉽지 않을 것이다. 특히 법률, 회계, 사회복지 등 전문가들은 그 전문성에 걸 맞는 보수에 대한 기대가 있으므로 소수의 자원봉사형 전문직 후견인을 제외하면 결국 제3자 직업적 후견인은 상당한 재력이 있는 요보호인에 대해서만 가능한 선택이 될 수 있다. 이러한 상태를 방치한다면 이전과 다름없이 새로운 성년후견제도도 소수의 재력가를 위한 제도로 전락하게 될 가능성도 배제할 수 없다. 왜냐하면 현재까지도 가족 등 근친이 있는 경우에는 가족 등의 조력을 받아 일상생활의 수요를 충족할 수 있는 경우가 대부분이고 실제 후개입의 요청이 강한 경우는 돌보아 줄 가족 등이 없는 경우가 많기 때문이다. 이러한 경우에 적절한 후견인 후보를 제공하지 못한다면 새로운 성년후견제도는 좀처럼 이용되지 않은 사문화된 제도로 사장될 우려가 적지 않다. 이러한 상황에서 여러 극복해야 할 문제점이 적지 않음에도 불구하고 특별히 기대를 모으고 있는 것이 이른바 시민후견인이다.

다. 시민후견인

시민후견인이란, 친족 외 제3자 후견인이지만 작업적 후견인이 아니라 일반 시민이 후견에 관한 교육과 훈련을 받아 사회봉사 차원에서 후견인이 되어 활동하는 경우를 말한다.[31] 시민후견인제도는 특히 가족 중에 후견인이 되어 줄 사람을 구할 수 없고 충분한 후견보수를 지급할 수 없는, 보호의 사각지대에 놓여 있는 요보호인들을 위하여 후견인이 되어 줄 대안으로 고려되는 후견인이다. 특히 가까운 일본에서도 제3자 직업적 후견인의 공급이 한계에 이를 것이라는 우려 속에 새로운 후견인 후보 공급방법으로 시민후견인에 대한 교육과 양성이 일부 지방자차단체를 중심으로 의욕적으로 추진되고 있다.

우리나라에 있어서도 자원봉사의 성격을 갖는 시민후견인의 역할과 가능성에

---

31) 특히 일본에 있어서는 이른바 제3자 전문직 후견인의 공급이 한계에 봉착하면서 그 대안으로서 부가된 후견인들로서 시민후견인 교육양성기관과의 긴밀한 지원과 감독하에 자원봉사의 기조 위에서 점차 활동의 폭을 넓혀 가고 있다.

대하여 면밀한 검토와 준비가 필요하다. 무엇보다도 시민후견인은 자원봉사활동의 기조 위에서 활동하는 것인 데 반하여 후견사무의 성질상 큰 책임이 뒤따른다는 점에서 이에 대한 철저한 교육과 대비가 필요하다. 그리고 아무리 자원봉사라 할지라도 활동의 지속성과 시민후견인 후보자의 안정적 확보를 위해서는 실비보전 수준의 보수의 지급을 고려하지 않을 수 없다.

그런데 시민후견인이 고려되는 대부분의 경우 실비변상 수준의 보수 지급도 현실적으로 곤란한 경우가 대부분이므로 이에 대해서는 국가나 지방자치단체의 공적 부조를 통한 지원이 필요하다. 왜냐하면 이들의 후견수요는 재산관리가 아니라 신상보호와 그를 위한 신상결정의 대행에 관한 것이고 이와 같은 사무처리는 요보호인의 인간으로서의 존엄과 인간다운 삶을 유지하는 데에 필수적 전제가 되는 것이므로 그 보장에 관한 한 국가와 사회가 의무를 지고 있기 때문이다. 결국 시민후견인의 활용은 이들 사회적 취약계층의 요보호인의 신상보호 내지 신상결정을 중심으로 고려될 수 있고 이들의 교육과 양성 및 후견인으로서의 활동을 지원하기 위해서는 공적 재정에서의 지원이 확보되어야 한다.

라. 복수의 후견인 선임

그 밖에 가정법원은 신상과 재산에 관한 제반 사정을 고려하여 복수의 성년후견인을 둘 수 있고(개정민법 제930조 제2항), 복수의 성년후견인들에 대해서는 직권으로, 공동으로 혹은 사무를 분장하여 권한을 행사하도록 정하거나 이를 변경 해소할 수 있도록 하였다(개정민법 제949조의2 제1항, 제2항). 복수의 후견인의 선임이 필요한 경우로서 가령, 재산관리와 신상보호를 분리하여 전자는 법률이나 자산관리 전문가에게, 후자는 가족이나 사회복지전문가에 분담시키는 경우가 대표적이다.

양자는 그 성질이 다른 사무로서 각 사무에 보다 적합한 사람을 선임하려고 하는 경우에는 사무를 분장하여 각각 별도로 후견인을 선임할 필요가 있을 것이다. 그 밖에도 재산의 소재지 또는 재산 유형이 다양하여 재산관리를 각각의 전문가에게 분담시키고자 하는 경우에 또는 지적 장애의 미성년자가 성년이 되어 부모가 공동으로 성년후견인이 되는 경우 등도 상정할 수 있다.[32] 전자가

32) 新井 誠(주 19), 47면 참조, 박인환(주 4), 48면.

사무를 분장하여 복수의 후견인을 선임하는 경우인데 반하여 후자는 동일한 사무에 관하여 복수의 후견인이 선임되게 된다.

가정법원이 사무를 분장하지 않고 복수의 후견인을 선임하는 경우에는 두 후견인의 관계가 문제가 될 수 있다. 법률적으로는 각자 대리의 원칙으로 해결될 것이지만, 공동행사의 취지로서 복수후견인를 선임할 수도 있으므로 가정법원은 각자 행사의 원칙이 적용되는 것인지, 공동 행사의 원칙이 적용되는 것인지 분명히 하여 그 취지를 후견등기부에 기재하도록 하여야 할 것이다.[33]

마. 법인 후견인

나아가 개정민법은 자연인뿐 아니라 법인도 성년후견인이 될 수 있다는 규정을 신설하였다(개정민법 제930조 제3항, 제936조 제4항 제2문 후단).[34] 예를 들면, 후견이 장기간에 걸쳐 필요한 경우 계속성을 확보하는 데 용이하고, 다수의 재산이 분산되어 관리가 용이하지 않은 경우, 친족 간 대립이 격화되어 개인 후견인이 대응하기 어려운 경우 등에는 법인을 성년후견인으로 지정하는 것에 인센티브가 있게 된다.[35]

그러나 최근 비교법적 조사에 따르면 법인후견을 인정하는 제외국에 있어서도 실제 법인이 후견인으로 선임되는 경우는 매우 드문 것으로 되어 있다.[36] 이것은 성년후견의 경우에도 피후견인과 후견인 사이의 인적 유대 내지 신뢰관계가 중요하므로 그를 위한 인간관계 형성에 있어서는 법인보다는 자연인이 유리하다는 점, 법인후견인의 장점은 후견인을 뒷받침하는 후견사단의 지원을 통해서도 얻어질 수 있다는 점 등에 기인한 것으로 생각된다.

---

33) 후견등기에 관한 법률안(2012. 10. 23. 정부 제출 의안번호 제2264호)제25조 제8호에서는 후견등기부에 기재하여야 할 사항의 하나로서 가정법원이 여러 명의 성년후견인 등 또는 성년후견감독인등이 공동으로 또는 사무를 분장하여 그 권한을 행사하도록 정한 경우에는 그 취지를 규정하고 있다.

34) 이와 관련하여 개정안 해설은 반대해석상 법인은 미성년후견인이 될 수 없다. 그 이유로서 미성년후견의 경우 미성년자의 원만한 인격형성을 위하여 친권의 행사 등에서 인적인 접촉이 불가결하므로 법인 미성년후견인으로 선임되는 것은 허용되어서는 안 된다고 한다. 김형석(주 6), 14면.

35) 新井 誠(주 19), 50면.

36) 가령 독일의 경우 후견사단법인이 스스로 후견인이 되는 건수는 전체의 0.85%에 지나지 않고 일본의 경우에도 법인이 후견인이 되는 경우는 전체의 3%에 지나지 않는다. 제철웅 외(주 15), 50면, 110면.

따라서 장차 후견목적의 법인이 후견사건에 개입하는 경우에도 스스로 후견인이 되기보다는 소속 구성원들이 개인 자격에서 후견인이 되고 이들 후견인들을 배후의 후견사단이 감독 지원하는 형태의 후견활동의 가능성을 예상할 수 있다.

그러나 다른 한편으로 법인이 되는 경우 어떤 유형의 법인이 후견인이 될 수 있는가에 관하여 개정민법은 아무런 제한을 두고 있지 않다. 따라서 영리법인의 경우에도 법인후견인이 될 가능성도 열려 있고 가령, 금융기관이나 법무법인 등이 고유 영역에서의 전문성과 사회적 신뢰를 바탕으로 고액 재산관리 중심으로 법인 스스로 후견인이 되어 피후견인에 관한 사무를 처리하는 후견법인의 활동모델도 충분히 가능성이 있다.

다만, 현재 후견을 목적으로 하는 설립목적으로 하는 법인 설립을 허가할 것이지 그러한 후견목적 법인 설립 요건이 무엇인지 등에 관하여 뚜렷한 정부 방침이 정해지지 않은 상태이므로 본격적인 법인후견인에 관한 사회적 논의는 잠복되어 있는 상태이다.

2) 성년후견인의 직무와 권한

가. 본인의 복리와 본인 의사 존중의 원칙

개정민법은 성년후견인이 임무를 수행함에 있어 피성년후견인의 복리를 우선하되 그의 복리에 반하지 않는 한 피성년후견인의 의사를 존중하도록 규정하였다(개정민법 제947조). 본인의 주관적 의사가 본인의 객관적 복리에는 적합하지 않는 경우이다.

이 문제에 관하여 종래 금치산·한정치산제도는 그 입법취지를 달리하였다. 금치산·한정치산제도는 본인의 의사보다는 본인의 객관적 복리에 따른 후견인의 합리적 판단에 의미를 두었던 반면, 개정민법상 새로운 성년후견제도에 있어서는 피후견인 본인의 의사를 존중하고 그의 자기결정을 지원하는 것을 우선한다. 따라서 피성년후견인의 의사를 존중함으로써 의사능력의 저하에도 불구하고 가능한 한 자신의 삶을 자신의 방식대로 스스로 형성해갈 수 있도록 조력하고 보장하여야 한다. 따라서 개정민법 제947조는 문언상 피성년후견인 본인의 주관적 의사보다 그의 객관적 복리가 우선하는 것처럼 되어 있으나 기계적으로 해석할 일은 아니다.

성년후견제도의 제도 본질상 본인의 의사가 완전한 경우에는 그것이 본인의 복리에 경우에도 본인의 의사가 여전히 존중되어야 할 것이다. 반대로 본인의 의사결정능력의 불완전성으로 인하여 자신의 복리에 반하는 의사를 갖게 된 경우에는 성년후견인은 본인의 의사에도 불구하고 본인의 복리를 우선 고려하는 결정을 할 수 있다고 보아야 할 것이다. 결국 개정민법 제947조에서의 본인의 복리 우선의 원칙은 본인의 의사형성이 불완전성을 전제로 한 것으로 제한적으로 해석되어야 할 것이다.

특히 피후견인이라는 사실만으로 또는 피후견인이 자신의 객관적 복리에 반하는 의사를 갖고 있다는 것만으로 본인의 의사결정능력이 불완전하다고 단정하여서는 안 된다. 더 나아가 어떤 경우에는 본인의 의사결정능력이 불완전한 경우에 있어서조차 본인의 객관적 복리보다 본인의 불완전한 의사를 존중하여야 하는 경우도 있다는 점을 잘 이해할 필요가 있다.

왜냐하면 본인의 의사결정능력이 불완전 때문에 후견인이 피후견인의 의사결정을 대신하는 경우에는 본인의 인생관, 감정 등 본인다운 라이프 스타일은 존중되어야 하기 때문이다.[37)]

[서식 24] 성년후견감독인 동의에 갈음하는 청구

성년후견감독인의 동의를 갈음하는 허가 청구

청 구 인 ○ ○ ○ (○○○○○○-○○○○○○○)
주 소 ○○시 ○○구 ○○길 ○○
등록기준지 ○○시 ○○구 ○○길 ○○
전 화 ○○○○-○○○○
사건본인과의 관계 ▽ ▽ ▽ ▽

사 건 본 인 ◎ ◎ ◎ (외국인등록번호, ○○○○○○-○○○○○○○)
주 소 ○○시 ○○구 ○○길 ○○

37) 제철웅(주 2), 137면.

등록기준지(국적)　○○시 ○○구 ○○길 ○○

성년후견감독인　☆ ☆ ☆ (○○○○○○-○○○○○○○)
주 소　○○시 ○○구 ○○길 ○○

성년후견감독인의 동의를 갈음하는 허가 청구

청 구 취 지

성년후견감독인은 청구인이 사건본인을 대리하여 20○○. ○. ○. 사건본인의 ○○시 ○○구 ○○동 ○○ 잡종지 500㎡를 ▽▽▽에게 1억 원에 매도하는 행위를 함에 동의하는 것으로 갈음한다.
라는 재판을 구합니다.

청 구 원 인

1. 사건본인에 대하여 20○○. ○. ○. ○○법원 20○○느단○○○○호로 성년후견개시 심판이 있었고, 성년후견인으로 청구인이, 성년후견감독인으로 ☆☆☆이 선임되었습니다.
2. 그런데, 사건본인의 요양비 지급을 위하여 사건본인의 ○○시 ○○구 ○○동 ○○ 잡종지 500㎡를 매각해야 할 필요성이 발생하였습니다.
3. 이러한 이유로 청구인은 위 재산을 ▽▽▽에게 1억 원에 매도하기로 하고 성년후견감독인인 ☆☆☆에게 동의를 구하였으나, ☆☆☆은 (매도가격이 지나치게 저렴하다는) 등의 이유를 들어 이에 동의하지 않고 있습니다.
4. 따라서 청구인은 사건본인의 복리를 위하여 이 사건 청구에 이르렀습니다.

첨 부 서 류

1. 가족관계증명서 및 기본증명서(사건본인)　각 1통
1. 주민등록등본(사건본인)　1통
1. 사건본인의 후견등기사항전부증명서　1통

(말소 및 폐쇄사항 포함)

1. 기타(소명자료) ○통

20○○년 ○월 ○일

위 청구인 ○ ○ ○ (인)

○ ○ 가 정 법 원 귀중

■ 참고사항

1. 관할법원 : 피후견인의 주소지 가정법원
2. 성년후견인(민법 제950조 제2항)
3. 제출부수 : 신청서 1부
4. 인지대 : 5,000원, 송달료 : 5,200원 × 10회분 = 52,000원
5. 불복절차
   - 동의를 갈음하는 허가 심판에 대하여 피성년후견인, 친족, 성년후견인, 성년후견감독인, 검사, 지방자치단체의 장은 즉시항고(가사소송규칙 제36조 제1항)
   - 청구인이 심판을 고지 받은 날부터 14일(가사소송법 제43조)

[서식 25] 성년후견감독인 의사표시에 갈음하는 제한 청구

성년후견감독인의 의사표시를 갈음하는 재판 청구

청 구 인 ○ ○ ○
19○○년 ○월 ○일생
등록기준지 ○○시 ○○구 ○○길 ○○
주소 ○○시 ○○구 ○○길 ○○

사건본인 △ △ △
19○○년 ○월 ○일생
등록기준지 ○○시 ○○구 ○○길 ○○
주소 ○○시 ○○구 ○○길 ○○

청 구 취 지

사건본인의 성년후견감독인 ▽▽▽는 별지 기재 토지의 처분 행위에 동의하는 것으로 그 의사표시를 갈음한다.
라는 재판을 구합니다.

청 구 원 인

1. 사건본인에 대하여 20○○. ○. ○. ○○법원 20○○느단○○호로 성년후견개시 심판이 있었고, 성년후견인으로 청구인, 성년후견감독인으로 ▽▽▽가 선임되었습니다.

2. 가정법원에서는 사건본인의 ○○ 재산의 처분의 경우에는 ▽▽▽가 동의권을 행사하도록 하였는데, 사건본인의 요양비 지급을 위하여 별지 기재의 토지를 처분해야 할 필요성이 발생하였음에도 불구하고 성년후견감독인 ▽▽▽는 정당한 이유 없이 이에 동의하지 않고 있습니다.

3. 따라서 청구인은 사건본인의 복리를 위하여 이 사건 청구에 이르렀습니다.

첨 부 서 류

1. 가족관계증명서(사건본인) 1통
1. 기본증명서(사건본인) 1통
1. 주민등록등본(사건본인) 1통
1. 후견등기사항전부증명서(사건본인) 1통

20○○년 ○월 ○일

위 청구인 ○ ○ ○ (인)

○ ○ 지 방 법 원 귀중

■ 참고사항

1. 제출법원 : 사건본인의 주소지가정법원
2. 청구권자 : 성년후견인
3. 제출부수 : 신청서 1부
4. 인지대 : 5,000원, 송달료 : 5,200원 × 10회분 = 52,000원
5. 불복절차
   - 후견인 선임에 관한 심판에 대하여 이해관계인은 보통항고(비송사건절차법 제20조 제1항)
   - 기간에 대한 규정 없음

[서식 26] 성년후견감독인 의사표시에 갈음하는 제한 청구

성년후견인의 의사표시를 갈음하는 재판 청구

청 구 인 ○ ○ ○(○○○)
(피성년후견인) 19○○년 ○월 ○일생
등록기준지 : ○○시 ○○구 ○○길 ○○
주소 : ○○시 ○○구 ○○길 ○○ (우편번호 ○○○○○)
전화 : ○○○-○○○○

피 청 구 인 △ △ △(△△△)
(성년후견인) 19○○년 ○월 ○일생
등록기준지 : ○○시 ○○구 ○○길 ○○
주소 : ○○시 ○○구 ○○길 ○○ (우편번호 ○○○○○)
전화 : ○○○-○○○○

성년후견인의 의사표시를 갈음하는 재판청구

청 구 취 지

성년후견인 △△△는 피성년후견인 ○○○가 소외 □□□를 상대로 임대차보증금반환의 소를 제기하는 것에 동의한다.
라는 재판을 구합니다.

청 구 원 인

1. 청구인은 △△△의 후견을 받고 있는 피성년후견인이며, 피청구인은 20○○. ○. ○. 자로 ○○가정법원에서 성년후견인으로 지정된 자입니다.

2. 청구인은 20○○. ○. ○부터 소외 □□□과 서울특별시 ○구 ○길 ○○○-○○ 건물에 대하여 임대차보증금 ○○○○원, 월차임 ○원, 임대기간 ○년으로 주택임대차계약을 체결하고 거주하여 오다가 20○○. ○. ○.자로 계약이 종료되어 위 보증금의 반환을 요구하였으나 소외 □□□은 이를 회피하고 있으므로, 청구인은 소외 □□□을 상대로 임대차보증금 반환을 소구하려 하고 있습니다.

3. 가정법원은 직권으로 여러 명의 성년후견인이 공동으로 또는 사무를 분장하여 그 권한을 행사하도록 정할 수 있다고 민법 제949조의2 제1항은 규정하고 있는바, 본 사건에서 청구인의 성년후견인들은 피청구인을 포함하여 3명인데, 위 성년후견개시심판 당시 법원은 위 성년후견인 3인 모두의 동의가 있을 경우에만 소송 등의 법률행위가 가능하도록 심판하였습니다. 피청구인을 제외한 나머지 성년후견인들은 위와 같은 임대차보증금 반환청구의 소를 제기하는 것에 동의하고 있으나, 피청구인은 별다른 이유 없이 위와 같은 소제기에 대해 반대하고 있습니다.

4. 만일 위와 같은 청구인의 소외 □□□에 대한 임대차보증금 반환청구의 소가 피청구인의 반대로 좌절될 경우, 청구인은 새롭게 이사 갈 주거에 대한 임대차보증금을 지급할 수 없게 되어, 피성년후견인의 이익이 침해될 염려가 큽니다. 이에 피성년후견인인 청구인은 민법 제949조의2 제3항에 따라 피청구인이 위와 같은 청구인의 임대차보증금반환소송에 동의한다는 의사표시에 갈음

하는 재판을 받기위하여 본 건 신청을 하기에 이르렀습니다.

첨 부 서 류

1. 성년후견개시심판서 1통
1. 주택임대차 계약서 1통
1. 주민등록등본 1통
1. 다른 성년후견인의 동의서 1통
1. 납부서 1통

20○○년 ○월 ○일

위 청구인 ○ ○ ○ (인)

○○가정법원 귀중

나. 재산관리와 법정대리권

성년후견인은 종래 후견인과 마찬가지로 피성년후견인의 법정대리인으로서(개정민법 제938조 제1항), 피후견인의 재산을 관리하고 그 재산에 관한 법률행위에 대하여 피성년후견인을 대리한다(민법 제949조). 다만 종전과 달리 가정법원은 성년후견인의 법정대리권의 권한 범위를 제한하거나 변경할 수 있다(개정민법 제938조 제2항, 제3항, 제4항). 성년후견인의 대리권을 제한할 수 있도록 가정법원에 유보함으로써 성년후견과 한정후견 등 다른 보호유형 사이의 연속성이 유지될 수 있다.

성년후견인의 재산관리와 법정대리권의 관계에 관하여 종래의 민법 제949조 제1항은 후견인은 피후견인의 재산에 관하여 사실행위를 포함하는 포괄적인 재산관리 권한과 그 재산에 관한 법률행위를 위하여 대리권을 인정하였다.[38)]

38) 민법 제949조 제1항 후견인은 피후견인의 재산을 관리하고 그 재산에 관한 법률행위에 대하여

이에 반하여 새로운 성년후견에 있어서는 성년후견인의 법정대리권의 범위를 제한할 수 있다. 이때 성년후견인의 법정대리권이 제한된 경우에는 재산관리에 있어서도 그 대리업무 수행에 불가분적으로 결합된 재산관리(법률행위 이외의 사실행위를 포함하게 된다)에 관해서만 후견인이 권한을 갖는다는 해석한다.[39] 가정법원은 성년후견심판에 있어서 성년후견인의 권한(대리권)의 범위를 제한하는 경우에는 재산관리에 관한 직무 범위에 관한여도 해석상 논란이 없도록 이를 명확히 정할 필요가 있다.

[서식 27] 성년후견종료시 관리계산기간 연장허가청구

성년후견 종료시 관리계산기간 연장 허가 청구

청 구 인　○ ○ ○
○○시 ○○구 ○○길 ○○ (우편번호 ○○○○○)
전화·휴대폰번호 :
팩스번호, 전자우편(e-mail)주소 :
후견인과의 관계 :

사건 본인　◇ ◇ ◇
등록기준지 :
○○시 ○○구 ○○길 ○○ (우편번호 ○○○○○)
전화·휴대폰번호 :
팩스번호, 전자우편(e-mail)주소 :

청 구 취 지

청구인이 사건본인의 재산관리계산을 하는 기간은 20○○. ○. ○.까지 연장함을 허가한다.

피후견인을 대리한다.

39) 제철웅(주 1), 287면.

라는 재판을 구합니다.

청 구 원 인

1. 사건본인에 대하여 20○○. ○. ○. ○○법원 20○○느단○○○○호로 성년후견개시 심판이 있었고, 성년후견인으로 청구인이 선임되었습니다.

2. 사건본인은 20○○. 12. 31. 사망하여 성년후견이 종료되었습니다.

3. 청구인은 20○○. ○. ○.까지 사건본인의 재산관리계산을 해야 하지만 사건본인의 재산이 다액이고, 부동산이 여러 곳에 분산되어 있어 법정기간 내에 이를 마치는 것이 어려운 상황입니다.

4. 따라서 청구인은 민법 제957조 제1항 단서에 따라서 이 사건 청구에 이르렀습니다.

첨 부 서 류

1. 가족관계증명서 및 기본증명서(사건본인) 각 1통
1. 주민등록등본(사건본인) 1통
1. 사건본인의 후견등기사항증명서(말소 및 폐쇄사항 포함) 1통

20○○년 ○월 ○일

위 청구인 ○ ○ ○ (인)

○○가정법원 귀중

■ 참고사항

1. 관할법원 : 사건본인(피후견인이 될 사람을 포함)의 주소지 가정법원(지방법원, 지원
2. 제출부수 : 신청서 1부

3. 비용 : ‣ 인지액 : 사건당 5,000원
‣ 송달료 : 청구인수 × 5,200원 × 10회분
4. 불복절차
‣ 즉시항고(가사소송법 제43조, 가사소송규칙 제27조)
‣ 재판을 고지 받은 날부터 14일의 불변기간 이내(가사소송법 제43조 제5항)

[서식 28] 피성년후견인의 재산상황 및 임무수행에 관하여 필요한 처분명령청구

피미성년후견인의 재산상황조사 및 임무수행에 관하여 필요한 처분명령 청구

청 구 인 ○ ○ ○ (주민등록번호 또는 외국인등록번호)
주소
전화번호
사건본인과의 관계

사건본인 ○ ○ ○ (주민등록번호 또는 외국인등록번호)
주소
등록기준지(국적)

청 구 취 지

사건본인의 미성년후견인 ○○○에 대하여 사건본인의 재산 목록을 20○○. ○. ○.까지 이 법원 및 미성년후견감독인에게 제출할 것을 명한다.
라는 심판을 구합니다.

청 구 원 인

1. 사건본인에 대하여 20○○. ○. ○. ○○법원 20○○느단○○○○호로 미성년후견개시 심판이 있었고, 미성년후견인으로 ○○○이 미성년후견감독인으로 청구인이 선임되었습니다.

2. 청구인은 미성년후견인 ○○○에게 사건본인의 재산목록 제출을 요구하였지만 수개월이 지나도록 이를 이행하지 않고 있습니다.

3. 이에 상당기간을 정하여 미성년후견인 ○○○로 하여금 이 법원 및 청구인에게 사건본인의 재산목록을 제출할 것을 명하는 심판을 받고자 이 사건 청구에 이르렀습니다.

첨 부 서 류

1. 가족관계증명서 및 기본증명서(청구인, 사건본인) 각 1통
2. 주민등록등본(사건본인) 1통
3. 기타(소명자료) ○통

20○○년 ○월 ○일

위 청구인 ○ ○ ○ (인)

○ ○ 가 정 법 원 귀중

■ 참고사항

1. 관할법원 :사건본인(피후견인이 될 사람)의 주소지를 관할하는 가정법원(가사소송법 제44조)
2. 청구인 : 피후견인, 후견감독인, 민법 제777조에 따른 친족, 그 밖의 이해관계인, 검사, 지방자치단체의 장(민법 제954조)
3. 제출부수 : 신청서 1부
4. ‣ 인지액 : 사건본인 수 × 5,000원(가사소송수수료규칙 제3조 제1항)
   ‣ 송달료 : 청구인수 × 5,200원 × 8회분
5. 불복절차
   ‣ 즉시항고(가사소송규칙 제27조, 제28조)
   ‣ 심판의 고지가 있은 날로부터 14일내(가사소송규칙 제31조)

다. 신상보호와 신상결정권

① 신상결정권의 보충성

개정민법은 성년후견인의 직무로서 일반적인 재산관리뿐 아니라 피성년후견인의 신상보호에 관한 규정을 신설하였다. 즉, 가정법원은 성년후견인이 신상에 관하여 결정할 수 있는 권한의 범위를 정할 수 있고, 이를 사정에 따라 변경할 수 있다(개정민법 제938조 제3항, 제4항). 이 권한은 주로 법률행위 이외의 신상에 관한 결정권을 의미하는 것으로 이해되지만, 피성년후견인은 원칙적으로 자신의 신상에 관하여 그의 상태가 이를 허락하는 한 단독으로 결정하므로(개정민법 제947조의2 제1항), 이것은 피성년후견인이 스스로 신상에 관한 결정을 할 수 없는 상태에 있는 경우, 그에 갈음하여 보충적으로 결정할 수 있는 권한을 부여한 것에 지나지 않는다.

이에 대하여 개정안 해설은 '이는 거주, 이전, 면접교섭, 의학적 치료 등 신상에 대한 결정에서는 피성년후견인이 그러한 결정을 내릴 수 있는 상태에 있는 한 그의 의사가 가장 중요한 요소이며, 그에 따라 그의 신상에 관한 관계가 형성되어야 한다는 의미이다.

이러한 결정은 일반적으로 법률행위가 아니므로 대리할 수 없을 뿐만 아니라, 설령 그것이 가능하다 하더라도 피성년후견인의 의사가 결정적인 의미를 가지는 일신전속적인 결정이라고 해야 하기 때문'이라고 한다.[40]

그러나 피성년후견인이 자신의 신상에 관한 결정을 할 수 있는 신체적 정신적 상태에 있지 않은 경우에는 그에 갈음하여 성년후견인이 보충적으로 결정하도록 할 필요가 있고, 그에 따라 개정민법 제938조 제3항이 신설된 것이다.

② 중대 신상결정에 관한 가정법원의 허가

개정민법은 이와 관련하여 신상에 관한 결정 중에서도 피성년후견인의 복리에 큰 영향을 미치는 경우에는 가정법원의 감독을 가능하게 하는 규정을 함께 도입하였다. 성년후견인은 피성년후견인을 치료 등의 목적으로 정신병원 그 밖의 다른 장소에 격리하기 위해서는 가정법원의 허가를 얻어야 한다(개정민법 제947조의2 제2항). 이는 현행 민법 제947조 제2항을 수용하면서 사후 허가의 단서를 삭제한 것이다. 그 밖에 개정민법은 성년후견인의 보충적 신상결정권 행사

---

40) 김형석(주 6), 136면.

로서 자주 문제될 것으로 예상되는 의학적 침습에 대한 동의에 대해서는 특별히 별도의 규정을 두었다. 즉, "피성년후견인의 신체를 침해하는 의료행위에 대하여 피성년후견인이 동의할 수 없는 경우 성년후견인이 대신하여 동의할 수 있다(개정민법 제947조의2 제3항 제1문)."하지만 이 경우에도 "피성년후견인이 의료행위의 직접적 결과로 사망하거나 상당한 장애를 입을 위험이 있는 때에는 가정법원의 허가를 얻어야 한다(개정민법 제947조의2 제2문 본문)." 거의 모든 의료행위에 합병증의 위험이 따르고 그로 인하여 궁극적으로 사망에 이를 수는 있지만, 특히 의료행위의 직접적 결과로 사망하거나 상당한 장애를 입을 위험이 있는 경우에는 가정법원의 허가를 얻도록 제한한 것이다.[41]

6. 한정후견인

1) 한정후견의 개시심판

가정법원은 '질병, 노령, 장애, 그 밖의 사유로 인한 정신적 제약으로 사무를 처리할 능력이 부족한 사람'에 대하여 청구권자(성년후견에서와 같다)의 청구에 의하여 한정후견개시의 심판을 한다(개정민법 제12조 제1항). 한정후견개시심판에 있어서도 피한정후견인이 될 사람의 정신 상태에 관한 의사의 감정이 필요하지만, 그 정신 상태를 판단할 만한 충분한 자료가 있는 경우에는 그러하지 아니하다. 원칙적으로 피한정후견인이 될 사람의 의견을 들어야 하는 점도 성년후견개시심판의 경우와 같다.[42]

한정후견에서는 실질적 요건에 있어서 성년후견의 사무처리 능력이 지속적 결여에서 지속적 이라는 수식어가 탈락하고 결여가 부족으로 완화된 표현을 사용함으로써 일응 성년후견에서보다는 경증의 정신적 제약을 개시요건으로 하는 것으로 이해된다. 그러나 앞서 살펴 본 바와 같이 전적으로 이에 구속될 것은 아니다. 따라서 요보호인이 정신적 제약으로 지속적으로 사무처리 능력이 결여된 경우라 할지라도 굳이 일반적 행위능력 제한을 수반하는 성년후견 대신 요보호인에게 필요한 보호조치가 무엇인가에 따라 보다 경미한 보호조치로서 한정후견이나 특정후견의 개시심판을 할 수 있다.

41) 김형석(주 6), 138면.
42) 가사소송법 개정안 제45조의3.

2) 피한정후견인의 행위능력

피한정후견인은 피성년후견인과는 달리 원칙적으로 종국적·확정적으로 유효한 법률행위를 할 수 있다. 그러나 가정법원은 피한정후견인의 정신적 제약을 고려하여 피한정후견인이 한정후견인의 동의를 얻어야 하는 행위의 범위를 정하고 이를 변경할 수 있으며(동의유보 =개정민법 제13조 제1항, 제2항), 동의유보의 심판을 받은 피한정후견인이 한정후견인의 동의 없이 법률행위를 한 경우 한정후견인과 피한정후견인 본인은 이를 취소할 수 있다(개정민법 제13조 제4항, 제140조). 다만 일상생활을 영위하기 위하여 필요한 것으로 그 대가가 과도하지 않은 것에 대해서는 취소할 수 없다(개정민법 제13조 제4항 단서, 제10조 제4항).

요보호인의 정신적 능력의 구체적 상황을 고려하지 아니하고 포괄적으로 행위능력을 제한하는 것은 성년후견제도의 이념에 부합하지 않으므로, 요보호인의 정신적 능력을 고려하여 잔존능력을 최대한 활용할 수 있는 형태의 탄력적으로 기능할 수 있는 동의유보 규정을 수용한 것이다.[43] 한정후견에 있어서 원칙적으로 피후견인의 행위능력을 제한하지 않고 필요에 따라 동의유보사항을 정할 수 있도록 함으로써 행위무능력과 후견을 필연적으로 결부시켰던 종래 금치산자·한정치산자 제도와는 달리 후견제도를 행위무능력자 제도로부터 분리하였다는 점[44]에서 새로운 성년후견제도의 입법목적과 취지를 가장 잘 반영하고 있다고 할 수 있다.

3) 한정후견인의 권한과 직무

한정후견인은 피한정후견인의 법률행위 가운데에 동의유보사항에 대하여 동의권을 가지며 피한정후견인이 동의유보사항에 대하여 한정후견인의 동이 없이 법률행위를 한 경우에는 이를 취소할 수 있다. 나아가 가정법원은 피한정후견인의 법률행위에 관하여 한정후견인에게 대리권을 수여하는 심판을 할 수 있다(개정민법 제959조의4 제1항). 그리고 한정후견인의 법정대리권은 성년후견인의 법정대리권과 마찬가지로 그 범위를 변경할 수 있다(동조 제2항).

한정후견인의 동의권과 대리권의 관계에 관하여 입법기초자는 피한정후견인의 동의유보사항과 한정후견인에 대한 대리권의 부여는 각각 그 목적과 기능이 다

---

43) 김형석(주 6), 8면.
44) 제철웅(주 1), 290면.

르므로 서로 다른 비중을 가지고 결정할 수 있어 제도운영상 실무적으로 양자를 반드시 일치시킬 필요는 없다고 본다. 다만, 그러한 경우에는 동의유보 사항에 대하여 한정치산자가 이를 취소하더라도 대리권이 부여되어 있지 않다면 원상회복에 관한 청구를 대리할 수 없어 궁극적으로 취소의 효과를 실현할 수 없게 되는 문제가 발생할 수 있으므로 동의유보 사항에 관하여는 적어도 취소로 인한 원상회복에 관한 대리권은 이를 함께 부여하는 것을 고려할 필요가 있다.[45)]

그러나 이에 비판적인 견해는 오히려 대리권=동의권은 동일한 범위에서만 인정된다고 해석하는 것이 피한정후견인이 인권을 덜 침해하게 될 것이라고 한다. 그에 따르면 한정후견인에게 대리권의 범위가 인정된 영역에서 그는 피한정후견인 스스로 법률행위를 할 수 있도록 조력하여야 하고(개정민법 제947조), 그 일환으로 피한정후견인의 법률행위를 동의할 수 있으며, 피한정후견인의 의사결정능력이 없을 때 대리권을 행사하는 것이 바람직한 제도운영이라는 것이다.[46)]

4) 한정후견의 종료

한정후견의 종료원인은 한정후견개시의 원인이 소멸된 경우(민법 제14조), 피한정후견인에 대하여 성년후견개시 심판을 할 경우(민법 제14조의3 제1항), 피한정후견인에 대하여 임의후견감독인을 선임할 경우(민법 제959조의20 제2항), 피한정후견인이 사망한 경우인데 구체적 내용은 성년후견과 같다. 다만, 한정후견 종료의 심판을 하는 경우에 피한정후견인의 진술청취를 생략할 수 없다(가사소송법 제45조의3 제1항).

5) 한정후견감독인

한정후견감독인에 관한 규정은 성년후견감독인과 유사하다. 가정법원은 필요한 경우에 한하여 피한정후견인, 친족, 한정후견인, 검사, 지방자치단체장의 청구에 의하거나 직권으로 한정후견감독인을 선임할 수 있다(민법 제959조의5 제1항). 복수·법인 후견감독인제도, 후견감독인의 결격 사유, 선임 기준, 사임 및 변경도 성년후견감독인에 대한 규정이 그대로 준용된다(민법 제959조의5 제2항, 제930조 제2항·제3항, 제936조 제3항·제4항, 제937조, 제939조, 제940조, 제940조의5). 미성년후견감독

45) 김형석(주 6), 145면 및 주 39) 참조.
46) 제철웅(주 1), 291면.

인이 없게 된 경우 새로운 미성년후견감독인을 선임하도록 한 규정(민법제940조의 3 제2항)이 준용되므로, 한정후견감독인이 없게 된 경우 새로운 한정후견감독인을 선임해야 한다.

[서식 29] 한정후견감독인 선임청구

한정후견감독인 선임 청구

청 구 인　○ ○ ○ (주민등록번호, 전화)
등록기준지　○○시 ○○구 ○○길 ○○
주소　○○시 ○○구 ○○길 ○○ (우편번호 ○○○○○)
사건본인과의 관계

사건본인　△ △ △ (주민등록번호)
등록기준지　○○시 ○○구 ○○길 ○○
주소　○○시 ○○구 ○○길 ○○ (우편번호 ○○○○○)

청 구 취 지

사건본인의 한정후견감독인으로 ○○○(주민등록번호 : ○○○○○○-○○○○○○○, 주소 : ○○시 ○○구 ○○길 ○○)를 선임한다.
라는 심판을 구합니다.

청 구 원 인

1. 사건본인에 대하여 20○○. ○. ○. ○○법원 20○○느단○○○○호로 한정후견개시심판이 있었고, 한정후견인으로 ○○○가 선임되었습니다.

2. 그런데 사건본인은 우울증 등 정신질환으로 인하여 장애판정을 받은 바 있어 한정후견인을 스스로 감독하기에 곤란하고(갑 제1호증), 위 한정후견인은 과거 횡령사건으로 인해 처벌받은 전력이 있는 등 한정후견감독인을 선임하여 한정후견인을 감독할 필요성이 있습니다.

3. 따라서 청구인은 위와 같은 사유로 본건 청구에 이르렀습니다.

4. 청구인은 한정후견감독인으로 아래와 같은 사람을 추천합니다.

한 정 후 견 감독인 후보자	성 명	
	주 소	
	주 민 등 록 번 호	
	직 업	
	사건본인과의 관계	

입 증 방 법

1. 갑 제1호증 장애인증명서
2. 갑 제2호증 판결문

첨 부 서 류

1. 위 입증방법 각 1통
2. 가족관계증명서(청구인, 사건본인, 후견감독인후보자) 3통
3. 기본증명서(청구인, 사건본인, 후견감독인후보자) 3통
4. 주민등록등본(사건본인) 1통
5. 후견등기사항전부증명서(사건본인, 후견감독인후보자)
   (또는 후견등기사항부존재증명서) 2통
6. 제적등본 1통

20○○년 ○월 ○일

위 청구인 ○ ○ ○ (인)

○ ○ 가정법원 귀중

■ 참고사항

1. 관할법원 : 사건본인(피후견인)의 주소지 가정법원(지방법원, 지원)
2. 청구권자
   ‣ 사건본인, 친족, 후견인
   ‣ 검사, 지방자치단체의 장(민법 제940조의3, 4)
3. 제출부수 : 심판청구서 1부
4. 인지대 : 5,000원, 송달료 : 5,200원 × 10회분 = 52,000원

[서식 30] 한정후견인 변경청구

한정후견인 변경 청 구

청 구 인 ○○ ○ (○○○○○○-○○○○○○○)
(사건본인의 백부) 등록기준지 ○○시 ○○구 ○○로 ○○
주소 ○○시 ○○구 ○○로 ○○ (○○동)
전화 ○○○-○○○○

사 건 본 인 △ △ △ (○○○○○○-○○○○○○○)
등록기준지 ○○시 ○○구 ○○로 ○○
주소 ○○시 ○○구 ○○로 ○○ (○○동)
전화 ○○○-○○○○

한정후견인 □ □ □ (○○○○○○-○○○○○○○)
등록기준지 ○○시 ○○구 ○○로 ○○
주소 ○○시 ○○구 ○○로 ○○ (○○동)
전화 ○○○-○○○○

한정후견인 변경 청구

청 구 취 지

사건본인의 한정후견인 □□□를 ○○○(주민번호 : ○○○○○○-○○○○○○○, 주소 : ○○시 ○○구 ○○로 ○○)로 변경한다.
라는 심판을 구합니다.

청 구 원 인

1. 청구인은 사건본인의 백부이며, 사건본인은 청구인의 조카입니다. 한정후견인은 사건본인의 부(父)로서 20○○. ○. ○. ○○가정법원 20○○느단○○○○호 한정후견개시 심판청구에 따라, 사건본인에 대한 한정후견인으로 선임되었습니다.

2. 그런데, 한정후견인 □□□은 20○○. ○. ○.자로 가출하여 현재까지 연락이 두절된 상태로서 사건본인을 전혀 돌보지 않고 있으며, 그 결과 사건본인의 개호와 재산관리가 제대로 되지 않고 있는 상황입니다. 따라서 사건본인의 복리를 위하여 한정후견인의 변경을 구합니다.

3. 한편, 청구인이 한정후견인 □□□를 대신하여 현재까지 사건본인을 부양하고 있습니다. 회사원으로 매월 ○○○원의 고정적인 수입이 있는 청구인이 사건본인에 대한 한정후견인으로 적합하며, 또한 사건본인도 청구인이 한정후견인으로 선임되기를 희망하고 있습니다.

4. 이상과 같은 이유로 청구인은 사건본인의 한정후견인을 변경하고자 이 사건 청구에 이르렀습니다.

첨 부 서 류

1. 기본증명서(청구인, 사건본인) 각 1통
1. 가족관계증명서(청구인, 사건본인) 각 1통
1. 사건본인 후견등기사항전부증명서(말소 및 폐쇄사항) 또는 후견등기사항부존재증명서(후견등기사항이 없는 경우) 1통
1. 진술서(한정후견인 가출사실확인) 1통

1. 진술인의 인감증명서 1통
1. 주민등록등·초본(청구인, 사건본인) 각 1통

20○○년 ○월 ○일

위 청구인 ○ ○ ○ (인)

○ ○ 가 정 법 원 귀중

■ 참고사항

1. 제출법원 : 사건본인의 주소지를 관할하는 가정법원
2. 청구권자 : 민법 제777조의 친족 기타 이해관계인, 피후견인, 후견감독인, 검사, 지방자치단체의 장(민법 제940조)
3. 제출부수 : 신청서 1부
4. 인지대 : 5,000원, 송달료 : 5,200원 × 10회분 = 52,000원
5. 불복절차 : ‣ 한정후견변경에 관한 심판에 대하여 청구인은 즉시항고(가사소송법 제43조, 가사소송규칙 제36조)
   ‣ 불복기간 : 심판을 고지받은 날부터 14일 이내(가사소송법 제43조 제5항, 가사소송규칙 제31조)

[서식 31] 한정후견감독인 변경청구

한정후견감독인 변경 청구

청 구 인 ○ ○ ○ (전화 ○○○-○○○○)
주민등록번호 ○○○○○○-○○○○○○○
주소 ○○시 ○○구 ○○길 ○○ (우편번호 ○○○○○)
사건본인과의 관계

사건본인	○ ○ ○ 주민등록번호(외국인등록번호) 주소 ○○시 ○○구 ○○길 ○○ (우편번호 ○○○○○) 등록기준지(국적) ○○시 ○○구 ○○길 ○○
한정후견 감독인	○ ○ ○ 주민등록번호(법인등록번호) 주소 ○○시 ○○구 ○○길 ○○ (우편번호 ○○○○○) 직업

한정후견감독인 변경 청구

청 구 취 지

사건본인의 한정후견감독인 ○○○를 ○○○(주민등록번호 ○○○○○○-○○○○○○○, 주소 ○○시 ○○구 ○○길 ○○)로 변경한다.
라는 심판을 구합니다.

청 구 원 인

1. 사건본인에 대하여 20○○. ○. ○. ○○법원 20○○느단○○○○호로 한정후견개시 심판이 있었고, 한정후견인으로 ○○○가, 한정후견감독인으로 ○○○가 선임되었습니다.

2. 그런데, 한정후견감독인은 20○○. ○. ○. 자신 소유의 차를 몰고 고속도로를 달리던 중, 불의의 교통사고로 사망하고 말았습니다. 그리하여 현재 사건본인의 한정후견인 ○○○의 행위를 감독할 사람이 없는 상태이므로 사건본인의 충실한 보호를 위하여 한정후견감독인을 변경할 필요성이 있습니다.

3. 따라서 청구인은 기존 한정후견감독인 선정의 변경 청구에 이르렀습니다.

4. 청구인은 새로운 한정후견감독인으로 다음과 같은 사람을 추천합니다.

한정후견	성 명	

감 독 인 후 보 자	주 소	
	주 민 등 록 번 호	
	직 업	
	사건본인과의 관계	

첨 부 서 류

1. 가족관계증명서 및 기본증명서(청구인, 사건본인, 후견감독인후보자) 각 1통
2. 주민등록등본(사건본인) 1통
3. 사건본인 및 후견감독인후보자의 후견등기사항전부증명서(말소 및 폐쇄사항 포함) 또는 후견등기사항부존재증명서(후견등기사항이 없는 경우) 1통
4. 청구인과 사건본인과의 관계를 밝혀줄 제적등본, 가족관계증명서 등(1.항의 가족관계증명서만으로는 그 관계를 알 수 없는 경우) 각 1통
5. 기타(소명자료) ○통

20○○년 ○월 ○일

위 청구인 ○ ○ ○ (인)

○ ○ 가 정 법 원 귀중

■ 참고사항

1. 관할법원 : 사건본인(피후견인)의 주소지 가정법원(지방법원, 지원)
2. 청구권자 : 피한정후견인, 친족, 한정후견인, 검사, 지방자치단체장

3. 제출부수 : 신청서 1부
4. ‣ 인지대 : 사건본인 수 × 5,000원
   ‣ 송달료 : 청구인수 × 5,200원 × 10회분
5. 불복절차 : ‣ 한정후견감독인 변경 심판 인용 결정에 대해서는 변경 대상 한정후견인·한정후견감독인이 즉시항고(가사소송규칙 제36조 제1항 제2호 나목)
   ‣ 한정후견감독인 변경 심판 기각 결정에 대해서는 피후견인, 친족, 후견감독인, 검사, 지방자치단체의 장이 즉시항고(가사소송규칙 제36조 제2항 제4호)
   ‣ 심판을 고지받은 날로부터 14일 내(가사소송규칙 제31조)

[서식 32] 한정후견인 사임에 대한 청가청구

한정후견인 사임에 대한 허가 청구

청 구 인　　○ ○ ○ (○○○○○○-○○○○○○○)
(사건본인의 父)　등록기준지　○○시 ○○구 ○○로 ○○
주소　○○시 ○○구 ○○로 ○○ (○○동)
전화　○○○-○○○○

사 건 본 인　　△ △ △ (○○○○○○-○○○○○○○)
등록기준지　○○시 ○○구 ○○로 ○○
주소　○○시 ○○구 ○○로 ○○ (○○동)
전화　○○○-○○○○

한정후견인 사임에 대한 허가 청구

청 구 취 지

1. 청구인이 사건본인의 한정후견인을 사임함을 허가한다.
2. 사건본인의 한정후견인으로 ▲ ▲ ▲(주민번호 : ○○○○○○-○○○○○○○, 주소 : ○○시 ○○구 ○○로 ○○)를 선임한다.

라는 심판을 구합니다.

청 구 원 인

1. 청구인은 사건본인의 부(父)로서 20○○. ○. ○. ○○가정법원 20○○느단○○○○호 한정후견개시 심판청구에 따라, 사건본인에 대한 한정후견인으로 선임되었습니다.

2. 그러나 청구인은 채무가 과다하여 생활고에 시달리던 중, ○○법원 20○○하면○○○○호 및 20○○하단○○○○호로 개인파산 및 면책신청을 하여 20○○. ○. ○.자로 인용결정을 받은 사실이 있습니다. 이에 따라 청구인은 한정후견인의 직무 수행이 곤란하므로 그 직을 사임하고자 합니다.

3. 한편, 청구인은 현재 사건본인을 부양하고 있는 사건본인의 백부 ▲▲▲를 사건본인에 대한 한정후견인으로 추천하며, 위 ▲▲▲도 사건본인에 대한 한정후견인으로서 최선을 다할 것을 다짐하고 있습니다.

한 정 후견인 후보자	성 명	▲▲▲
	주 소	
	주민등록번호	
	직 업	회사원
	사건본인과의 관계	백부

4. 이상과 같은 이유로 청구인은 사건본인의 한정후견인을 사임하고, 새로운 한정후견인으로 ▲▲▲을 추천하고자 이 사건 청구에 이르렀습니다.

첨 부 서 류

1. 기본증명서(청구인, 사건본인, 한정후견인후보자) 각 1통
1. 가족관계증명서(청구인, 사건본인, 한정후견인후보자) 각 1통
1. 주민등록등·초본(사건본인) 1통
1. 사건본인 및 후견인후보자의 후견등기사항전부증명서 (말소 및 폐쇄사항 포함) 또는 후견등기사항부존재 증명서(후견등기사항이 없는 경우) 1통
1. 청구인과 사건본인과의 관계를 밝혀줄 제적등본 1통

(가족관계증명서만으로는 그 관계를 알 수 없는 경우)

20○○년 ○월 ○일

위 청구인 ○ ○ ○ (인)

○ ○ 가 정 법 원 귀중

■ 참고사항

1. 관할법원 : 사건본인의 주소지관할 가정법원
2. 청구권자 : 한정후견인(민법 제939조)
3. 제출부수 : 신청서 1부
4. 인지대 : 5,000원, 송달료 : 5,200원 × 10회분 = 52,000원
5. 불복절차
   - 한정후견개시에 관한 심판에 대하여 청구인은 즉시항고(가사소송법 제43조, 가사소송규칙 제27조)
   - 불복기간 : 심판을 고지받은 날부터 14일 이내(가사소송법 제43조 제5항, 가사소송규칙 제31조)

[서식 33] 한정후견인감독인 사임에 대한 청구

한정후견감독인 사임에 대한 허가 청구

청 구 인 ○ ○ ○ (전화)
주민등록번호
주소
사건본인과의 관계

사건본인 ○ ○ ○

주민등록번호(외국인등록번호)
주소
등록기준지(국적)

청 구 취 지

1. 청구인이 사건본인의 한정후견감독인을 사임함을 허가한다.
2. 사건본인의 한정후견감독인으로 ○○○(주민등록번호 ,
주소)를 선임한다.

라는 심판을 구합니다.

청 구 원 인

1. 사건본인에 대하여 20○○. ○. ○. ○○법원 20○○느단○○○○호로 한정후견개시 심판이 있었고, 한정후견인으로 ○○○가, 한정후견감독인으로 청구인이 선임되어 있습니다.

2. 그런데, 이번에 청구인은 .... 를 하게 되었습니다.

3. 따라서 청구인은 한정후견감독인의 직무 수행이 곤란하므로 그 직을 사임하고자 합니다.

4. 새로운 한정후견감독인으로는 ○○○를 추천합니다.

한정후견 감독인 후보자	성 명	
	주 소	
	주민등록번호	
	직 업	
	사건본인과의 관계	

첨 부 서 류

1. 가족관계증명서 및 기본증명서 각 1통

(사건본인, 후견감독인후보자)
2. 주민등록등본(사건본인) 1통
3. 사건본인 및 후견감독인후보자의 후견등기사항전부증명서 (말소 및 폐쇄사항 포함) 또는 후견등기사항부존재 증명서(후견등기사항이 없는 경우) 각 1통
4. 기타(소명자료) ○통

20○○년 ○월 ○일

위 청구인 ○ ○ ○ (인)

○ ○ 가 정 법 원 귀중

■ 참고사항

1. 관할법원 : 사건본인(피후견인)의 주소지 가정법원(지방법원, 지원)
2. 청구권자 : 후견인(민법 제939조)
3. 제출부수 : 신청서 1부
4. 인지대 : 5,000원, 송달료 : 5,200원 × 10회분 = 52,000원

[서식 34] 한정후견인의 임무수행에 관하여 필요한 처분명령청구

한정후견인의 임무수행에 관하여 필요한 처분명령 청구

청 구 인 이 ○ ○ (주민등록번호)

19○○년 ○월 ○일생
등록기준지　○○시 ○○구 ○○길 ○○
주소　○○시 ○○구 ○○길 ○○ (우편번호 ○○○○○)
사건본인과의 관계
전화　○○○-○○○○

사 건 본 인　김 △ △ (주민등록번호)
19○○년 ○월 ○일생
등록기준지　○○시 ○○구 ○○길 ○○
주소　○○시 ○○구 ○○길 ○○ (우편번호 ○○○○○)
전화　○○○-○○○○

청 구 취 지

청구인이 사건본인을 대리하여 별지 기재 부동산을 매각함을 허가한다.
라는 심판을 구합니다.

청 구 원 인

1. 사건본인에 대하여 20○○. ○. ○. ○○법원 20○○느단○○○○호로 한정후견개시 심판이 있었고, 한정후견인으로 청구인이 선임되었습니다

2. 위 심판에 의하면, 한정후견인이 사건본인 소유의 부동산을 매각함에 가정법원의 허가를 받도록 정해져 있습니다.

3. 그런데, 사건본인의 요양비 지급을 위하여 별지 기재 부동산을 매각해야 할 필요성이 발생하였고, 마침 ○○○로부터 위 부동산을 ○○○원에 매수하겠다는 제의가 들어온 상태입니다.

4. 따라서, 사건본인의 복리를 위하여 청구인이 위 부동산을 매도하는 행위에 대한 허가를 구합니다.

첨 부 서 류

1. 가족관계증명서 및 기본증명서(청구인, 사건본인)　　각 1통

2. 주민등록등본(사건본인) 1통
3. 사건본인의 후견등기사항전부증명서 1통
(말소 및 폐쇄사항 포함)
4. 기타(소명자료) ○통

20○○년 ○월 ○일

위 청구인 ○ ○ ○ (인)

○○가정법원 귀중

■ 참고사항

1. 관할법원 : 사건본인(피후견인이 될 사람)의 주소지 가정법원
2. 청구권자 : 한정후견인
3. 제출부수 : 신청서 1부
4. 인지대 : 5,000원, 송달료 : 5,200원 × 10회분 = 52,000원

[서식 35] 한정후견(감독)인에 대한 보수의 수여청구

한정후견(감독)인에 대한 보수의 수여 청구

청 구 인 ○ ○ ○ (전화)
주민등록번호
주소
사건본인과의 관계

사건본인 ○ ○ ○

주민등록번호(외국인등록번호)
주소
등록기준지(국적)

청 구 취 지

청구인에게 사건본인의 한정후견(감독)사무에 대한 보수로 ○○○원을 수여한다.
라는 재판을 구합니다.

청 구 원 인

1. 사건본인에 대하여 20○○. ○. ○. ○○법원 20○○느단○○○○호로 한정후견개시 심판이 있었고, 한정후견(감독)인으로 청구인이 선임되었습니다.

2. 사건본인은 20○○. ○. ○. 사망하여 성년후견이 종료되었습니다.

3. 한정후견(감독)인으로서의 업무 내역은 별지 기재와 같습니다.

4. 따라서 청구인은 한정후견(감독)사무의 보수를 지급받고자 이 사건 청구에 이르렀습니다.

첨 부 서 류

1. 가족관계증명서 및 기본증명서(사건본인) 각 1통
2. 주민등록등본(사건본인) 1통
3. 사건본인의 후견등기사항전부증명서 1통
   (말소 및 폐쇄사항 포함)
4. 기타(소명자료) ○통

20○○년 ○월 ○일

위 청구인 ○ ○ ○ (인)

○ ○ 가 정 법 원 귀중

■ 참고사항

1. 관할법원 : 사건본인(피후견인이 될 사람)의 주소지 가정법원(지방법원, 지원)
2. ‣ 인지액 : 사건본인 수 × 5,000원
   ‣ 송달료 : 청구인수 × 5,200원 × 10회분

[서식 36] 한정후견 종료시 관리계산기간 연정허가신청

한정후견 종료시 관리계산기간 연장허가청구

청 구 인 ○ ○ ○ (전화)
주민등록번호
주소
후견인과의 관계

사건본인 ○ ○ ○
주민등록번호(외국인등록번호)
주소
등록기준지(국적)

청 구 취 지

청구인이 사건본인의 재산관리계산을 하는 기간을 20○○. ○. ○.까지 연장함을 허가한다.
라는 재판을 구합니다.

청 구 원 인

1. 사건본인에 대하여 20○○. ○. ○. ○○법원 20○○느단○○○○호로 한정후견개시 심판이 있었고, 한정후견인으로 청구인이 선임되었습니다.

2. 사건본인은 20○○. ○. ○. 사망하여 한정후견이 종료되었습니다.

3. 청구인은 20○○. ○. ○.까지 사건본인의 재산관리계산을 해야 하지만 사건본인의 재산이 다액이고, 부동산이 여러 곳에 분산되어 있어 법정기간 내에 이를 작성하는 것이 어려운 상황입니다.

4. 따라서 청구인은 이 사건 청구에 이르렀습니다.

첨 부 서 류

1. 가족관계증명서 및 기본증명서(사건본인)	각 1통
2. 주민등록등본(사건본인)	1통
3. 사건본인의 후견등기사항전부증명서 (말소 및 폐쇄사항 포함)	1통
4. 기타(소명자료)	○통

20○○년 ○월 ○일

위 청구인 ○ ○ ○ (인)

○ ○ 가 정 법 원 귀중

■ 참고사항

1. 관할법원 : 사건본인(피후견인이 될 사람)의 주소지의 가정법원(지방법원, 지원)
2. 청구권자 : 후견인의 임무가 종료된 때 후견인 또는 그 상속인(민법 제957조)
3. 제출부수 : 신청서 1부

4. 인지대 : 5,000원, 송달료 : 5,200원 × 10회분 = 52,000원

[서식 37] 한정후견감독인의 동의를 갈음하는 재판청구

한정후견감독인의 동의를 갈음하는 재판 청구

청 구 인　○ ○ ○ (○○○, 사건본인의 자)
19○○년 ○월 ○일생
등록기준지 : ○○시 ○○구 ○○길 ○○
주소 : ○○시 ○○구 ○○길 ○○ (우편번호 : ○○○○○)
전화 : ○○○-○○○○

사건본인　△ △ △ (△△△)
19○○년 ○월 ○일생
등록기준지 : ○○시 ○○구 ○○길 ○○
주소 : ○○시 ○○구 ○○길 ○○ (우편번호 : ○○○○○)
전화 : ○○○-○○○○

후견감독인　□ □ □ (□□□)
19○○년 ○월 ○일생
등록기준지 : ○○시 ○○구 ○○길 ○○
주소 : ○○시 ○○구 ○○길 ○○ (우편번호 : ○○○○○)
전화 : ○○○-○○○○

청 구 취 지

한정후견감독인은 청구인이 사건본인을 대리하여 별지 기재 행위를 함에 동의하는 것으로 갈음한다.
라는 재판을 구합니다.

청 구 원 인

1. 사건본인에 대하여 20○○. ○. ○. ○○법원 20○○느단○○○○호로 한정후견개시 심판이 있었고, 한정후견인으로 청구인이, 한정후견감독인으로 ○○○가 선임되었습니다.

2. 그런데, 사건본인의 요양비 지급을 위하여 별지 기재 재산을 매각해야 할 필요성이 발생하였습니다.

3. 이러한 이유로 청구인은 위 재산을 다음과 같이 매도하기로 하고 한정후견감독인인 ○○○에게 동의를 구하였으나, ○○○는 위 재산의 매각 이유가 불분명하다는 등의 이유를 들어 이에 동의하지 않고 있습니다.

4. 따라서 청구인은 사건본인의 복리를 위하여 이 사건 청구에 이르렀습니다.

첨 부 서 류

1. 가족관계증명서 및 기본증명서(사건본인) 각 1통
1. 주민등록등본(사건본인) 1통
1. 사건본인의 후견등기사항전부증명서 1통
   (말소 및 폐쇄사항 포함)
1. 기타(소명자료) ○통

20○○년 ○월 ○일

위 청구인 ○ ○ ○ (인)

○ ○ 가정법원 귀중

■ 참고사항

1. 관할법원 : 사건본인(피후견인이 될 사람)의 주소지 가정법원(지방법원, 지원)

2. 청구권자 : 후견인(민법 제950조 제2항)
3. 제출부수 : 신청서 1부
4. 인지대 : 5,000원, 송달료 : 5,200원 × 10회분 = 52,000원
5. 불복절차 : ‣ 즉시항고(가사소송법 제43조, 가사소송규칙 제36조)
‣ 대법원규칙이 정하는 날로부터 14일(가사소송법 제43조 제5항)

7. 특정후견

1) 대 상 자

"질병, 장애, 노령, 그 밖의 사유로 인한 정신적 제약으로 일시적 후원 또는 특정한 사무에 관한 후원이 필요한 사람"이 특정후견의 대상이 된다(민법 제14조의2 제1항). 성년후견·한정후견이 피후견인에 대한 계속적 보호를 목적으로 하는 반면, 특정후견은 일시적 보호 또는 특정한 사무에 한정된 보호를 목적으로 한다.

2) 특정후견의 개시심판

후견적 보호가 필요한 사람이더라도 반드시 지속적이거나 포괄적인 보호가 필요한 것은 아니므로 개정민법은 정신적 제약이 다소 미약한 정도이거나 일상생활에서는 가족의 보호를 통하여 무난히 생활을 영위하면서도 특정한 문제의 해결을 위하여 개별적, 일시적, 일회적으로 가정법원의 보호조치를 받고자 하는 후견 수요를 고려하여 특정후견을 신설하였다. 이때 특정후견심판은 다른 심판절차와는 달리 본인의 의시에 반하여는 할 수 없다(개정민접 제14조의2 제2항). 그러나 적극적으로 동의를 얻어야 하는 것은 아니다. 특정후견의 심판을 함에 있어서는 의사나 그 밖의 적당한 사람의 의견을 들어야 하고 피특정후견인이 될 사람의 진술을 들어야 한다.[47]

특정후견은 정신적 제약의 정도가 미약한 경우뿐 아니라 의사결정능력을 결여한 경우에도 최소개입의 원칙에 따라 특정후견을 이용할 수 있다.[48]

---

47) 가사소송법 개정안 제45조의2 제2항, 같은 제45조의3 제1호
48) 제철웅(주 1), 299면은 이를 영국 정신능력법상의 특정명령제도와 유사한 제도로 이해하고자 한다.

3) 특정후견의 효과

개정민법 제959조의9에 따르면 가정법원은 피특정후견인의 후원을 위하여 필요한 처분을 명할 수 있다. 따라서 가정법원은 피특정후견인의 사무를 처리하기 위하여 관계인에게 특정 행위를 명하거나 부작위를 명하는 등의 방법으로 사무처리에 필요한 처분을 명할 수 있다. 개정안 해설의 설명에 따르면 이러한 특정후견에 따른 처분은 상속재산의 분할 협의와 같이 요보호인의 재산관리에 관한 것일 수도 있고 의식불명의 요보호인의 수술에 관한 동의와 같이 신상보호에 관한 결정을 할 권한도 포함될 수 있다.[49] 그리고 특정후견에 따른 처분에 따르지 않는 경우에 대한 제재로 가사소송법상 이행명령(제64조), 과태료(제76조), 감치(제68조)를 활용할 수 있을 것이라고 한다.

물론 가정법원은 특정후견에 따른 처분으로 피특정후견인을 후원하거나 대리하기 위하여 특정후견인을 선임할 수 있다(개정민법 제959조의9 제1항). 그 선임절차에는 성년후견인의 규정이 준용된다(동조 제2항). 특정후견에도 불구하고 피특정후견인의 행위능력에는 어떠한 영향도 없다.

4) 특정후견의 종료

성년후견·한정후견과는 달리 특정후견에는 그 원인이 소멸된 경우의 종료심판에 관한 규정을 두고 있지 않다. 특정후견의 경우 처음부터 기간이나 대상이 한정되는데, 종기가 도래하거나 사무 처리가 완료되면 자동적으로 특정후견이 종료되므로 종료심판에 관한 규정을 따로 둘 필요가 없다는 취지라고 보인다. 그러나 사정변경이 있어 애초에 정한 기간이 만료되기 전에 특정후견을 종료시킬 필요가 있는 경우도 있을 수 있으며, 특정후견인의 사무처리 완료 내지대리권 소멸시점을 둘러싼 분쟁이 생길 가능성도 있다. 더군다나 특정한 사무에 관한 후원이 사정변경으로 필요 없게 된 경우, 예를 들어 본인이 특정 부동산 처분을 위하여 특정후견 심판을 받았으나 그 후 그 부동산 처분 전에 이를 원치 않게 된 경우 등은 특정후견을 종료시켜야 할 것이다.

그밖에 특정후견 종료원인은 피특정후견인에 대하여 성년후견·한정후견 개시심판을 할 경우(민법 제14조의3), 피특정후견인에 대하여 임의후견감독인을 선임한

---

49) 김형석(주 6), 147면.

경우(민법 제959조의 20제2항), 피특정후견인이 사망한 경우인데 구체적 내용은 성년후견과 같다. 다만, 특정후견종료의 심판을 하는 경우에 피특정후견인의 진술청취를 생략할 수 없다(가사소송법 제45조의3 제1항).

8. 후견인의 감독

1) 친족회 폐지와 후견감독인의 임의기관화

개정 전 민법은 후견인의 감독기관으로 친족회를 규정하고 있었으나(개정 전 민법 제960조 이하), 개정민법은 친족회를 폐지하고 새로이 후견감독인 제도를 신설하였다(개정민법 제940조의2 이하).[50] 뿐만 아니라 개정민법 제940조의2는 후견감독인을 임의기관으로 하여, 가정법원이 성년후견인을 선임함에 있어서 감독의 필요를 판단하여 후견감독인의 선임 여부를 재량적으로 결정하도록 하였다.[51] 이는 일률적으로 후견감독인을 선임함으로 인한 전체 후견비용 증가를 방지하고 후견감독인의 개입에 따른 번거로움을 회피하기 위한 것으로 이해할 수 있다.

생각건대 현행 민법하에서 친족회가 적절한 역할과 기능을 수행하였는가에 대해서는 여러 의견이 있을 수 있을 것이지만, 후견감독인을 임의기간으로 함으로써 후견감독기능의 약화에 대한 우려가 적지 않다. 가령, 현행 민법 제950조는 후견인이 영업, 차재와 보증, 부동산 등 중요재산의 득실변경, 소송 등 중요한 법률행위를 하는 경우에는 친족회의 동의를 받도록 하고 있는데, 개정민법 제950조는 이에 더하여 상속의 승인, 한정승인 또는 포기 및 상속재산 분할에 관한 협의를 추가 규정하였다. 그러나 정작 그에 대한 동의 여부에 관하여는 성년후견인이 있는 경우에는 그 동의를 받아야 하지만, 성년후견인이 선임되지 않는 경우에 대해서는 아무런 규정을 두고 있지 않다.

이는 결과적으로 상당한 보호의 불균형을 초래할 것으로 우려된다. 왜냐하면 성년후견인이 이러한 중요한 법률행위를 수행함에 있어서 이에 대한 체크와 감독을 받을 것인가가 후견감독인이 선임되어 있느냐의 간접적 사정에 의해 좌우되기 때문이다. 물론 후견감독인이 없는 성년후견인은 이미 가정법원에 의해 후견

---

50) 친족회 제도가 프랑스민법의 제도를 일본민법을 통하여 계수한 것으로 관습상의 친족단체와 무관하고 현실적으로도 후견감독 업무를 수행하는 데에 적절하지 못하다는 비판을 수용한 것이라고 한다. 김형석(주 6), 131면.

51) 이는 일본 민법 제849조의2의 태도와 같다.

감독인이 선임될 필요가 없다는 판단을 받았으므로 후견감독인이 있는 경우보다 더 신뢰할 만한 경우라고 할 수 있을 것이다. 그러나 이는 현행 민법이 친족회를 필수적 후견감독기관으로 하였던 것보다는 분명 후견감독기능의 후퇴 내지 공백의 우려가 있다고 할 것이다.

뿐만 아니라 피후견인의 신상보호와 관련해서도 여러 문제에 대하여 가정법원의 후견적 개입을 예정하고 있으나, 우리 가정법원의 인적 물적 조건에 비추어 상당한 부담이 예상된다는 점에서 입법론적으로는 오히려 후견감독인의 역할을 강화함으로써 가정법원의 후견감독 부담을 경감할 수 있는 가능성도 있지 않았을까 하는 아쉬움이 있다.

2) 후견감독인이 필요한 경우

그렇다면 어떤 경우에 후견감독인을 선임할 것인가가 문제이다. 가정법원의 성년후견실무의 형성을 지켜보아야 할 문제이기는 하지만, 피후견인에게 관리할 재산이 많은 경우에는 우선적으로 후견감독인의 선임이 고려될 것으로 보인다. 뿐만 아니라 성년후견개시 당시에는 후견감독인을 선임하지 않았을 지라도 나중에라도 성년후견 사무처리에 있어서 보다 면밀한 후견감독이 필요하다고 인정하면, 가정법원은 직권으로 또는 피후견인, 친족, 성년후견인, 검사, 지방자치단체의 장의 청구에 의하여 새로이 후견감독인을 선임할 수 있다(개정민법 제940조의4 제1항). 후견감독인이 사망, 결격, 그 밖의 사유로 없게 된 경우에도 마찬가지이다(같은 조 제2항).

[서식 38] 성년후견감독인선임청구

성년후견감독인 선임 청구

청 구 인　○ ○ ○
주민등록번호　○○○○○○-○○○○○○○
주 소　○○시 ○○구 ○○길 ○○
등록기준지　○○시 ○○구 ○○길 ○○
전 화　○○○○-○○○○

사건본인과의 관계 ▽▽▽▽

사 건 본 인 ◎ ◎ ◎
주민등록번호(외국인등록번호) ○○○○○○-○○○○○○○
주 소 ○○시 ○○구 ○○길 ○○
등록기준지(국적) ○○시 ○○구 ○○길 ○○

성년후견감독인 선임 청구

청 구 취 지

사건본인의 성년후견감독인으로 ◇◇◇(주민등록번호 ○○○○○○-○○○○○○○, 주소 ○○시 ○○구 ○○길 ○○)를 선임한다.
라는 심판을 구합니다.

청 구 원 인

1. 사건본인에 대하여 20○○. ○. ○. ○○법원 20○○느단○○○○호로 성년후견개시 심판이 있었고, 성년후견인으로 ○○○가 선임되었습니다.

2. 그런데 후견인이(사업을 영위하면서 과중한 업무로 인하여 사건본인의 재산을 성실히 관리할 시간이 없고, 사업상 이유로 다액의 채무를 지고 있어서 사건본인의 재산에 비위행위를 할 가능성) 등에 비추어 성년후견감독인을 선임하여 성년후견인을 감독할 필요성이 있습니다.

3. 이상의 이유로 다음과 같은 사람을 사건본인의 후견감독인으로 선임 받고자 이 청구에 이른 것입니다.

성년후견 감독인 후보자	성 명	◇ ◇ ◇
	주 소	○○시 ○○구 ○○길 ○○
	주민등록번호	○○○○○○-○○○○○○○
	직 업	◆ ◆ ◆
	사건본인과의 관계	

첨 부 서 류

1. 가족관계증명서 및 기본증명서 각 1통
   (청구인, 사건본인, 후견감독인후보자)
1. 주민등록등본(사건본인) 1통
1. 사건본인 및 후견감독인후보자의 후견등기사항전부증명서(말소 및 폐쇄사항 포함) 또는 후견등기사항부존재증명서(후견등기사항이 없는 경우) 1통
1. 청구인과 사건본인과의 관계를 밝혀줄 제적등본, 가족관계증명서 등(1.항의 가족관계증명서만으로는 그 관계를 알 수 없는 경우) 각 1통
1. 기타(소명자료) ○통

20○○년 ○월 ○일

위 청구인 ○ ○ ○ (인)

○ ○ 가 정 법 원 귀중

■ 참고사항

1. 관할법원 : 피후견인의 주소지 가정법원
2. 청구권자 : 피성년후견인, 친족, 성년후견인, 검사, 지방자치단체의 장(민법 제940조의4)
3. 제출부수 : 신청서 1부
4. 인지대 : 5,000원, 송달료 : 5,200원 × 10회분 = 52,000원
5. 불복절차
   - 심판에 대하여는 대법원규칙으로 따로 정하는 경우에 한정하여 즉시항고만을 할 수 있음(가사소송법 제43조)
   - 후견인 선임에 관한 심판에 대하여 청구인은 즉시항고(가사소송규칙 제27조)
   - 청구인이 심판을 고지 받은 날부터 14일(가사소송법 제43조)

[서식 39] 성년후견감독인변경청구

성년후견감독인 변경 청구

청 구 인　　○ ○ ○ (전화　　　　　　　)
주민등록번호
주소
사건본인과의 관계

사건본인　　○ ○ ○
주민등록번호(외국인등록번호)
주소
등록기준지(국적)

후견감독인　　○ ○ ○
주민등록번호(법인등록번호)
주소
직업

청 구 취 지

사건본인의 성년후견감독인 ○○○를 ○○○(주민등록번호 ○○○○○○-○○○○○○○, 주소　　　　　　　　　　　　)로 변경한다.
라는 심판을 구합니다.

청 구 원 인

1. 사건본인에 대하여 20○○. ○. ○. ○○법원 20○○느단○○○○호로 성년후견개시 심판이 있었고, 성년후견인으로 ○○○가, 성년후견감독인으로 ○○○가 선임되었습니다.

2. 그런데, 성년후견감독인은... 하였습니다.

3. 따라서 청구인은 성년후견감독인 변경 청구에 이르렀습니다.

4. 청구인은 새로운 후견감독인으로 다음과 같은 사람을 추천합니다.

성년후견 감독인 후보자	성 명	
	주 소	
	주민등록번호	
	직 업	
	사건본인과의 관계	

첨 부 서 류

1. 가족관계증명서 및 기본증명서 (청구인, 사건본인, 후견감독인후보자) 각 1통
2. 주민등록등본(사건본인) 각 1통
3. 사건본인 및 후견감독인후보자의 후견등기사항전부증명서(말소 및 폐쇄사항 포함) 또는 후견등기사항부존재증명서(후견등기사항이 없는 경우) 1통
4. 청구인과 사건본인과의 관계를 밝혀줄 제적등본, 가족관계증명서 등(1. 항의 가족관계증명서만으로는 그 관계를 알 수 없는 경우) 각 1통
5. 기타(소명자료) ○통

20○○년 ○월 ○일

위 청구인 ○ ○ ○ (인)

○ ○ 가 정 법 원 귀중

■ 참고사항

1. 관할법원 : 사건본인(피후견인)의 주소지 가정법원(지방법원, 지원)
2. 신청인 : 가정법원의 직권, 피후견인, 친족, 후견감독인, 검사, 지방자치단체의 장(민법 제940조)
3. 제출부수 : 신청서 1부 및 부본 2부
4. ‣ 인 지 대 : 사건본인 수 × 5,000원
   ‣ 송 달 료 : 청구인수 × 5,200원 × 10회분

3) 후견감독인 선임의 제한

한편, 민법 제779조에 따른 후견인의 가족은 후견감독인이 될 수 없다(개정민법 제940조의5). 말할 나위 없이 가족관계에 따른 이해관계나 정의 때문에 적정한 감독을 수행하지 못하게 될 것을 염려한 것이다. 결과적으로 피후견인의 입장에서 보면 가족 가운데에 후견인이 선임되는 경우에는 가족 외에서 후견감독인이 선임되어야 하고, 반대로 가족 외에서 후견인이 선임되는 경우에는 가족 중에서도 후견감독인이 선임될 수 있다.

4) 후견감독인의 직무

후견감독인은 후견인의 사무를 감독하며, 후견인이 없는 경우 지체 없이 가정법원에 후견인의 선임을 청구하여야 한다(개정민법 제940조의6 제1항). 그리고 피후견인의 신상이나 재산에 대하여 급박한 사정이 있는 경우 그의 보호를 위하여 필요한 행위 또는 처분을 할 수 있다(같은 조 제2항). 나아가 후견인과 피후견인 사이에 이해가 상반되는 행위에 관하여는 후견감독인이 피후견인을 대리한다(같은 조 제3항).

그 밖에도 후견인이 피후견인을 대리하여, 영업에 관한 행위, 금전을 빌리는 행위, 의무만을 부담하는 행위, 부동산 또는 중요한 재산에 관한 권리의 득실변경을 목적으로 하는 행위, 소송행위, 상속의 승인 한정승인 또는 포기 및 상속재산의 분할에 관한 협의를 하는 경우 후견감독인이 선임되어 있는 때에는 후견감독인의 동의를 얻어야 한다(개정민법 제950조 제1항). 후견감독인의 동의가 필요한 법률행위를 후견인이 후견감독인의 동의없이 하였을 때에는 피후견인 또는 후견감독인이 그 행위를 취소할 수 있다(같은 조 제3항). 그리고 후견감독인의 동의가 필요한 행위에 대하여 후견감독인이 피후견인의 이익이 침해될

우려가 있음에도 동의를 하지 아니하는 경우에는 가정법원은 후견인의 청구에 의하여 후견감독인의 동의를 갈음하는 허가를 할 수 있다(같은 조 제2항). 뿐만 아니라 후견감독인은 후견인이 그 선임 후 재산조사와 목록작성에 참여하여야 하며 후견감독인의 참여가 없는 재산조사와 목록작성은 무효이다(개정민법 제941조 제2항).

9. 후견비용과 후견인의 보수

1) 피후견인 부담의 원칙

성년후견인의 보수에 관하여는 현행 민법의 규정이 그대로 적용되어 가정법원은 후견인의 청구에 의하여 피후견인의 재산상태 기타 사정을 참작하여 피후견인의 재산 중에서 상당한 보수를 후견인에게 수여할 수 있다(현행 민법 제955조). 그 밖에 개정민법은 후견비용에 관한 규정을 신설하여 피후견인의 재산 중에서 지출하는 것으로 하였다(개정민법 제955조의2).

2) 후견비용 및 보수

후견비용으로서는 성년후견등 개시신청에 따른 절차 비용과 그 이후의 후견인과 후견감독인의 직무 수행에 지출된 비용 및 후견인과 후견감독인의 보수가 있다. 성년후견등 개시신청에 따른 절차비용 중 가장 큰 비중을 차지하는 것이 피후견인(예정)에 대한 정신감정 비용이다. 최근 일본에서는 비용이 많이 드는 본격적인 정신감정 대신 진단에 준하는 간이한 정신감정을 인정함으로써 가정비용을 낮추는 노력을 경주하고 있다.

개정민법 시행을 위한 가사소송법 개정안에서도 성년후견 개시심판에 있어서 원칙적으로 정신감정을 요구하면서도 정신 상태를 판단할 만한 다른 충분한 자료가 있는 경우에는 예외를 인정한 것(가사소송법 개정안 제45조의2 제1항)도 정신 감정에 따른 절차비용의 부담을 고려한 규정으로 이해된다.

가정법원이 후견인이나 후견감독인이 보수를 지급함에 있어서는 후견인 또는 후견감독인이 피후견인의 가족 등 근친인지, 직업적 후견인인지 그리고 피후견인의 재산상황, 후견사무의 구체적인 내용 등을 고려하여 그 수액을 결정하게 될 것이다.

후견관련 비용 부담은 어느 정도인가? 비용지불 능력이 없는 사람은?

후견인선임 청구과정에서 필요한 서류의 작성, 가사비송사건의 사건의 청구와 관련한 비용(인지대, 송달료)과 가정법원이 정신감정을 요구할 경우 그 와 관련한 비용이 소요됩니다.

도한 후견인 및 후견감독인을 선임할 경우 그에 대한 보수를 지급하여야 합니다, 아직 제도를 시행해 본 경험이 없어 구체적인 수준을 알기 어려우나 가정법원이 정신감정을 어떻게 운용할 것인가와 그 비용이 어느 정도로 결정될 것인지가 중요한 변수입니다. 참고로 일본의 경우는 인지대 10천엔, 정신감정비용 50~100천엔 소요된다.

가정법원 취약계층을 위하여 심판절차에 소요되는 비용을 절차구조제도를 통해 지정할 예정이며, 또한 연고가 없는 취약계층 발당장애인들을 위해서는 지방자치단체의 장이 직접 심판청구를 할 예정이며 복지부는 자원봉사자 성격의 후견인을 교육하여 지방자치단체에 지원할 예정이다.

3) 후견비용에 관한 재정적 지원

개정민법의 규정에 따르면 경제적인 여유가 없는 요보호인은 무보수로 후견사무를 맡아 줄 가족, 친족이 없다면 자원봉사자가 나타나지 않는 이상 후견인의 도움을 받을 수 없게 된다. 이러한 사태에 대비하여 자기 재산에서 필요한 보수나 비용을 지급할 수 없는 요보호인을 위하여 국가와 지방자치단체가 필요한 사회복지 예산을 확보하여 이를 후견비용을 지원할 필요가 있다.

이렇다 할 재산이 없는 요보호인의 후견수요는 결국 신상보호와 신상결정에 관한 것일터인데, 후견 수요 가운데에 재산관리에 관한 한 사적자치에 맡겨 둘 문제이지만, 신상보호와 신상결성의 문제는 장애인인 요보호인의 인권 보호를 위하여 불가결한 제도적 전제로서 장애인에 대한 기본권보호의무의 하나로서 국가가 이를 지원하고 보장하지 않으면 안 되기 때문이다. 시설이나 자택에서 기초생활보장급여로 생활하는 요보호인 가운데 돌보아 줄 가족이나 근친 없는 경우가 일차적 지원 대상이 될 것이다.

[서식 40] 후계약종료청구

후견계약 종료 허가 청구

청 구 인　　　○ ○ ○ (전화　　　　　　)
　　　　　　　주민등록번호
　　　　　　　주소
　　　　　　　사건본인과의 관계

사건본인　　　○ ○ ○
　　　　　　　주민등록번호(외국인등록번호)
　　　　　　　주소
　　　　　　　등록기준지(국적)

임의후견인　　○ ○ ○ (전화　　　　　　)
　　　　　　　주민등록번호
　　　　　　　주소

청 구 취 지

청구인과 임의후견인 ○○○ 사이의 후견계약의 종료를 허가한다.
라는 심판을 구합니다.

청 구 원 인

1. 사건본인은 20○○. ○. ○. 사건본인을 위임자, ○○○(주민등록번호, 주소)를 수임자로 하는 후견계약을 공정증서(법무법인 ○○작성, 20○○년 제○○호)에 의하여 체결하고 20○○. ○. ○. 이를 등기하였습니다.

2. 그 후인 20○○. ○. ○. ○○법원 20○○느단○○○○호 임의후견감독인 선임심판에 의하여, 임의후견감독인으로 ◇◇◇가 선임되었습니다.

3. 그러나 청구인은 임의후견인 ○○○가 최초 후견계약과 달리 임무를 해태하

고 있기 때문에 후견계약을 종료하기 위하여 이 사건 청구에 이르렀습니다.

첨 부 서 류

1. 주민등록등본(사건본인) 각 1통
2. 사건본인의 후견등기사항증명서 각 1통
   (말소 및 폐쇄사항 포함)
3. 기타(증거자료) ○통

20○○년 ○월 ○일

위 청구인 ○ ○ ○ (인)

○ ○ 가 정 법 원 귀중

■ 참고사항

1. 관할법원 : 사건본인(피후견인)의 주소지 가정법원(지방법원, 지원)
2. ‣ 인지액 : 사건본인 수 × 5,000원
   ‣ 송달료 : 청구인수 × 5,200원 × 10회분

10. 후견등기

1) 후견공시의 방법

새로운 성년후견제도에 있어서 후견사항은 새로 신설될 후견등기부에 의하여 공시하는 것으로 되었다. 종래 금치산 또는 한정치산 사항에 대한 공시는 호적부에 의하여 등기되다가 호적부가 폐지되고 가족관계등록부제도가 시행된 다음부터는 가족관계등록부에 기재되어[52] 기본증명서에 증명되는 것으로 되어 있었다.[53] 새

52) 가사소송규칙 제5조 제1항 제3호, 가족관계등록에 관한 규칙 제53조, 주지하는 대로 가족관계의

로운 성년후견제도에 있어서도 본인의 행위능력 여부 및 그 범위, 후견인의 특정 및 그 권한과 범위 등에 관하여 거래의 안전등을 고려하여 후견사항의 공시가 필요하다는 이유에서, 민법 개정 논의 당시 종래와 마찬가지로 가족관계등록부에 기재하고 가족관계등록에 관한 다섯 가지 증명서에 더하여 후견사항증명서제도를 신설하기로 하였었다.[54] 그러나 국회에서의 민법 개정안 심의과정에서 가족관계등록부에 의한 공시 대신 후견등기부를 신설하여 공시하는 것으로 수정되었다.[55] 그러나 종래 후견공시제도가 불필요하게 피후견인의 프라이버시를 침해한다는 지적이 있었으므로 후견사항증명서의 발급청구권자는 피성년후견인등 또는 후견계약의 본인, 그 배우자 또는 4촌 이내의 친족, 성년후견인 등, 성년후견감독인 등, 임의후견인, 임의후견감독인 및 각 직에서 퇴임한 자, 유언집행자, 상속재산 관리인 등, 국가 또는 지방자치단체(그 직무수행을 위하여 필요한 경우), 소송·비송사건·민사집행의 각 절차에서 등기사항증명서를 제출할 필요가 있는 자, 다른 법령의 규정에 따라 등기사항증명서를 제출할 필요가 있는 자, 그 밖에 대법원규칙으로 정하는 정당한 이해관계가 있는 자로 엄격히 제한되고, 사생활의 비밀을 침해하는 등 부당한 목적에 의한 것이 분명하다고 인정될 때에는 등기사항증명서의 발급을 거부할 수 있다.[56]

이에 따르면 잠재적 거래 상대방은 본인의 후견사항에 관하여 직접 확인할 방법 없으므로 결국 본인에게 후견에 의하여 행위능력이 제한되어 있지 않다는 사실, 즉 후견사항 부존재의 증명을 요구하여 확인할 수밖에 없다. 따라서 후견공시제도라고는 하지만 본래의 의미의 공시기능을 기대하기 어렵다. 이에 대하여 거래

등록 등에 관한 법률은 종래 호적부와는 달리 개인별 편제방식을 취하면서 등록 내용을 모두 표시하여 제공하는 호적등본제도를 폐지하고, 대신 증명 목적에 따라 5가지의 증명서 (가족관계증명서, 기본증명서, 혼인관계증명서, 입양관계증명서, 친양자관계증명서)를 발급하고 있다(동법 제15조 제1항), 가족관계등록부는 개인의 신분관계를 전산 데이터 형식으로 관리하면서 필요한 사항에 대하여만 개별적 증명서를 본인과 그 가족 등 제한된 범위의 발급권자에게만 발급함으로써 프라이버시 보호를 도모한다는 점에서 호적등본제도와 구별되는 장점이 있다.

53) 가족관계등록에 관한 법률 제15조 제1항 제2호 기본증명서 나. 에는 본인의 출생, 사망, 국적상실·취득 및 회복 등에 관한 사항으로 되어 있고 여기에는 후견사항을 포함하는 것으로 이해된다. 가족관계등록에 관한 규칙 제21조의2 제1항 제2호 다. 참조.

54) 민유숙, "후견공시제도와 예산지원", 성년후견제 도입을 위한 민법개정안 공청회 자료집(법무부), 2009. 9. 30, 101면 이하.

55) 후견등기에 관한 법률안(2012. 10. 23. 정부 제출, 의안번호 제2264호) 제15조.

56) 후견등기에 관한 법률안 제15조 제1항 제3항.

의 안전을 우려하는 목소리도 높다. 그러나 개정민법상 새로운 성년후견제도에 있어서는 거래의 안전보다는 본인의 프라이버시 보호를 우선한다는 입법적 결단이 있었다는 점에 유의하여야 한다. 그런 관점에서는 이와 같은 불완전한 공시제도를 많은 비용을 들여 유지할 필요가 있는지 의문이 없지 않다.

후견인이 선임되었는지 어떻게 알 수 있나?

성년후견제도의 시행에 따라 후견등기에관한법률이 제정되었고 그에 따라 새로운 후견등기제도가 생겼다. 후견과 관련한 사항에 관하여 별도의 등기시스템이 구축되었고 후견관련 사항의 증명이 필요한 사람은 전국 가정법원 또는 가정법원 지원에서 등기사항증명서 또는 등기사항 부존재증명서를 발급받을 수 있다.

피후견인의 정보보호를 위하여 등기사항증명서는 아무나 받을 수 없고 피후견인, 배우자 및 4촌 이내의 친족, 후견인, 후견감독인 등 법령에 규정된 사람만 받을 수 있다. 한편 등기사항부존재증명서는 현재 효력있는 후견관련 사항이 없다는 것을 증명하는 것이다.

2) 등기사항

후견등기에 관한 법률안(2012. 10. 23. 정부 제출, 의안번호 제2264호)에 따르면 후견등기사무는 대법원규칙으로 정한 가정법원에서 관할하며(제4조), 후견등기부는 전산정보처리조직에 의하여 입력·처리된 전산정보자료를 피성년후견인 또는 후견계약의 본인 개인별로 구분하여 작성한다(안 제11조). 후견등기사무는 관할 가정법원에 근무하는 후견등기관이 후견등기사무를 전산정보처리조직을 이용하여 후견등기부에 등기사항을 기록하는 방식으로 처리한다(안 제8조). 성년후견, 한정후견 또는 특정후견에 관한 등기는 성년후견인등이 신청하고, 후견계약에 관한 등기는 임의후견인이 신청한다(안 제20조 제2항). 성년후견등의 기록사항은 당해 후견사건에 관한 사항과 본인 및 후견관계인의 인적 사항 외에 후견에 의한 법률관계에 관한 사항으로서 다음과 같은 사항이 기록된다.

가. 성년후견의 경우

① 취소할 수 없는 피성년후견인의 법률행위의 범위를 정한 경우에는 그 범위, 그 범위를 변경한 경우에는 그 변경된 범위, ② 성년후견인의 법정대리권의 범위를 정한 경우에는 그 범위, 그 범위를 변경한 경우에는 그 변경된 범위, ③ 성년후견인이 피성년후견인의 신상에 관하여 결정할 수 있는 권한의 범위를

정한 경우에는 그 범위, 그 범위를 변경한 경우에는 그 변경된 범위.

나. 한정후견의 경우

① 한정후견인의 동의를 받아야 하는 행위의 범위를 정한 경우에는 그 행위의 범위, 그 범위를 변경한 경우에는 그 변경된 범위, ② 한정후견인에게 대리권을 수여한 경우에는 그 대리권의 범위, 그 범위를 변경한 경우에는 그 변경된 범위, ③ 한정후견인이 피한정후견인의 신상에 관하여 결정할 수 있는 권한의 범위를 정한 경우에는 그 범위, 그 범위를 변경한 경우에는 그 변경된 범위.

다. 특정후견의 경우

① 특정후견이 기간 또는 사무의 범위, ② 피특정후견인의 후원을 위하여 필요한 처분을 명한 경우에는 그 내용, ③ 특정후견인에게 대리권을 수여하는 심판을 한 경우에는 그 기간이나 범위, ④ 특정후견인의 대리권 행사에 가정법원이나 특정후견감독인의 동의를 받도록 명한 경우에는 그 내용.

그 밖에도 가정법원이 여러 명의 성년후견인등 또는 성년후견감독인등이 공동으로 또는 사무를 분장하여 그 권한을 행사하도록 정한 경우에는 그 취지 등을 기록하여야 한다(안 제25조).

Ⅱ. 임의후견제도

1. 임의후견제도의 의의

개정민법상 법정후견제도가 한정후견에서와 같이 아무리 유연하고 탄력적으로 구성되었다고 하더라도 법률이 정한 일정한 보호유형을 전제로 하는 한, 요보호인의 개별적 욕구와 필요를 완벽하게 충족시키는 데에는 한계가 있을 수밖에 없다. 무릇 사적 자치의 이념에서 보면, 후견에 있어서도 요보호인 스스로 자신에게 가장 적합한 보호조치를 스스로 설계하여 결정할 수 있다면 그것이야말로 본인의사 존중의 원칙에 부합하고 사적자치의 이념을 가장 잘 실현할 수 있는 방법이 아닐 수 없다. 따라서 후견보호를 받고자 하는 사람이 스스로 후견인을 선임하고 후견사항을 정하여 장래 자신의 후견문제에 대비할 수 있다면 굳이 법률 규정에 의한 법정후견의 개입은 필요하지 않을 것이다.

그런데 이러한 유형의 법률관계는 본인을 위한 후견사무의 처리를 다른 사람에게 위탁하는 것이므로 이는 법률관계의 성질상 위임에 해당한다. 후견사무의 처리를 목적으로 하는 위임계약(후견계약)에서 수임인은 후견계약의 내용에 따라 위임인을 위한 재산관리와 그에 수반하는 법률행위의 대리, 나아가 신상결정의 대행까지 본인의 법률관계 형성에 관하여 권한을 행사하게 된다(신상에 관한 사무의 처리를 타인에게 위탁하고 그에 필요한 신상결정 권한을 타인에게 부여할 수 있는지에 관하여 이견의 가능성이 없는 것은 아니지만 본인의사의 존중과 사적 자치의 관점에서 이를 부인하기는 어렵다).

문제는 통상의 위임계약에 있어서는 위임인이 스스로 수임인의 사무처리에 관하여 적절한 감독과 통제를 할 수 있으나, 후견계약에 있어서는 후견사무가 위임인의 정신능력저하를 전제로 한 것이므로 실제 후견사무가 이행되는 시점에서 위임인은 수임인의 후견사무 이행을 적절하게 감독 통제할 수 없는 상태에 있게 된다는 것이다.

즉, 우리 민법에 따르면 후견사무의 처리에 관한 위임계약이 체결된 이후 위임인이 의사능력을 상실하더라도 위임계약의 효력에는 원칙적으로 영향이 없으므로,[57] 수임인은 위임계약의 본지에 좇아 계속해서 후견사무를 처리할 수 있다. 그러나 수임인이 후견사무를 처리할 때에 위임인은 이미 의사무능력 상태에 빠져 있는 경우가 많으므로 수임인이 후견사무처기가 적절히 이행되는지, 권한의 남용이나 배임적 행위는 없는지 적절히 감독할 수 없게 된다.[58]

따라서 후견계약의 체결을 아무런 제한 없이 당사자들 사이의 계약자유의 원칙에 맡겨 둘 수는 없고 후견사무의 감독을 보장하기 위하여 필요한 한도에서 법원 등 공적인 개입과 감독이 필요하게 된다. 뿐만 아니라 본인이 의사무능력 상태에 빠져 후견계약이 발효된 후에도 요보호인 주변의 이해관계인들이 후견계약 체결 당시 요보호인의 의사능력의 존부를 다투는 경우도 흔히 예상할 수 있다. 이러한 일들이 빈발한다면 후견계약의 당사자들은 후견계약에 관한 법적 불안정성에 시달릴 수밖에 없다. 많은 나라의 입법이 후견계약에 대하여 여러 가지 규율을 도입

57) 민법 제690조는 위임은 당사자의 사망이나 파산, 수임인의 금치산선고로 종료하지만 위임인의 의사능력 상실에 관해서는 위임계약 종료사유로 열거하고 있지 않으므로 그 반대해석상 이미 수여된 수임인의 대리권에는 영향이 없는 것으로 본다.

58) 이러한 관점에서 일본에서는 일본민법 제653조(우리 민법 제690조 참조)의 위임의 종료 사유로서 양당사자의 파산, 사망, 수임인의 후견의 개시뿐 아니라 위임인의 의사능력 상실을 추가하여야 한다는 입법론이 주장되기도 한다.

하는 것은 이러한 문제들에 대비하기 위한 것이다(영국의 지속적 대리권 제도, 프랑스의 장래보호를 위한 위임계약, 일본의 임의후견 제도 등).

개정민법도 이러한 취지에서 기존의 금치사자, 한정치산자에 관한 법정후견제도를 성년후견, 한정후견, 특정후견으로 개편함과 동시에 새롭게 임의후견(후견계약) 제도를 도입하였다.[59]

2. 후견계약의 체결

> **후견계약은 어떻게 체결해야 하나?**
>
> 본인이 원하는 사람에게 원하는 수준의 후견서비를 받고 싶은 사람은 후견계약을 통하여 후견인을 선임할 수 있다. 후견계약은 공정증서로 체결하여야 하며 가정법원에 등기를 하여야 한다.
>
> 본인 또는 배우자, 4촌 이내의 친족, 임의후견인, 검사, 지방자치단체의 장은 임의후견감독인을 선임하면 후견계약의 효력이 발생하게 된다.

1) 후견계약은 질병, 장애, 노령, 그 밖의 사유로 인한 정신적 제약으로 사무를 처리할 능력이 부족한 상황에 있거나 부족하게 될 상황에 대비하여 자신의 재산관리 및 신상보호에 관한 사무의 전부 또는 일부를 다른 자에게 위탁하고 그 위탁사무에 관하여 대리권을 수여하는 것을 내용으로 하는 계약을 말한다(개정민법 제959조의14 제1항).

   후견계약은 신중한 결정과 사후 분쟁 가능성을 제거하기 위하여 공정증서에 의하여 체결하여야 한다(개정민법 제959조의14 제2항). 무엇보다도 후견계약 체결 당시에 본인이 의사능력을 결여함으로써 사후에 발생할 수 있는 법적 불안정을 제거하기 위하여 공증인의 적절한 확인과 개입이 필요하다(공증인법 제25조 참조). 통상 타인의 재산관리나 신상보호에 관한 사무의 처리를 위탁하고 그에 필요한 권한을 부여하는 것은 민법상 위임계약에 해당한다. 따라서 개정민법상 후견계약도 넓은 의미에서는 위임계약의 일종이라고 할 수 있다. 후견계약을 통상의 위임계약과 구별하는 징표는 공정증서에 의하여 체결되어야 한다는 점, 가정법

59) 이상의 내용 및 이하의 임의후견제도에 관한 기술은 대체로 박인환, 개정민법상 임의후견제도의 쟁점과 과제, 가족법연구 제26권 제2호(2011. 7), 193면 이하에 의거하였음을 밝혀 둔다.

원에 의한 임의후견감독인 선임으로부터 발효된다는 점, 후견등기부에 등기된다는 점을 들 수 있다.

후견계약에 있어서 공정증서의 방식성을 요구한 것은 후견계약은 본인의 재산관리 및 신상보호에 관한 사무의 전부 또는 일부를 임의후견인에게 위탁하는 것으로 본인의 생활에 미치는 영향이 매우 크다는 점에서 후견계약의 체결을 신중하게 하고 의사능력 상실 후 분쟁에 대비하여 계약의 내용을 명확히 할 필요가 있기 때문이다(개정민법 제959조의14 제2항).

2) 후견계약 체결을 위한 본인의 의사능력

후견계약을 유효하게 체결하기 위해서 계약의 일반적 유효요건으로서 계약의 당사자는 의사능력을 가지고 있어야 한다. 특히 후견계약의 위임인인 본인은 후견계약의 법적 의미와 그 결과에 관하여 이해하고 판단할 수 있는 정신능력을 갖추고 있어야 하고, 그렇지 않은 경우 계약은 무효가 된다. 물론 질병, 장애, 노령 등으로 인하여 다소간 정신적 제약에도 불구하고 의사능력이 있다고 인정된다면 후견계약을 체결할 수 있다. 특히, 개정민법상 임의후견계약은 질병, 장애, 노령, 그 밖의 사유로 인한 정신적 제약으로 사무를 처리할 능력이 부족한 상황에 있거나 부족하게 될 상황에 대비하고자 하는 것이므로, 이미 본인의 정신능력이 어느 정도 저하된 상태에서 후견계약을 체결하고자 하는 경우가 예상된다.

그러나 임의후견계약 발효 후 계약체결 당시 본인에게 의사능력이 없었다는 사실이 입증되면 후견계약과 그에 기한 임의후견인의 대리행위가 무효가 되는 등의 법적 불안정 상태가 발생할 수 있다. 이러한 결과를 방지하기 위해서는 개정민법은 후견계약의 체결을 공정증서에 의하도록 함으로써 후견계약 체결과정에서 공증인의 적절한 확인과 개입을 요청하는 것이다(공증인법 제25조 참조). 따라서 후견계약에 관한 공정증서를 작성하는 공증인은 본인이 후견계약을 유효하게 체결하기 위하여 필요한 의사능력을 가지고 있는지에 관하여 판단을 하지 않으면 안 된다. 만약 본인이 후견계약에 필요한 의사능력을 가지고 있지 않다면 후견계약은 무효가 되므로 공증인은 공정증서를 작성할 수 없다(공증인법 제25조 제2호 참조). 이러한 경우에는 불가피하게 법정후견이 개시되어야 할 것이다.

그렇다면 후견계약을 유효하게 체결하기 위하여 어느 정도 정신능력을 요구할 것인가? 비교법적으로 캐나다의 경우처럼 후견계약의 특수한 성격을 고려하여 재산관리능력이나 신상관리능력이 없더라도 지속적 대리권의 수여는 유효하다는 특별규정을 규정을 두는 입법례가 있으나,[60] 그 밖에는 후견계약 체결에 필요한 의사능력에 관하여 별도의 특별규정을 두고 있지 않다. 개정민법은 이미 사무를 처리할 능력이 부족한 상황에서의 후견계약 체결을 인정하고 있고, 이 점은 다소의 정신능력 저하에도 불구하고 유효하게 후견계약을 체결할 수 있다는 것을 전제로 한 것이라고 추론할 수 있다. 다만, 통상의 위임계약에 필요한 정신능력보다 다소 부족한 경우에는 후견계약을 체결할 수 있다고 하더라도 역시 부족한 정신능력만큼은 본인에게 불이익하거나 불공정한 후견계약 체결의 가능성도 확대될 위험이 있다. 따라서 후견계약 체결에 있어서 필요한 의사능력을 널리 인정하는 데 따른 보완책으로서 후견계약 체결의 적정성 확보를 위한 후견계약 체결의 관계인, 특히 공증인의 적극적 개입과 가정법원의 후견계약에 대한 체크 가능성을 확대하는 방향의 해석과 관행의 형성이 필요하다. 이를 위하여 본인이 후견계약 체결에 필요한 의사능력을 갖추었는지 여부를 확인하는 절차 규정과 의심스러운 경우에는 공증인이 후견계약의 공정증서 작성을 거절할 수 있는 근거 규정을 신설할 필요가 있다.

3) 대리에 의한 후견계약 체결의 허용 요부

대리에 의하여 후견계약을 체결할 수 있는가가 문제이다. 개정민법에는 이에 관한 명문의 규정이 없으므로 해석에 맡겨져 있다고 할 수 있다.

이에 대하여 개정민법의 해설에서는 대리에 의한 후견계약의 체결 가능성을 인정하였다. 요컨대 후견계약이 일신전속적 행위가 된다고 단정하기 어렵고 법정대리인인 부모가 정신적 제약이 있는 미성년 자녀를 위하여 후견계약을 체결하고자 하는 경우 이를 인정할 실익이 있다는 것이다.[61]

---

60) 캐나다 온타리오 주의 Substutute Decisions Act 1992(http://www.e-laws.gov.on.ca/html/statutes/english/elaws_statutes_92s30_e.htm, 2012. 11. 30. 최종 방문)의 제9조, 제47조 및 같은 캐나다의 브리티시 컬럼비아 주의 Representation Agreement Act(http://www.bclaws.ca/EPLibraries/bclaws_new/document/ID/freeside/00_96405_01, 2012. 11. 30. 최종 방문) 제8조 제1항은 동법의 표준적인 조항(통상의 후견사무에 관한 사항)에 관한 합의를 대리의 합의를 함에 있어서는 본인에게 계약을 체결할 능력 또는 건강관리, 신상관리, 법적 문제, 금전적 사무, 업무, 자산을 관리할 능력이 없더라도 대리합의를 할 수 있다고 규정하고 있다. 다만, 생명유지치료 등을 포함하는 특수한 유형의 건강관리에의 동의를 거절하는 것과 같은 중대한 사항들에 대해서는 통사의 계약능력과 같은 수준의 능력이 요구된다고 한다.

개정민법이 법정후견 외에 임의후견제도를 도입한 목적은 법정후견에서의 제약을 넘어서 후견에 있어서 자기결정과 본인의 의사를 존중하고자 하는 데에 있다. 그러므로 대리에 의한 후견계약을 인정하는 경우 무엇보다도 개정민법이 후견계약을 통하여 추구하는 자기결정·본인의사 존중의 이념이 관철될 수 없게 된다. 따라서 적어도 일반적으로는 대리에 의한 후견계약의 체결은 이를 허용하지 않는 것이 옳다고 생각된다.

하지만 장애아를 둔 부모가 장차 스스로 자신의 자(子)를 돌 볼 수 없는 때를 대비하여 부모가 자를 대리하여 자를 위한 후견계약을 체결하고자 하는 현실의 수요는 충족되지 않으면 안 된다. 그러나 장애아를 둔 부모가 후견계약의 당사자가 되거나 본인인 장애인을 대리하여 후견계약을 체결할 수 있는지에 관하여도 후견계약은 일신전속적이어서 대리에 친하지 아니할 뿐 아니라 부모의 친권에 자가 성년이 되어 친권에서 벗어난 다음 발효되는 후견계약 체결을 위한 대리권이 있다고 보기 어렵다는 지적이 있다.[62]

따라서 이에 관한 법적 불안정성을 제거하고 장애아를 둔 부모의 후견계약에 관한 규범 수요를 고려하여 부모가 요보호 장애인인 자(子)를 위하여 후견계약을 체결할 수 있는 권한에 관하여 명확한 법적 근거를 마련할 필요가 있다고 할 것이다.

3. 임의후견의 개시

1) 임의후견계약의 효력발생 요건

후견계약에서 당사자들이 그 효력 발생 시기를 정하였다 하더라도 과연 본인이 후견계약에서 정한 '정신적 제약으로 사무를 처리할 능력이 부족한 상황'에 놓여 있는지 여부를 판단하는 것은 용이한 것이 아니므로, 과연 언제 후견계약의 효력이 발생하는가에 대하여는 상당한 법적 불안정이 존재한다. 따라서 후견계약의 효력을 유권적으로 확정할 필요가 있으므로 개정민법은 일본법의 예에 따라 가정법원이 임의후견감독인을 선임하는 것에 의하여 후견계약의 효력이 발생한다

61) 김형석(주 6), 152면 이하. 가령, 프랑스 민법의 경우 미성년자의 경우 부모, 성년자의 경우 물질적·정서적 부양(la charge material et affective)을 맡고 있던 부모는, 그들 스스로 후견이나 보좌를 받고 있지 않는 한, 자녀를 위하여 (개정민법의 후견계약에 상응하는) 장래보호를 위한 위임계약을 체결할 수 있다(프랑스민법 제477조 제3항).

62) 제철웅(주 1), 296면.

고 하였다(개정민법 제959조의14 제3항). 임의후견인에게 후견인 결격사유가 있거나(개정민법 제937조) 그 밖에 현저한 비행이 있거나 후견계약에서 정한 임무에 부적합한 경우에는 가정법원이 임의후견인의 선임을 회피함으로써(개정민법 제959조의14) 후견계약의 효력 발생을 저지할 수 있다.

따라서 가정법원은 후견계약이 가족관계등록부에 등록되어 있고 본인이 사무를 처리할 능력이 부족한 상태에 있다고 인정될 때에는 본인, 배우자, 4촌 이내 친족, 임의후견인 또는 검사의 청구에 의하여 임의후견감독인을 선임한다(개정민법 제959조의15 제1항). 본인 아닌 자의 청구가 있는 경우 가정법원은 본인이 동의할 수 있는 상태에 있는 한 그의 동의를 얻어야 한다(동조 제2항).

2) 후견계약 효력발생에 관한 약정의 효력

후견계약의 효력발생은 임의후견감독인의 선임에 의하여 효력이 발생하지만, 후견계약의 당사자들이 후견계약의 효력발생에 관한 조건이나 시기를 정할 수도 있다. 이때 후견계약상 효력발생의 조건이나 시기에 관한 합의가 후견계약의 효력발생에 관한 법정조건(임의후견감독인의 선임)을 배제하는 경우에는 임의후견인 선임을 통한 임의후견인에 대한 감독을 규정한 후견계약법의 취지에 비추어 허용되어서는 인 될 것이다. 그러나 후견계약상 효력발생 조건이나 시기에 관한 약정은 임의후견감독인의 선임의 요건인 '정신적 제약으로 사무를 처리할 능력이 부족한 상황에 있거나 부족할 상황'이라는 법정조건이 추상적이므로 후견계약을 체결하는 본인으로서는 당해 후견계약의 효력발생의 조건이나 시기를 보다 구체적으로 정해두고자 하는 의사를 가질 수 있고, 이것은 후견계약에 의하여 합리적으로 수용될 수 있어야 할 것이다.

따라서 임의후견감독인 선임이라는 후견계약 효력발생의 법정조건과 후견계약상 당사자들 사이의 후견계약 효력발생시기의 관계를 조화롭게 이해하기 위해서는 후견계약상 효력발생시기를 당사자가 정하더라도 그것은 임의후견감독인 선임이라는 후견계약의 발효요건을 배제하는 것이 아니라 결과적으로는 임의후견감독인의 선임 시기를 정하는 것으로 해석하여야 할 것이다. 반대로 임의후견감독인 선임을 배제하는 효력발생시기를 정한 것이 명백하다면, 개정민법이 규정한 후견계약의 범위를 벗어나는 것으로 일반적 위임계약으로서의 효력은 별문제로 하더라도 적어도 개정민법상 후견계약에는 해당하지 않는 것으로 보아야 할 것이다.

결국 가정법원은 '본인이 사무를 처리할 능력이 부족한 상황'에 있더라도 그것만으로 임의후견감독인을 선임할 수 있는 것이 아니며, 후견계약에서 당사자들이 정한 후견계약의 효력발생 시기나 조건에 관한 약정이 있다면 그 시기나 조건이 충족되었을 때 가정법원이 이를 유권적으로 확인하여 임의후견감독인을 선임할 수 있다.

3) 임의후견감독인 선임에 관한 본인 동의

다른 한편으로 후견계약의 효력발생시기에 관한 약정과 임의후견감독인 선임에 관한 본인의 동의가 일치하지 않는 경우 어느 것을 우선할 것인지가 문제이다. 먼저 약정된 효력발생시기가 도래하여 본인 이외의 자에 의하여 임의후견감독인의 선임청구가 있으나 본인이 임의후견감독인 선임에 동의하지 않는 경우, 가정법원은 임의후견감독인을 선임하여 후견계약의 효력을 발생시킬 수 있는지가 문제이다. 본인 청구 이외의 임의후견감독인 선임청구의 요건으로 본인의 동의를 얻도록 하는 것은 본인의 의사에 반하는 후견계약의 발동이 허용되어서는 안 된다고 하는 후견계약의 입법목적에서 비롯된 요건이라는 점에서, 후견계약에서 본인이 합의하였던 효력발생시기가 도래하였더라도 본인은 자신의 이전의 합의에 반하여 임의후견감독인의 선임 청구에 대하여 동의하지 않을 수 있다고 할 것이다. 그러한 점에서 효력발생시기에 관한 후견계약상의 합의는 본인을 구속하는 것은 아니라고 할 것이다.

반대로 후견계약에서 정한 효력발생시기가 도래하지 않았으나 임의후견감독인의 선임청구에 대하여 본인이 동의하는 경우에 가정법원은 임의후견감독인을 선임하여 후견계약의 효력을 발생시킬 수 있는지도 문제이다. 비록 당초 후견계약에 합의한 효력발생시기가 도래하지 않았더라도 본인이 임의후견감독인의 선임 청구를 하거나 타인의 임의후견 감독인 선임 청구에 대하여 본인이 동의하고 있다면 가정법원이 임의후견감독인의 선임을 거부할 필요가 없는 것으로 생각된다.

결국 가정법원은 임의후견감독인 선임에 있어서 후견계약에서 정한 효력발생시기보다는 임의후견감독인 선임에 대한 본인의 동의를 우선하여야 할 것이다. 이와 같이 후견계약상 그 효력발생시기에 관한 합의의 효력에도 불구하고 본인의 동의 여부에 따라 후견계약의 효력발생요건으로서의 임의후견감독인 선임 여부가 결정될 수 있다면 후견계약상 효력발생시기에 관한 약정의 규범적 효력은 약화될 수밖에 없다. 결국 후견계약에서 정한 효력발생시기는 후견계약의 본인이 동의 여부를 결정할 수 있는 상태에 있지 않은 경우에 주로 규범적 의의를 갖게 된다고 할 수 있다.

4) 복수의 임의후견인

개정민법상 복수의 임의후견인을 선임하여 후견사무를 처리하도록 할 수 있으며, 그들 사이의 직무관계가 중첩되는 범위에서는 본인이 공동행사(공동대리)를 정하지 않는 한, 일반적인대리에 관한 법리를(유추)적용하여 각자 행사가 원칙이다. 후견사무의 효율적 처리라는 측면에서는 임의후견인이 복수로 선임되더라도 각자의 후견사무가 중첩되지 않도록 직무를 분장함으로써 권한의 충돌을 방지할 필요가 있을 수도 있고, 반대로 공동 행사를 통하여 임의후견인이 서로 협력하여 후견사무를 처리하거나 임의후견인이 서로 견제하도록 함으로써 후견사무의 적정한 처리를 기대할 수도 있다.

이때 본인이 복수의 임의후견인을 선임하고자 하는 겨우, 임의후견인별로 별개의 후견계약을 체결하는 방법과 하나의 후견계약에서 복수의 임의후견인별로 따로따로 후견계약을 체결하는 경우에는 처음부터 공동대리의 취지를 후견계약에서 정하지 않는 한, 새로운 후견계약을 체결하여 공동대리로 하는 것은 앞서의 후견계약을 실질적으로 변경하는 것이 되므로 허용될 수 없다. 이론적으로는 별개의 후견계약 체결에 있어서 이미 공동대리의 가능성을 고려하여 각각의 후견계약에 그 취지를 명확히 기재하는 경우에는 별개의 후견계약에 의한 복수의 임의후견인의 공동 행사도 가능할 수 있으나 이러한 취지는 후견등기에 기재되어야 한다. 그리고 각각 임의후견감독인이 선임되어야 하는데, 비용과 번잡함을 감수하면서 굳이 별개의 후견계약에 의한 공동대리의 임의후견인을 선임할 필요가 있을지 의문이다.

따라서 우리 개정민법의 해석론으로도 공동대리를 전제로 하는 임의후견인의 선임은 하나의 후견계약에 의하여 처리하는 것이 바람직할 것으로 생각된다. 그러나 임의후견인의 권한을 공동으로 행사하도록 하는 경우, 어느 한 임의후견인이 의사능력 상실, 사망 등으로 직무를 수행할 수 없는 경우에는 후견계약 전체가 종료되는가가 문제된다. 후견계약을 공정증서로 작성하여 이를 등기하는 취지를 고려한다면 공동행사를 정한 경우에 어느 한 임의후견인이 직무를 수행할 수 없게 된 때에는 후견계약은 종료한다고 해석할 수밖에 없을 것으로 생각된다.

이에 반하여 임의후견인이 각자 사무를 분장하여 따로 따로 본인을 위하여 대리권 등 권한을 행사하는 경우라면 복수의 임의후견인의 선임이 반드시 하나의 후견계약에 의하거나 다른 임의후견인의 존재가 후견계약 체결에서 반드시 고려될 필요는 없다. 가령 하나의 선행하는 후견계약에 의하여 임의후견인이 선임되었으나 거기서 열거되지 않았던 후견사무의 처리 필요성 때문에 혹은 선행하는 후견계약의 임의후견인의 업무경감의 필요성 때문에 다시 추가로 임의후견인을 선임하는 경우가 그러하다. 반대로 복수의 임의후견인 사이에 사무를 분장하여 먼저 선임된 임의후견인의 대리권을 제한하는 결과가 되는 경우에는 공동대리에 있어서와 마찬가지로 후견계약의 내용을 변경하는 것이 되므로 허용될 수 없다. 결론적으로 순차 체결된 후견계약에 있어서 앞서 체결된 후견계약의 내용(임의후견인의 대리권의 범위와 행사방법)을 변경하지 않는 범위에서만 나중에 후견계약에 의한 복수의 임의후견인이 선임될 수 있다고 보아야 할 것이다.

5) 예비적 임의후견인의 선임 가부

다른 한편으로 복수의 임의후견인을 선임하고자 하는 중요한 이유의 하나는 임의후견인이 후견사무를 처리할 수 없는 불가피한 사정이 생긴 경우 예비적으로 후견사무를 처리할 임의후견인을 확보하기 위한 것이다. 후견계약의 체결 이후 그 발효까지는 상당한 시인이 경과되는 경우도 있을 수 있고 임의후견의 수임인도 이미 고령인 경우도 적지 않을 것이므로, 임의후견감독인 선임 시점에서 후견계약의 수임인이 이미 사망하였다든가 후견계약의 발효 후 후견사무를 처리하던 중 어느 시점에서 임의후견인이 먼저 사망하는 경우도 상정할 수 있다. 이러한 경우 불가피하게 후견계약은 종료하게 되는데, 이때에도 여전히 본인에게 의사능력이 있는 경우라면 새로이 임의후견인을 선임할 수 있으나(후견계약 발효 전이라면 특히 그러할 것이다). 후견계약이 이미 발효된 경우라면 본인이 이미 의사능력을 상실한 경우가 적지 않을 것이므로 그러한 경우라면 새로운 후견계약의 체결은 불가능하고 법정후견에 의하는 방법밖에 없다.

본인으로서는 이러한 경우에 대비하여 예비적으로 임의후견인을 선임하여 둘 현실적 필요성이 있을 수 있다. 그러나 개정민법상으로 예비적 임의후견인의 선임이 가능한지 여부에 관해서는 명시적 근거나 절차규정이 없다. 따라서 개정민법 하에서는 하나의 후견계약에 의하여 예비적 임의후견인을 두는 것은 허용되지 않는다고 보아야 할 것이다. 다만, 예비적 임의후견인이 선임될 필요가 있는 경우에는 제2의 후견계약을 체결하여 선행하는 제1의 후견계약의 종료를 조건으로 제2의 후견계약을 발효시키는 방법을 고려할 수 있다.

4. 후견계약의 내용

1) 임의후견인의 직무와 권한

후견계약은 위임계약(민법 제680조)의 성질을 가지며, 단지 그 사무처리의 내용을 후견으로 하였다는 점에서 특징이 있다. 따라서 임의후견인은 위임계약의 성질상 선량한 관리자의 주의의무를 지며(민법 제681조), 특히 본인의 의사를 최대한 존중하여야 한다. 본인의 승낙이나 부득이한 사유가 없는 한 복임권(개정민법 제959조의14 제4항)은 인정되지 않고(민법 제120조, 제682조), 부득이한 경우라도 포괄적 복대리인의 선임은 성질상 허용되지 않는다. 위임법리에 따라 원칙적으로 무상이지만 보수의 약정을 할 수 있고, 복수의 임의후견인을 선임하는 것도 가능하다. 임의후견계약은 본인을 위한 재산관리 및 신상보호를 위한 대리권의 수여는 물론 신상과 관련된 결정 권한을 부여하는 수권도 가능하다고 해석되며, 이때에는 가정법원의 감독에 관한 개정민법 제947조의2가 유추적용된다. 다른 한편으로 후견계약의 효력발생의 실질적 요건을 고려하면 임의후견 개시 후 본인은 의사결정에 제한을 받는 것을 추정할 수 있으나 임의후견개시의 효력으로 본인의 행위능력에 제한을 받는 것은 아니다. 이와 관련하여 임의후견계약의 내용으로 피후견인의 법률행위에 대한 동의권이나 취소권을 정할 수 있는가가 문제될 수 있으나, 임의후견계약이 성질상 당사자 사이의 계약에 지나지 않으므로 명문의 근거가 없는 이상 거래 상대방을 구속할 수는 없을 것이다.

2) 임의후견인의 신상결정권과 가정법원의 감독 여부

위임인인 본인은 후견계약에서 신상보호의 영역을 정하여 자신이 신상에 관하여 중요한 결정을 할 수 없을 때 임의후견인이 자신을 갈음하여 결정할 수 있다는 취지의 수권을 할 수 있다. 비록 그러한 결정은 일신전속적이라고 볼 여지가 크지만, 스스로 결정할 수 없는 상태에 처한 본인의 복리를 고려할 때, 그리고 성년후견이나 한정후견의 경우의 법상황과 비교할 때, 이를 부정할 이유는 없다는 것이다.

이러한 수권은 특히 의료행위와 관련하여 의미를 가질 것인데, 문제는 임의후견인에 의한 보충적 신상결정의 경우에도 가정법원의 감독을 정하는 개정안 제947조의2가 적용될 것인지 여부이다. 이에 대해서는 본인이 다른 제약을 가하지 않은 이상 본인의 의사를 존중하여 가정법원의 감독을 부정하는 견해와 이익상황이 동일하므로 제947조의2를 유추적용해야 한다는 견해(이러한 결과를 인정하는 입법례로 프랑스민법 제479조 제1항, 독일민법 제1904조 제2항 참조)가 모두 주장될 여지가 있고 개정안해설은 후자의 입장이 타당하다고 한다.[63]

생각건대, 법정후견에 있어서 법정후견인이 피후견인에 대한 치료목적의 격리수용이나 중대한 침습적 의료행위에 관한 결정권을 행사하는 경우 또는 피후견인이 거주하는 부동산의 처분행위 등에 관하여 가정법원의 승인을 얻도록 하는 것은 후견인이 피후견인의 신상에 관한 중대한 결정을 함에 있어서 그것이 본인의 추정적 의사에 부합하는지 그러한 추정적 의사가 확인되지 않는 경우에는 그것이 본인의 최선의 이익에 부합하는지를 객관적으로 검증하기 위한 조치로 생각된다.

그러한 관점에서 임의후견인이 후견계약상의 수권에 기하여 본인을 위하여 신상에 관한 중대한 결정을 하는 경우에도 본인의 추정적 의사에 부합하는지 나아가 보충적으로 본인의 최신의 이익에 부합하는지를 마찬가지로 고려할 수 있다. 다만, 법정후견의 경우에는 후견인의 신상결정권은 반드시 본인의 의사에 기초한 것이 아니라는 점에서 본인의 추정적 의사 나아가 최선의 이익에 부합하는지를 객관적으로 검증할 절차적 필요성이 크다고 할 수 있다. 반면에 후견계약상 임의후견인은 본인의 의사(수권)에 기하여 신상에 관한 결정 권한을 행사하는 것이고 어떤 경우에 그러한 권한을 행사할 수 있는지, 자기가 원하는 신상결정권 행사의 기준이나 방법 등을 후견계약에서 정해 둘 수 있다. 만약 본인이 후견계약에서 신상에 관한 결정 권한이 문제되는 상황에 대하여 상세한 결정 권한 행사의 기준

63) 김형석(주 6), 37면.

이나 방법을 정해 둔 경우(가령 후견계약의 공정증서에 사전의료지시에 준하는 사항의 기재가 있는 경우)에는 그에 따르는 것이 본인의 의사에 부합하는 것이므로 새삼스럽게 가정법원의 객관적 감독을 요청할 필요는 적다고도 볼 수 있다.[64)]

가령 일본에 있어서는 임의후견인에 의한 거주용부동산의 처분에 대해서는 법정후견과 같이 가정법원의 허가를 요건으로 하는 규정을 두지 않은 것은 본인이 임의후견계약에 의해 자신의 의사에 의해 임의후견인에게 대리권을 부여한 것에 대하여 가정법원이 그 대리권의 행사에 개입할 필요가 없다고 생각되기 때문이라고 한다. 그 대신 일본에 있어서도 본인의 판단능력 저하를 기화로 하여 중요한 재산의 처분에 관한 대리권을 수여받아 임의후견을 법정후견의 감독을 회피하는 수단으로 악용되는 문제에 대비하기 위하여 계약체결시에 거주용 부동산의 처분이나 부동산의 구입 등 중요한 법률행위에 대해서 임의후견감독인의 동의를 요하는 특약을 부여하는 것을 고려할 수 있다고 한다.

그러나 다른 한편으로 후견계약에서 매우 포괄적인 형태로 신상에 관한 결정권한을 부여하고 있는 경우에는 당해 구체적인 신상문제에 관하여 무엇이 본인의 추정적 의사 또는 최선의 이익이 되는가에 관한 판단을 임의후견인에게 맡겨 두는 것만으로 안심할 수 있을 지는 의문이 없지 않다. 신상결정에 관한 구체적인 기준이나 방법을 이미 본인이 정해 둔 경우에도 [물론 후견계약상의 본인 의사(사전의료지시)가 후견인의 의료행위에 대한 동의권 행사 과정에서 적절히 개시될 수 있는 절차가 보장된다면 이러한 경우에는 가정법원의 허가 등의 개입은 불필요할 것으로 생각된다.] 그것이 적정하게 행사되는지에 관하여는 어떤 형태로든 체크가 필요할 수 있기 때문이다.

이에 대해 신상에 관한 결정권 행사의 적절성을 확보하는 방법으로는 법정후견에 있어서와 같이 가정법원의 허가를 얻도록 하는 방법과 임의후견감독인의 동의를 얻도록 하는 방법이 고려될 수 있다.

가정법원이 개입하는 경우에는 사회적 신회가 높은 공적 기관으로서 임의후견인의 권한 행사에 대한 규제의 객관성과 사회적 신뢰도는 높아지지만 공적 절차에 따른 절차적 번잡과 비용 문제가 발생하게 된다. 이에 반하여 임의후견감독인의

---

64) 다만, 임의후견인의 권한 행사가 후견계약에서 정한 본인의 의사(사전의료지시)에 부합하는지를 의료기관이 확인할 수 있는 절차가 제도적으로 담보되고 있는지는 의문이 있다. 장차 사전의료지시의 입법 과제에서 함께 고려되어야 할 문제로 생각된다.

동의를 얻도록 하는 경우에는 절차상의 번잡이나 비용을 줄이면서도 임의후견인의 권한 행사의 적정성을 확보하는 데에 도움이 될 수 있을 것으로 본다. 한편, 가정법원의 허가를 구하는 방법은 명문의 근거규정이 없으므로 개정민법 제947조의2 및 관련 가사소송법의 규정을 유추적용 하는 해석론적 가능성이 있는 반면, 임의후견감독인의 동의를 얻도록 하는 것은 후견계약의 약정에 따라 임의후견감독인의 동의를 얻도록 하는 경우에는 결과적으로 후견계약에 의한 임의후견인의 대리권 또는 신상에 관한 권한의 제한이므로 법정양식에 의한 공정증서의 작성과 이를 후견등기에 공시하는 것이 필요하다.

3) 연명치료 중단 등에 관한 수권 여부

연명치료 중단에 관한 결정에 대한 권한을 임의후견인에게 부여하는 내용의 후견계약 체결이 가능한가?

현행법의 해석론으로는 후견계약을 통하여 임의후견인에게 연명치료 중단의 결정권이 부여되었다고 보기는 어려울 것이다. 개정민법의 입법과정에서도 이는 장래의 입법에 유보되어 있기 때문이다. 바람직하기는 개정민법의 새로운 성년후견제도와 조화될 수 있는 연명치료 중단 등을 포함하는 사전의료지시 형태의 입법적 조치가 마련되어 후견계약상 그것을 반영하는 형태가 바람직할 것으로 생각된다. 연명치료중단에 관한 사전의료지시는 본인의 어떤 의료적 상황에서 어떤 결정을 희망하는가를 매우 신중하고 명확하게 서면으로 작성해 두지 않으면 안 되는데, 이미 후견계약의 체결은 공정증서 방식에 의하여 작성되므로 연명치료를 포함하는 사전의료지시를 후견계약과 병행하여 또는 그 일부로 포함하기에 적합한 방식이라고 할 것이다.

하지만 그와 같은 입법조치를 둘러싸고 각 종교계, 의료계, 법조계에서 의견이 분분하여 좀처럼 사회적 컨센서스를 형성하지 못하고 있으므로 근래 이에 관한 입법이 추진되고 있으나 가까운 시일 내에 그와 같은 입법조치가 실현될 것으로 낙관하기 어려운 것이 현실이다. 그렇다면 그와 같은 입법조치 이전에라도 사전의료지시와 유사한 형태로 연명치료중단에 관한 본인의 의사를 후견계약의 일부 또는 그와 병행하여 작성해 두는 것은 가능할 것인가, 가능하다면 그것에 어떤 효력을 부여할 수 있는가 하는 것이 문제이다.

연명치료중단이 임의후견인에게 부여할 수 있는 수권의 범위를 넘는 것이지만 연명치료중단에 관한 입법조치가 마련되지 않은 상황에서 현실적으로 어떤 형태로든 생전 당사자가 연명치료중단에 관하여 표명한 의사 등은 연명치료중단 결정에 있어서 가장 중요한 판단자료가 된다. 따라서 후견계약에서 예정하고 있는 신상 결정의 범위를 넘어서는 연명치료중단 등에 관하여 임의후견인에게 그 결정권한을 부여하는 수권행위로서의 효력을 당장 인정할 수 없을 것이지만, 이를 통하여 연명치료중단에 관한 본인의 의사가 명확히 밝혀진 경우에는 연명치료중단 결정을 근거지우는 본인의 추정적 의사에 관한 가장 유력한 자료로 활용될 수 있을 것이다.[65] 이와 같은 문제를 포함하여 후견계약 체결 시에 후견사무의 지정이나 수권에 관한 내용뿐만 아니라 자신의 삶 내지 생활방식이나 희망을 담은 라이프플랜을 제시하는 방법으로 후견사무의 처리에 관하여 판단기준이나 방법을 제시하는 것이 바람직하다.[66]

4) 임의후견계약의 변경

임의후견계약이 체결된 후 임의후견계약을 변경(가령, 대리권의 변경 또는 보수액의 증감 등)할 수 있는지가 문제이다. 임의후견계약의 변경은 임의후견계약의 체결을 요식행위로 한 취지가 몰각되지 않도록 임의후견계약 체결에 준하여 판단할 필요가 있으므로 임의후견감독인의 선임 전에는 기존 후견계약의 종료 또는 유지 위에서 공정증서에 의한 새로운 후견계약의 체결방식으로 변경토록 하는 것이 타당하다.[67] 그러나 임의후견감독인이 선임된 후에 후견계약의 내용을 변경하는 경우에는 가정법원의 허가를 얻어 후견계약을 종료시키고 다시 공정증서를

65) 이른바 김할머니 사건에 관한 대법원 2009. 5. 21. 선고 2009다17417 전원합의체 판결(2009공상 849, 849) 참조.

66) 가령 일본에서는 임의후견계약 체결시 위임인은 가능한 한 자기가 희망하는 삶의 방식이나 생활방법(라이프플랜)을 임의후견계약의 공정증서 가운데 부기사항으로 기재하여 임의후견계약과 동시에 사서증서의 형식으로 공증인의 인증을 얻어 두는 형태로 작성하여 얻어 두는 것이 바람직하다고 하면서 그 예로서 후견사무의 처리에 있어서 자신이 희망하는 재산관리, 신상에 관한 사무처리의 방법과 기준을 상세히 제시할 것을 권장하고 있다.

67) 일본에서는 대리권의 변경은 임의후견감독인 선임의 전후를 불문하고 원칙적으로 허용되지 않으며, 대리권 감축의 경우에는 기존 후견계약을 종료시킨 후 공정증서 작성에 의하여 새로운 후견계약을 체결하고, 대리권 추가의 경우에는 기존 후견계약을 유지하면서 추가로 새로운 공정증서에 의한 후견계약을 체결할 수 있다고 한다. 그 밖에 보수액의 증감 등에 대해서는 변경의 공정증서 작성으로 변경이 가능하다고 해석한다.

작성한 후 가정법원에 임의후견감독인의 선임을 청구하는 것은 절차자적으로 번잡하므로 가정법원의 허가를 얻어 변경할 수 있다고 보아도 좋지 않을까 생각한다. 이와 같이 후견계약이 변경된 경우에도 변경 내용이 임의후견인의 권한의 범위나 행사방법에 관한 것이라면 개정안 제595조의19에 따라서 후견등기부에 등기하지 않으면 선의의 제3자에게 대항할 수 없다.

후견계약의 발효 후 계약변경과 관련하여 특히 문제되는 것은 임의후견인의 보수액의 변경 문제이다. 가령 일본에서는 임의후견계약이 체결된 후 사정변경에 따라 임의후견계약에서 정한 임의후견인의 보수가 그 직무 내용이나 본인의 재산 상태에 비추어 상당하지 않게 된 경우에는 임의후견감독인의 청구에 의하여 법원이 임의후견인의 보수를 변경할 수 있도록 하는 규정을 둘 필요가 있다고 한다. 후견계약의 내용으로 본인과 임의후견인, 임의후견인감독인이 협의하여 보수액을 조정할 수 있다는 취지의 약정을 후견계약에 포함할 수 있으나 본인이 의사능력을 상실한 경우에는 본인측에서 특히 보수의 감액에 관한 실질적 협의를 하기 어렵다는 것이 그 이유이다.

5. 심판절차

1) 진단결과 등의 청취

가정법원은 피임의후견인이 될 사람의 정신상태에 관하여 의사나 그 밖에 전문지식이 있는 사람의 의견을 들어야 한다. 이 경우 의견을 말로 진술하게 하거나, 진단서 또는 이에 준하는 서면으로 제출하게 할 수 있다(가사소송법 제45조의5).

2) 진술청취 및 심문

가정법원은 피임의후견인이 될 사람, 임의후견인이 될 사람 및 임의후견감독인이 될 사람의 진술을 들어야 한다. 다만 피임의후견인이 될 사람이 의식불명 그 밖의 사유로 그 의사를 표명할 수 없는 경우에는 그러하지 아니하다(가사소송법 제45조의6 제1항 제1호).

가정법원은 이 경우 피임의후견인이 될 사람을 심문하여야 한다. 다만, 그 사람이 자신의 의사를 밝힐 수 없거나 출석을 거부하는 등 심문할 수 없는 특별한 사정이 있는 때에는 그러하지 아니하다(가사소송법 제45조의6 제2항).

6. 심판의 효과

임의후견감독인이 선임되면 후견계약이 효력을 발생하여 임의후견이 개시된다. 임의후견수임인의 직무는 임의후견인으로 전환되며 후견계약에서 정한 권한과 의무에 따라 직무를 수행하게 된다. 후견계약의 효력 발생 시기는 '가정법원이 임의후견감독인을 선임한 때'이다(민법 제959조의14 제3항).

7. 즉시항고

임의후견감독인 선임심판에 대하여는 즉시항고를 할 수 없다. 임의후견감독인 선임에 의한 임의후견개시는 온전한 정신상태에 있었던 본인의 의사에 따르는 조치로서 즉시항고를 허용하는 것이 오히려 사건본인의 진정한 의사와 이익에 반하므로 즉시항고를 할 수 없도록 한 것이다. 청구를 기각한 심판에 대하여는 청구인이 즉시항고 할 수 있다(가사소송규칙 제27조).

[신청취지 기재례]

▶ 임의후견감독인의 변경

사건본인의 임의후견감독인 ○○○를 △△△(주민등록번호, 주소)로 변경한다.

▶ 임의후견감독인 사임에 대한 허가

1. 청구인이 사건본인의 임의후견감독인을 사임함을 허가한다.
2. 사건본인의 임의후견감독인으로 ○○○(주민등록번호, 주소)를 선임한다.

▶ 여러 명의 임의후견감독인의 권한행사에 관한 결정

사건본인의 임의후견감독인인 ○○○와 ◇◇◇가 행사하는 후견감독권한을 별지 기재와 같이 정한다.

▶ 여러 명의 임의후견감독인의 권한행사에 관한 변경

사건본인의 임의후견감독인인 ○○○와 ◇◇◇가 행사하는 후견권한을 별지 기재와 같이 변경한다.

▶ 여러 명의 임의후견감독인의 권한행사에 관한 취소사건

본인의 임의후견감독인인 ○○○와 ◇◇◇의 권한행사를 별지 기재와 같이 하도록 정한것을 취소한다.

▶ **임의후견감독인의 의사표시를 갈음하는 재판**

사건본인의 임의후견감독인 ○○○는 청구인이 별지 기재 행위를 하는 것에 동의하는 것으로 그 의사표시를 갈음한다.

▶ **임의후견감독인에 대한 보수의 수여**

청구인에게 사건본인의 임의후견감독사무에 대한 보수로 ○○○원을 수여한다.

[서식 41] 임의후견인 변경청구

임의후견감독인 변경청구

청 구 인　　○ ○ ○ (주민등록번호)
　　　　　　주소
　　　　　　사건본인과의 관계

사건본인　　○ ○ ○ (주민등록번호(외국인등록번호))
　　　　　　주소
　　　　　　등록기준지(국적)

청 구 취 지

사건본인의 임의후견감독인 ○○○를 ○○○(주민등록번호, 주소)로 변경한다.
라는 심판을 구합니다.

청 구 원 인

1. 사건본인은 20○○. ○. ○. 사건본인을 위임자, ○○○(주민등록번호, 주소)를 수임자로 하는 후견계약을 공정증서(법무법인 ○○작성, 20○○년 제○○

호)에 의하여 체결하고 20○○. ○. ○. 이를 등기하였습니다.

2. 그 후인 20○○. ○. ○. ○○법원 20○○느단○○○○호 임의후견감독인 선임심판에 의하여, 임의후견감독인으로 ○○○가 선임되었습니다.

3. 그러나 임의후견감독인은 .... 하였습니다.

4. 따라서 청구인은 임의후견감독인 변경 청구에 이르렀습니다.

5. 청구인은 새로운 임의후견감독인으로 다음과 같은 사람을 추천합니다.

임의후견 감독인 후보자	성명	
	주소	
	주민등록번호	
	직업	
	사건본인과의 관계	

첨 부 서 류

1. 가족관계증명서 및 기본증명서 각 1통
   (청구인, 사건본인, 후견감독인후보자)
2. 주민등록등본(사건본인) 1통
3. 사건본인의 후견등기사항증명서(말소 및 폐쇄사항 포함) 1통
4. 후견감독인후보자의 후견등기사항증명서(말소 및 폐쇄사항 포함), 후견등기사항부존재증명서(후견등기사항이 없는 경우) 각 1통
5. 청구인 및 후견감독인후보자와 사건본인과의 관계를 밝혀줄 제적등본, 가족관계증명서 등(제1항의 가족관계증명서만으로는 그 관계를 알 수 없는 경우) 각 1통
6. 기타(증거자료) ○통

20○○년 ○월 ○일

위 청구인 ○ ○ ○ (인)

○○가정법원 귀중

■ 참고사항

1. 관할법원 : 사건본인(피후견인이 될 사람)의 주소지의 가정법원(지방법원, 지원)
2. 제출부수 : 신청서 1부
3. ‣ 인 지 액 : 사건본인 수 × 5,000원
   ‣ 송 달 료 : 청구인 수 × 5,200원 × 10회분

[서식 42] 임의후견인의 의사표시를 갈음하는 재판청구

임의후견감독인의 의사표시를 갈음하는 재판 청구

청 구 인 ○ ○ ○
주민등록번호
주소 ○○시 ○○구 ○○길 ○○ (우편번호 ○○○○○)
전화 ○○○-○○○○
사건본인과의 관계

사건본인 △ △ △
주민등록번호(외국인등록번호)
주소 ○○시 ○○구 ○○길 ○○ (우편번호 ○○○○○)
전화 ○○○-○○○○
등록기준지(국적)

임의후견감독인의 의사표시를 갈음하는 재판 청구

청 구 취 지

사건본인의 임의후견감독인 ◇◇◇는 청구인이 별지 기재 행위를 하는 것에 동의하는 것으로 그 의사표시를 갈음한다.
라는 심판을 구합니다.

청 구 원 인

1. 사건본인은 20○○. ○. ○. 사건본인을 위임자, ○○○(주민등록번호, 주소)를 수임자로 하는 후견계약을 공정증서(법무법인 ○○작성, 20○○년 제○○호)에 의하여 체결하고 20○○. ○. ○. 이를 등기하였습니다.

2. 그 후인 20○○. ○. ○. ○○법원 20○○느단○○○○호 임의후견감독인 선임심판에 의하여, 임의후견감독인으로 청구인과 ◇◇◇(현재주소)가 선임되었습니다.

3. 가정법원은 위 심판 당시 사건본인의 ○○ 재산을 처분할 경우에는 청구인과 ○○○이 공동으로 동의권을 행사하도록 정하였습니다.

4. 그런데, 사건본인의 요양비 지급을 위하여 위 재산을 처분해야 할 필요성이 발생하였고, 임의후견인이 이와 같은 행위를 함에 청구인은 동의하였으나 ◇◇◇는 .... 이유로 이에 동의하지 않고 있습니다.

5. 따라서 청구인은 사건본인의 복리를 위하여 이 사건 청구에 이르렀습니다.

첨 부 서 류

1. 주민등록등본(사건본인)	1통
2. 사건본인의 후견등기사항증명서 (말소 및 폐쇄사항 포함)	각 1통
3. 기타(증거자료)	○통

20○○년 ○월 ○일

위 청구인 ○ ○ ○ (인)

○ ○ 가 정 법 원 귀중

■ 참고사항

1. 관할법원 : 사건본인(피후견인)의 주소지 가정법원(지방법원, 지원)
2. 제출부수 : 신청서 1부
3. ‣ 인지액 : 사건본인 수 × 5,000원
   ‣ 송달료 : 청구인 수 × 5,200원 × 10회분

8. 임의후견감독인

임의후견감독인은 임의후견을 감독하면서 그 사무에 관하여 가정법원에 정기적으로 보고하여야 하고(개정민법 제959조위16 제1항), 감독을 위하여 임의후견인에게 임무수행에 관한 보고와 재산목록을 제출할 것을 요구할 수 있으며 본인의 재산상황을 조사할 수 있다(개정민법 제959조의16 제3항, 제953조). 한편 가정법원은 임의후견감독인에게 감독사무의 보고를 요구하거나 임의후견인의 사무 또는 본인의 재산상황의 조사를 명하고 임의 후견감독인의 직무에 관하여 필요한 처분을 명할 수 있다(동조 제2항).

[서식 43] 임의후견감독인 사임에 대한 허가청구

임의후견감독인 사임에 대한 허가 청구

청 구 인 ○ ○ ○
주민등록번호 ○○○○○○-○○○○○○○
등록기준지 ○○시 ○○구 ○○길 ○○
주소 ○○시 ○○구 ○○길 ○○ (우편번호 ○○○○○)

전화 ○○○-○○○○
사건본인과의 관계

사건본인 △ △ △
주민등록번호 ○○○○○○-○○○○○○○
등록기준지 ○○시 ○○구 ○○길 ○○
주소 ○○시 ○○구 ○○길 ○○ (우편번호 ○○○○○)
전화 ○○○-○○○○

임의후견감독인 사임에 대한 허가 청구

청 구 취 지

1. 청구인이 사건본인의 임의후견감독인을 사임함을 허가한다.
2. 사건본인의 임의후견감독인으로 ○○○(주민등록번호 ○○○○○○-○○○○○○○, 주소 ○○시 ○○구 ○○길 ○○)를 선임한다.

라는 심판을 구합니다.

청 구 원 인

1. 사건본인은 20○○. ○. ○. 사건본인을 위임자, ○○○(주민등록번호, 주소)를 수임자로 하는 후견계약을 공정증서(법무법인 ○○작성, 20○○년 제○○ 의하여 체결하고 20○○. ○. ○. 이를 등기하였습니다.

2. 그 후인 20○○. ○. ○. ○○법원 20○○느단○○○○호 임의후견감독인 선임심판에 의하여, 임의후견감독인으로 청구인이 선임되었습니다.

3. 그런데, 이번에 청구인은 2년 동안 해외지사로 파견근무를 하게 되었습니다.

4. 따라서 청구인은 임의후견감독인의 직무 수행이 곤란하므로 그 직을 사임하고자 합니다.

5. 새로운 임의후견감독인으로는 ○○○를 추천합니다.

임의후견	성 명	

감 독 인 후 보 자	주 소	
	주 민 등 록 번 호	
	직 업	
	사건본인과의 관계	

첨 부 서 류

1. 가족관계증명서 및 기본증명서 각 1통
   (사건본인, 후견감독인후보자)
2. 주민등록등본(사건본인) 1통
3. 사건본인의 후견등기사항증명서 각 1통
   (말소 및 폐쇄사항 포함)
4. 후견감독인후보자의 후견등기사항증명서(말소 및 폐쇄사항 포함), 후견등기사항부존재증명서(후견등기사항이 없는 경우 후견등기사항부존재증명서만 제출) 각 1통
5. 후견감독인후보자와 사건본인과의 관계를 밝혀줄 제적등본, 가족관계증명서 등(제1항의 가족관계증명서만으로는 그 관계를 알 수 없는 경우) 각 1통

20○○년 ○월 ○일

위 청구인 ○ ○ ○ (인)

○ ○ 가 정 법 원 귀중

■ 참고사항

1. 관할법원 : 사건본인(피후견인)의 주소지 가정법원(지방법원, 지원)
2. 청구권자 : 임의후견감독인, 본인

3. 제출부수 : 신청서 1부
4. ‣ 인지액 : 사건본인 수 × 5,000원
‣ 송달료 : 청구인 수 × 5,200원 × 10회분

[서식 44] 임시후견인선임 사전처분

임시후견인 선임 사전처분

신 청 인　○ ○ ○
주민등록번호
주소
사건본인과의 관계

사건본인　○ ○ ○
주민등록번호(외국인등록번호)
주소
등록기준지(국적)

청 구 취 지

◎◎가정법원 20○○느단○○○○호 성년후견개시 사건의 심판이 확정될 때까지 사건본인의 임시후견인으로 ◉◉◉(주민등록번호 : ,
주소 :)을 선임한다.
라는 결정을 구합니다.

청 구 원 인

1. 신청인은 사건본인에 대하여 ○○○○. ○○. ○○. 귀 법원 20○○느단○○○○호로 성년후견개시 심판청구를 하였습니다.

2. 사건본인에게는 별지 목록 기재 재산이 있으나, ○○○질환으로 인하여 재산

관리를 전혀 할 수 없어 성년후견개시 신청에 대한 심판이 효력을 발생하기까지 임시로 후견인이 필요합니다.

3. 추가 내용 적시.

4. 이에 임시후견인의 선임을 구하는 사전처분을 신청하며, 임시후견인으로는 ○○○을 추천합니다.

임 시 후견인 후보자	성 명	
	주민등록번호	
	주 소	
	직 업	
	사건본인과의 관계	

첨 부 서 류

1. 기본증명서(신청인, 사건본인, 후견인후보자) 각 1통
2. 가족관계증명서(신청인, 사건본인, 후견인후보자) 각 1통
3. 주민등록등본(사건본인) 1통
4. 후견등기사항증명서 또는 후견등기사항 부존재증명서 1통
5. 기타 (소명자료) ○통

20○○년 ○월 ○일

위 청구인 ○ ○ ○ (인)

○○가정법원 귀중

9. 후견계약의 등기

후견계약은 후견등기부에 등기될 것이 예정되어 있다(개정민법 제959조의15 제1항). 후견등기를 임의후견감독인 선임의 요건으로 하는 이유는 가정법원은 임의후견감독인 선임에 앞서 후견계약의 체결 사실뿐 아니라 그 존속을 확인할 필요가 있다는 점, 법정후견개시심판에 있어서도 후견계약 우선의 원칙(개정민법 제959조의20)에 따라 후견계약의 체결 및 임의후견감독인 선임 여부를 확인할 필요가 있다는 점 등에서 임의후견감독인 선임 전이라도 후견계약 체결 사실을 후견등기부에 기록하여 둘 필요가 있기 때문이라고 한다. 요컨대 임의후견계약의 등기는 임의후견계약 체결 사실과 그 당사자를 분명히 하고(공시) 임의후견계약의 존속, 효력발생(임의후견감독인의 선임)의 유무 및 소멸, 임의후견인의 대리권의 범위를 공시하는 기능을 갖는다.

그렇다면 후견계약 체결 시 후견계약의 등기는 누가 하게 되는가? 이에 대하여 성년후견관계 법령정비위원회에서는 공증인법에 다음의 규정을 신설하여 후견계약에 관한 공정증서를 작성한 공증인에게 후견등기의 촉탁의무를 부과할 것이 제안되었다.

그 밖에 후견계약의 등기사항에 관하여 후견등기에 관한 법률안에 따르면, 후견계약체결의 공정증서에 있어서 공증인에 관한 사항, 후견계약의 본인에 관한 사항, 임의후견인에 관한 사항 외에, 후견계약의 본인의 재산관리 및 신상보호에 관하여 임의후견인의 권한의 범위를 정한 경우에는 그 범위, 임의후견감독인이 선임된 경우에는 그 성명, 주민등록번호 및 주소 또는 사무소 및 심판을 한 가정법원, 사건의 표시, 재판 확정일, 수인의 임의후견인 또는 임의후견감독인이 공동으로 또는 사무를 분장하여 권한을 행사하도록 정한 경우에는 그 취지 등을 기록하여야 한다(안 제26조).

【판시사항】

민법 제959조의20 제1항이 본인에 대해 법정후견 개시심판 청구가 제기된 후 심판이 확정되기 전에 후견계약이 등기된 경우에도 적용되는지 여부 및 이때 가정법원은 본인의 이익을 위하여 특별히 필요하다고 인정할 때에만 법정후견 개시심판을 할 수 있는지 여부 및 후견계약이 등기된 상태에서 본인의 이익을 위한 특별한 필요성이 인정되어 법정후견 심판을 한 경우, 후견계약이 임의후견감독인의 선임과 관계없이 본인이 성년후견 또는 한정후견 개시의 심판을 받은 때 종료하는지 여부(대법원 2021. 7. 17. 선고 2020으547 결정)

【결정요지】

민법 제959조의20 제1항은 "후견계약이 등기되어 있는 경우에는 가정법원은 본인의 이익을 위하여 특별히 필요할 때에만 임의후견인 또는 임의후견감독인의 청구에 의하여 성년후견, 한정후견 또는 특정후견의 심판을 할 수 있다. 이 경우 후견계약은 본인이 성년후견 또는 한정후견 개시의 심판을 받은 때 종료된다."라고 정하고, 제2항은 "본인이 피성년후견인, 피한정후견인 또는 피특정후견인인 경우에 가정법원은 임의후견감독인을 선임함에 있어서 종전의 성년후견, 한정후견 또는 특정후견의 종료 심판을 하여야 한다. 다만 성년후견 또는 한정후견 조치의 계속이 본인의 이익을 위하여 특별히 필요하다고 인정하면 가정법원은 임의후견감독인을 선임하지 아니한다."라고 정하고 있다. 이와 같은 민법 규정은 후견계약이 등기된 경우에는 사적 자치의 원칙에 따라 본인의 의사를 존중하여 후견계약을 우선하도록 하고, 예외적으로 본인의 이익을 위하여 특별히 필요할 때에 한하여 법정후견(성년후견, 한정후견 또는 특정후견을 가리킨다)을 개시할 수 있도록 하고 있다. 민법 제959조의20 제1항에서 후견계약의 등기 시점을 특별히 제한하지 않고 제2항 본문에서 본인에 대해 이미 법정후견이 개시된 경우에는 임의후견감독인을 선임하면서 종전 법정후견의 종료 심판을 하도록 한 점 등에 비추어 보면, 위 제1항은 본인에 대해 법정후견 개시심판 청구가 제기된 후 심판이 확정되기 전에 후견계약이 등기된 경우에도 적용된다고 보아야 하고, 그 경우 가정법원은 본인의 이익을 위하여 특별히 필요하다고 인정할 때에만 법정후견 개시심판을 할 수 있다.
또한 민법 제959조의20 제1항 전문은 후견계약이 등기된 경우에는 본인의 이익을 위하여 특별히 필요한 때에만 법정후견 심판을 할 수 있다고 정하고 있을 뿐이고 임의후견감독인이 선임되어 있을 것을 요구하고 있지 않다. 또한 법정후견 청구권자로 '임의후견인 또는 임의후견감독인'을 정한 것은 임의후견에서 법정후견으로 원활하게 이행할 수 있도록 민법 제9조 제1항, 제12조 제1항, 제14조의2 제1항에서 정한 법정후견 청구권자 외에 임의후견인 또는 임의후견감독인을 추가한 것이다. 민법 제959조의20 제1항 후문은 "이 경우 후견계약은 성년후견 또는 한정후견 개시의 심판을 받은 때 종료된다."고 정하고 있고, '이 경우'는 같은 항 전문에 따라 법정후견 심판을 한 경우를 가리킨다. 이러한 규정의 문언, 체제와 목적 등에 비추어 보면, 후견계약이 등기된 경우 본인의 이익을 위한 특별한 필요성이 인정되어 민법 제9조 제1항 등에서 정한 법정후견청구권자, 임의후견인이나 임의후견감독인의 청구에 따라 법정후견 심판을 한 경우 후견계약은 임의후견감독인의 선임과 관계없이 본인이 성년후견 또는 한정후견 개시의 심판을 받은 때 종료한다고 보아야 한다.
그리고 민법 제959조의20 제1항에서 후견계약의 등기에 불구하고 법정후견 심판을 할 수 있는 요건으로 정한 '본인의 이익을 위하여 특별히 필요할 때'란 후견계약의 내용, 후견계약에서 정한 임의후견인이 임무에 적합하지 않은 사유가 있는지, 본인의 정신적 제약 정도, 그 밖에 후견계약과 본인을 둘러싼 여러 사정을 종합하여, 후견계약에 따른 후견이 본인의 보호에 충분하지 않아 법정후견에 의한 보호가 필요하다고 인정되는 경우를 말한다.

10. 임의후견계약의 종료

본인 또는 임의후견인은 임의후견감독인의 선임 전에는 공증인의 인증을 받은 서면에 의하여 언제든지 후견계약을 종료할 수 있다(개정민법 제959조의18 제1항). 그러나 임의후견감독인이 선임되어 이미 임의후견이 개시된 경우라면 본인 또는 임의후견인은 정당한 사유가 있는 때에 한하여 가정법원의 허가를 얻어 후견계약을 종료할 수 있다(개정민법 제959조의18 제2항). 본인의 재산관리 및 신상보호를 목적으로 하는 후견계약의 성질상 임의해지는 본인의 복리에 반할 우려가 있기 때문에 해지사유로서 중대한 사정변경에 해당하는 정당한 사유를 요구하면서 법적 안정상을 위하여 가정법원의 허가를 받도록 한 것이다.[68] 그 밖에 임의후견인이 현저한 비행을 저지르거나 그 밖에 임무에 적합하지 아니한 사유가 있는 때에는 가정법원은 임의후견감독인, 본인, 친족 또는 검사의 청구에 의하여 임의후견인을 해임할 수 있다(개정민법 제959조의17 제2항). 후견계약이 해지되면 임의후견인의 권리와 의무는 장래를 향하여 소멸한다. 다만, 임의후견인의 대리권 소멸은 가족관계등록부에 등록하지 않으면 선의의 제3자에게 대항할 수 없다(개정민법 제959조의19). 임의후견계약이 종료된 후에는 본인이 의사능력이 있는 한 또 다른 임의후견계약을 체결할 수 있고, 그렇지 않은 경우라면 법정후견이 청구될 수 있다.

【판시사항】

후견인 해임 심판 고지의 효력 및 후견인으로부터 해임된 자가 구하는 후견인지위 확인청구를 기각하지 않고 각하한 경우와 파기사유 여부(대법원 1982. 1. 26. 선고 81므45 판결)

【판결요지】

후견인 해임의 심판은 그 고지로써 효력이 생기는 것이므로 그뒤 위 해임 심판이 적법

68) 김형석(주 6), 158면 이하.

하게 취소되어 실효되지 않는 이상(위 해임심판에 대하여 항고심에서 취소의 결정이 있었다고 해도 재항고되어 계속 중이라면 위 해임심판의 효력은 아직 상실된 것이 아니다). 위 해임심판의 고지에 의하여 청구인은 일단 후견인의 지위를 상실한 것이다.
또한, 후견인의 지위확인을 구하는 청구인이 후견인으로부터 해임된 경우에는 확인을 구하는 법률관계, 즉 후견인의 지위가 인정되지 않음을 이유로 동 확인청구를 기각하여야 하고, 확인의 이익이 없다 하여 각하한 것은 잘못이나, 이점은 청구인을 위한 파기사유가 될 수 없다.

[서식 45] 임의후견인 해임청구

임의후견인 해임 청구

청 구 인　　○ ○ ○ (전화　　　　　)
주민등록번호
주소
사건본인과의 관계

사건본인　　○ ○ ○
주민등록번호(외국인등록번호)
주소
등록기준지(국적)

임의후견인　　○ ○ ○ (전화　　　　　)
주민등록번호
주소

청 구 취 지

사건본인의 임의후견인 ○○○를 해임한다.
라는 심판을 구합니다.

청 구 원 인

1. 청구인은 사건본인의 아들입니다.

2. 사건본인은 20○○. ○. ○. 사건본인을 위임자, ○○○(주민등록번호, 주소)를 수임자로 하는 후견계약을 공정증서(법무법인 ○○작성, 20○○년 제○○호)에 의하여 체결하고 20○○. ○. ○. 이를 등기하였습니다.

3. 그 후인 20○○. ○. ○. ○○법원 20○○느단○○○○호 임의후견감독인 선임심판에 의하여, 임의후견감독인으로 ◇◇◇이 선임되어 임의후견이 개시되었습니다.

4. 그런데 임의후견인은 후견인으로 활동하면서 수시로 사건본인의 통장에서 돈을 인출하여 소비하는 등 사건본인의 재산을 횡령하고 있습니다. 청구인은 현재 임의후견인을 고소하여 수사 계속 중입니다.

5. 이러한 임의후견인에게 사건본인의 후견을 맡기는 것은 심히 부당합니다. 이에 청구인은 임의후견인의 해임을 청구합니다.

첨 부 서 류

1. 가족관계증명서 및 기본증명서(청구인, 사건본인)	각 1통
2. 주민등록등본(사건본인)	각 1통
3. 사건본인의 후견등기사항증명서 (말소 및 폐쇄사항 포함)	각 1통
4. 청구인과 사건본인과의 관계를 밝혀줄 제적등본, 가족관계증명서 등(제1항의 가족관계증명서만으로는 그 관계를 알 수 없는 경우)	각 1통
5. 기타(증거자료)	○통

20○○년 ○월 ○일

위 청구인 ○ ○ ○ (인)

ㅇ ㅇ 가 정 법 원　귀중

■ 참고사항

1. 관할법원 : 사건본인(피후견인)의 주소지 가정법원(지방법원, 지원)
2. 제출부수 : 청구서 1부 및 부본 1부
3. ‣ 인지대 : 사건본인 수 × 5,000원
   ‣ 송달료 : 청구인 수 × 5,200원 × 10회분

11. 임의후견과 법정후견의 관계

개정민법에 따르면, 본인의 의사에 기초한 임의후견에 대하여 법정후견은 보충적이고 양자의 병존은 인정되지 않는다. 즉, 임의후견계약이 체결되어 가족관계등록부에 등록되어 있는 경우에는 가정법원은 원칙적으로 법정후견을 개시하지 않는다(개정민법 제959조의20 제1항 참조). 사적 자치, 특히 본인 의사의 존중이라는 점에서 법정후견에 대하여 임의후견이 우선하는 것은 당연하다. 그러나 임의후견에도 불구하고 법정후견에 의한 보호가 필요한 경우가 있다. 그러한 경우에 대비하여 개정민법 제959조의20 제1항은 "… 가정법원은 본인의 이익을 위하여 특별히 필요할 때에만 임의후견인 또는 임의후견감독인의 청구에 의하여 성년후견, 한정후견 또는 특정후견의 심판을 할 수 있다. 이 경우 후견계약은 본인이 성년후견 또는 한정후견 개시의 심판을 받은 때 종료한다"고 규정하였다.

제 4 절　특정후견

1. 서　설

1) 의　의

가정법원은 질병, 장애, 노령, 그 밖의 사유로 인한 정신적 제약으로 일시적 후원 또는 특정한 사무에 관한 후원이 필요한 사람에 대하여 본인, 배우자, 4촌 이내의 친족, 미성년후견인, 미성년후견감독인, 감사 또는 기장자치단체의 장의 청구에 의하여 특정후견의 심판을 한다. 특정후견은 성년, 한정후견과 달리 정신적 제약으로 인하여 사무를 처리할 능력이 결여되어 있거나 부족한 사암이 일시적 노무 또는 특정한 사무에 대하여 가정법원에 의한 후원을 받는 보호제도이다.

2) 특정후견의 심판절차

특정후견은 본인의 의사를 존중하여 행해지는 특정적 보호제도이므로, 본인의 의사에 반하여 할 수 없다. 특정후견도 정신적 제약으로 인하여 사무처리 능력이 부족한 사람을 위해 인정되는 제도이므로, 그 심에 있어 본인의 심신상태에 대한 감정 등을 기초로 판단되어야 할 것이다. 따라서 가정법원은 특정후견의 심판을 하는 경우에는 특정후견의 기간 또는 사무의 범위를 정하여야 한다(가사소송규칙 제14조의2 제3항). 이와 같이 기간의 도과 또는 사무처리의 종결로 특정후견은 종료되며, 후견의 종료와 관련된 민법의 규정은 그대로 특정후견에 준용된다(민법 제959조의13).

가. 청구권자

본인, 배우자, 4촌 이내의 친족, 미성년후견인, 미성년후견감독인, 검사 또는 지방자치단체의장은 가정법원에 특정후견심판을 청구할 수 있다(민법 제14조의 2).후견계약이 등기되어 있는 경우에는 위 청구권자들 이외에 임의후견인과 임의후견감독인이 청구할 수 있으며 이 경우 본인의 이익을 위하여 특별히 필요한 경우에만 특정후견의 심판을 할 수 있다(민법 제959조의20 제1항 전문). 다만, 성년후견, 한정후견의 경우와는 달리 특정후견이 개시되어도 후견계약이 종료되지 않는다(같은 항 후문).

나. 성년후견(감독)인, 한정후견(감독)인의 배제

특정후견의 경우에는 성년후견, 한정후견의 경우와 달리 청구권자에서 성년후견(감독)인과한정후견(감독)인을 배제하였다. 이는 포괄적인 후견인 성년후견, 한정후견이 개시되어 있는경우 특별히 특정후견을 할 필요성이 없다는 전제에서 규정된 것으로 보인다.

다. 관 할

성년후견, 한정후견과 마찬가지로, 특정후견에 관한 사건은 피특정후견인(피특정후견인이될 사람을 포함한다)의 주소지 가정법원이 관할한다(가사소송법 제44조 제1호의2). 따라서 특정후견 심판 사건은 피특정후견인이 될 사람의 주소지 가정법원이 관할하고, 가사비송사건 중라류(類) 사건으로서 가정법원의 전속관할이다(가사소송법 제2조 제1항 제2호 가목 1)의5).

라. 본인의 의사확인

특정후견은 본인의 의사에 반하여 할 수 없다(민법 제14조의2 제2항). 특정후견은 경미한정신적 제약을 가진 자를 대상으로 그 의사를 존중하여 행해지는 특정적 보호제도이므로 본인의 의사에 반해서 할 수 없도록 규정한 것이다. 다만, 본인이 적극적으로 그에 동의할 것까지는 요구되지 않는다고 해석된다.

특정후견의 심판을 하는 경우 피특정후견인이 될 사람의 진술을 심문을 통하여 들어야 하고, 특정후견인 선임 심판을 하는 경우에는 특정후견인이 될 사람의 진술도 들어야 한다. 후견계약이 등기되어 있다면 임의후견인의 진술도 들어야 한다(가사소송법 제45조의3 제1항).

마. 의사 등의 의견청취

특정후견의 심판을 할 경우에는 의사나 그 밖에 전문지식이 있는 사람의 의견을 들어야 한다. 이 경우 의견을 말로 진술하게 하거나 진단서 또는 이에 준하는 서면으로 제출하게 할 수 있다(가사소송법 제45조의2 제2항). 성년후견이나 한정후견에 비하여 특정적이고 임시적 조치에 불과한 특정후견에는 정신상태의 감정을 필수절차로 채택하지 않았다.

자. 심판의 고지와 즉시항고

특정후견의 심판은 당사자와 절차에 참가한 자 이외에 특정후견인으로 선임된 자에게도 고지하여야 하고(가사소송규칙 제35조), 특정후견의 심판에 대하여는 민법 제14조의2 제1항에 규정된 청구권자와 민법 제959조의20 제1항에 의한 임의후견인과 임의후견감독인이 즉시항고할 수 있다(가사소송규칙 제36조 제1항 제3호 가목). 특정후견 심판청구의 기각 심판에 대하여는 청구인이 즉시항고할 수 있다(가사소송규칙 제27조).

2. 특별후견에 따른 보호조치

1) 가정법원의 처분

가정법원은 피특정후견인의 후견을 위하여 필요한 처분을 명할 수 있다(민법 제959조의8). 가정법원은 피특정후견인의 사무를 처리하기 위하여 관계인에게 특정행위를 명하거나 부작위를 명하는 등의 방법으로 사무처리에 필요한 처분을 할 수 있다.

2) 특정후견인, 특정후견감독인의 선임

가. 특정후견인의 선임과 임무

가정법원은 특정후견인에 의한 처분으로 피특정후견인을 후원하거나 대리하기 위한 특정후견인을 선임할 수 있다(민법 제959조의9 제1항). 성견후견인의 경우와 마찬가지로 가정법원은 특정후견인의 사망, 결격, 그 밖의 사유로 없게 된 경우 직원으로 또는 청구권자의 청구에 의하여 특정후견인을 선임할 수 있다(민법 제959조의9). 그밖에 특정후견인의 수와 자격, 결적, 사임과 변경에 관하여는 성년후견인의 그것과 동일하다(민법 제959조의9 제2항, 제930조 제2항, 제3항, 제937조, 제940조). 만일 특정후견인이 여러 명을 선임한 경우, 가정법원은 공동으로 또는 사무를 분장하여 그 권한을 행사하도록 정할 수 있으며, 이를 변경하거나 취소할 수 있다(민법 제959조의12, 제949조의2). 이때 특정후견인은 선량한 관리자의 주의로써 후견사무를 처리하여야 하며(민법 제959조의12, 제681조), 피특정후견인의 행위를 목적으로 하는 채무를 부담하는 법률행위를 대리하는 때에는 본인의 동의를 받아야 한다(민법 제959조의12, 제920조 단서). 또한 특정후견인은 피특정후견인을 보좌하고 후원하는 임무를 수행하며, 그의 복리를 배려하고 의사를 존중할 의무가 있다(민법 제959조의12, 제947조).

나. 특정후견 종료사유와 종료 후 특정후견인의 임무

특정후견 종료사유와 종료 후 특정후견인의 임무는 미성년후견의 경우와 동일하다(민법 제959조의13, 제691조, 제692조, 제957조, 제958조).

다. 특정후견인의 선임과 임무

가정법원은 필요하다고 인정하면 직권으로 또는 피특정후견인, 친족, 특정후견인, 검사, 지방자치단체의 장의 청구에 의하여 특정후견감독인을 선임할 수 있다(민법 제959조의10 제1항). 특정후견감독인의 선임, 결격, 임무, 보수, 후견감독의 종료 등은 성년후견감독의 경우와 같다(민법 제959조의10 제2항).

후견인은 어떠한 역할을 하는가?

후견인은 가정법원이 권한을 부여하는 범위(법정후견) 또는 후견계약에 따라(임의후견) 재산관리나 신상관련 사항을 지원하게 된다. 즉 본인을 위한 의사결정의 대행, 본인이 의사결정을 할 수 잇도록 지원, 사무의 후원 등이 있다.

구체적으로 통장의 관리, 각종 계약의 체결, 공공서비스 이용신청, 의료행위 동의, 우편물의 관리 등이 있다.

그러나 후견서비스를 이용하는 개개인의 사정이 다르고 개정민법은 의사결정능력이 부족한 사람의 자기결정능력이나 자기결정권을 최대한 존중한다는 취지이기 때문에 후견업무의 범위는 피후견인 개개인의 의사소통능력, 생활능력에 따라 매우 다양하게 결정된다.

3. 후견등기부기록의 촉탁

특정후견 심판이 확정된 경우 가정법원은 후견등기 사무를 처리하는 사람에게 이를 등기할 것을 촉탁하여야 한다(가사소송법 제9조, 가사소송규칙 제5조의2 제1항 제3호 가목). 그밖에 특정후견에 관한 심판 중 후견등기부기록을 촉탁하여야 할 심판 등에 관하여는 가사소송규칙 제5조의2에 규정되어 있다.

4. 특정후견 심판의 효과

성년·한정후견의 경우와 달리 특정후견의 심판을 하는 경우에는 반드시 특정후견인을 두어야하는 것은 아니다. 가정법원은 특정후견에 따른 보호조치로 피특정후견인을 후원하거나 대리하기 위하여 특정후견인을 선임할 수 있다(민법 제959조의9 제1항). 특정후견인의 선임에 관하여는 성년후견인에 관한 규정이 준용된다(민법 제959조의9제2항).

한편, 가정법원은 특정후견인을 통하지 않더라도 직접 피특정후견인의 후원을 위하여 필요한 처분을 명할 수 있다(민법 제959조의8). 일회적 후원이나 급박한 조치가 필요한 경우 가정법원이 직접 즉각적인 조치를 취함으로써 요보호자를 원조하기 위한 것이다.[69)]

[서식 46] 특정후견감독인 선임청구

특정후견감독인 선임 청구

청 구 인　　○ ○ ○ (전화　　　　　　)
주민등록번호
주소
사건본인과의 관계

사건본인　　○ ○ ○
주민등록번호(외국인등록번호)
주소
등록기준지(국적)

청 구 취 지

사건본인의 특정후견감독인으로 ○○○(주민등록번호　　　　　　,
주소　　　　　　　　　　)를 선임한다.
라는 심판을 구합니다.

청 구 원 인

1. 사건본인에 대하여 20○○. ○. ○. ○○법원 20○○느단○○○○호로 특정후견 심판이 선고되어, 특정후견인으로 ○○○가 선임되었습니다.
2. 그런데 .... 등에 비추어 특정후견감독인을 선임하여 특정후견인을 감독할 필요성이 있습니다.
3. 따라서 청구인은 위와 같은 이유로 이건 청구에 이르렀습니다.

---

69) 처분의 예로는 '○○○이 사건본인을 대리하여 사건본인 소유의 별지 목록 기재 부동산을 매각, 처분하는 행위를 허가한다.', '○○○이 사건본인을 대리하여 사건본인 소유의 별지 목록기재 부동산을 별지 계약서 초안과 같은 내용으로 매각, 처분하는 행위를 허가한다.' 등이 있을 수 있다.

4. 청구인은 특정후견감독인으로 아래와 같은 사람을 추천합니다.

특정후견 감독인 후보자	성 명	
	주 소	
	주민등록번호	
	직 업	
	사건본인과의 관계	

첨 부 서 류

1. 가족관계증명서 및 기본증명서(청구인, 사건본인, 후견감독인 후보자) 각 1통
2. 주민등록등본(사건본인) 1통
3. 사건본인의 후견등기사항증명서(말소 및 폐쇄사항 포함) 1통
4. 후견감독인후보자의 후견등기사항증명서(말소 및 폐쇄사항 포함), 후견등기사항 부존재증명서(후견등기사항이 없는 경우에는 후견등기사항부존재증명서만 제출하면 됩니다) 각 1통
5. 청구인 및 후견감독인 후보자와 사건본인과의 관계를 밝혀줄 제적등본, 가족관계증명서 등(제1항의 가족관계증명서만으로는 그 관계를 알 수 없는 경우) 각 1통
6. 기타(증거자료) ○통

20○○년 ○월 ○일

위 청구인 ○ ○ ○ (인)

○ ○ 가 정 법 원 귀중

■ 참고사항

1. 관할법원 : 사건본인(피후견인)의 주소지 가정법원
2. 청구권자 : 법원직권 또는 피특정후견인, 친족, 특정후견인, 검사, 지방자치단체의 장(민법 제959조의10)
3. 제출부수 : 신청서 1부 및 부본 1부
4. ‣ 인지대 : 사건본인 수 × 5,000원
   ‣ 송달료 : 청구인 수 × 5,200원 × 10회분

[서식 47] 특정후견인의 임무수행에 관하여 필요한 처분명령청구

특정후견인의 임무수행에 관하여 필요한 처분명령 청구

청 구 인 ○ ○ ○ (전화)
주민등록번호
주소
사건본인과의 관계

사건본인 ○ ○ ○
주민등록번호(외국인등록번호)
주소
등록기준지(국적)

청 구 취 지

청구인이 사건본인을 대리하여 별지 기재 부동산을 ○○○에게 매각함을 허가한다.
라는 심판을 구합니다.

청 구 원 인

1. 사건본인에 대하여 20○○. ○. ○. ○○법원 20○○느단○○○○호로 특정후견개시 심판이 있었고, 특정후견인으로 청구인이 선임되었습니다.

2. 위 심판에 의하면, 특정후견인이 사건본인 ○○ 부동산을 매각함에 가정법원의 허가를 받도록 정해져 있습니다.

3. 그런데 마침 ○○○로부터 위 부동산을 ○○○원에 매수하겠다는 제의가 들어온 상태입니다.

4. 따라서 청구인이 위 부동산을 매도하는 행위에 대한 허가를 구합니다.

첨 부 서 류

1. 가족관계증명서 및 기본증명서(청구인, 사건본인)	각 1통
2. 주민등록등본(사건본인)	1통
3. 사건본인의 후견등기사항전부증명서 (말소 및 폐쇄사항 포함)	1통
4. 기타(소명자료)	○통

20○○년 ○월 ○일

위 청구인 ○ ○ ○ (인)

○ ○ 가 정 법 원 귀중

■ 참고사항

1. 관할법원 : 사건본인(피후견인이 될 사람)의 주소지의 가정법원(지방법원, 지원)
2. 청구권자 : 피후견인, 후견감독인, 민법 제777조의 친족, 그 밖의 이해관계인, 검사, 지방자치단체의 장(민법 제959조의12, 제954조)

3. 제출부수 : 신청서 1부
4. ‣인지대 : 사건본인 수 × 5,000원
‣송달료 : 청구인 수 × 5,200원 × 10회분

[서식 48] 특정후견종료시 관리계산기간 연장허가 청구

특정후견 종료시 관리계산기간 연장 허가 청구

청 구 인　　○ ○ ○ (전화　　　　　　)
주민등록번호
주소
후견인과의 관계

사건본인　　○ ○ ○
주민등록번호(외국인등록번호)
주소
등록기준지(국적)

청 구 취 지

청구인이 사건본인의 재산관리계산을 하는 기간을 20○○. ○. ○.까지 연장함을 허가한다.
라는 심판을 구합니다.

청 구 원 인

1. 사건본인에 대하여 20○○. ○. ○. ○○법원 20○○느단○○○○호로 특정후견 심판이 있었고, 특정후견인으로 청구인이 선임되었습니다.

2. 청구인은 20○○. ○. ○. 특정후견 사무를 완료하였습니다.

3. 청구인은 20○○. ○. ○.까지 사건본인의 재산관리계산을 해야 하지만 사무

의 처리 내역이 복잡하여 법정기간 내에 이를 작성하는 것이 어려운 상황입니다.

4. 따라서 청구인은 이 사건 청구에 이르렀습니다.

첨 부 서 류

1. 가족관계증명서 및 기본증명서(사건본인)	각 1통
2. 주민등록등본(사건본인)	1통
3. 사건본인의 후견등기사항전부증명서 (말소 및 폐쇄사항 포함)	1통
4. 기타(소명자료)	○통

20○○년 ○월 ○일

위 청구인 ○ ○ ○ (인)

○ ○ 가 정 법 원 귀중

■ 참고사항

1. 관할법원 : 사건본인(피후견인이 될 사람)의 주소지 가정법원(지방법원, 지원)
2. ‣ 인지대 : 사건본인 수 × 5,000원
   ‣ 송달료 : 청구인 수 × 5,200원 × 10회분

[서식 49] 특정후견인사임에 관한 허가청구

특정후견인 사임에 대한 허가 청구

청 구 인　　○ ○ ○ (전화　　　　　　)
주민등록번호
주소
사건본인과의 관계

사건본인　　○ ○ ○
주민등록번호(외국인등록번호)
주소
등록기준지(국적)

청 구 취 지

1. 청구인이 사건본인의 특정후견인을 사임함을 허가한다.
2. 사건본인의 특정후견인으로 ○○○(주민등록번호　　　　　　　　　,
   주소　　　　　　　　　　　　　)를 선임한다.

라는 심판을 구합니다.

청 구 원 인

1. 사건본인에 대하여 20○○. ○. ○. ○○법원 20○○느단○○○○호로 특정후견 심판이 있었고, 특정후견인으로 청구인이 선임되었습니다.

2. 그런데, 외국에 거주하고 있는 청구인의 모친이 중병으로 투병 중이어서 병구완을 하기 위해 장기간 외국에 체류하게 되었습니다.

3. 따라서 청구인은 특정후견인의 직무 수행이 곤란하므로 그 직을 사임하고자 합니다.

4. 새로운 특정후견인으로는 ○○○를 추천합니다.

특 정 후 견 인 후 보 자	성 명	
	주 소	
	주 민 등 록 번 호	
	직 업	
	사건본인과의 관계	

첨 부 서 류

1. 가족관계증명서 및 기본증명서 (사건본인, 후견인후보자) 각 1통
2. 주민등록등본(사건본인) 1통
3. 사건본인의 후견등기사항증명서 (말소 및 폐쇄사항 포함) 각 1통
4. 후견인후보자의 후견등기사항증명서(말소 및 폐쇄사항 포함), 후견등기사항부존재증명서 (후견등기사항이 없는 경우) 1통
5. 후견인후보자와 사건본인과의 관계를 밝혀줄 제적등본, 가족관계증명서 등(제1항의 가족관계증명서만으로는 그 관계를 알 수 없는 경우) 각 1통
6. 기타(증거자료) ○통

20○○년 ○월 ○일

위 청구인 ○ ○ ○ (인)

○ ○ 가 정 법 원 귀중

■ 참고사항

1. 관할법원 : 피후견인(사건본인) 주소지 가정법원(지방법원, 지원)
2. 제출부수 : 청구서 1부
3. ▸인지대 사건본인 수 × 5,000원
   ▸송달료 : 청구인 수 × 5,200원 × 10회분

[서식 50] 특정후견인사임에 관한 허가청구

특정후견감독인 사임에 대한 허가 청구

청 구 인 ◇ ◇ ◇ (주민등록번호)
○○시 ○○구 ○○길 ○○ (우편번호 ○○○○○)
사건본인과의 관계
전화·휴대폰번호 :
팩스번호, 전자우편(e-mail)주소 :

사건본인 ○ ○ ○ (주민등록번호)
○○시 ○○구 ○○길 ○○ (우편번호 ○○○○○)
등록기준지(국적)

청 구 취 지

1. 청구인이 사건본인의 특정후견감독인을 사임함을 허가한다.
2. 사건본인의 특정후견감독인으로 ○○○(주민등록번호 ,
   주소)를 선임한다.

라는 심판을 구합니다.

청 구 원 인

1. 사건본인에 대하여 20○○. ○. ○. ○○법원 20○○느단○○○○호로 특정

후견 심판이 있었고, 특정후견인으로 ○○○가, 특정후견감독인으로 청구인이 선임되었습니다.

2. 그런데, 이번에 청구인은 그 직무를 적절히 수행하기 어려운 사정이 있습니다.

3. 따라서 청구인은 특정후견감독인의 직무 수행이 곤란하므로 그 직을 사임하고자 합니다.

4. 새로운 특정후견감독인으로는 ○○○를 추천합니다.

특정후견 감독인 후보자	성 명	○○○
	주 소	○○시 ○○구 ○○길 ○○
	주민등록번호	
	직 업	
	사건본인과의 관계	

첨 부 서 류

1. 가족관계증명서 및 기본증명서 (사건본인, 후견감독인 후보자) 각 1통
2. 주민등록등본(사건본인) 1통
3. 사건본인의 후견등기사항증명서 (말소 및 폐쇄시항 포함) 각 1통
4. 후견감독인후보자의 후견등기사항증명서(말소 및 폐쇄사항 포함), 후견등기사항부존재증명서(후견등기사항이 없는 경우) 1통
5. 기타(증거자료) ○통

20○○년 ○월 ○일

위 청구인 ○ ○ ○ (인)

ㅇ ㅇ 가 정 법 원　귀중

■ 참고사항

1. 관할법원 : 사건본인(피후견인)의 주소지의 가정법원
2. 제출부수 : 청구서 1부
3. 불복절차
   (즉시항고권자)
   ‣ 청구인(가사소송규칙 제27조)
   (즉시항고방법)
   ‣ 원심가정법원에 즉시항고장 제출(가사소송규칙 제28조)
   (즉시항고기간)
   ‣ 재판을 고지 받은 날부터 14일의 불변기간 이내(가사소송법 제43조 제5항)
4. ‣ 인지대 : 사건본인 수 × 5,000원
   ‣ 송달료 : 청구인 수 × 5,200원 × 10회분

제 2 장
후견제도 절차

제 1 절 새로운 후견제도절차

기존의 금치산·한정치산제도를 폐지하고, 성년후견·특정후견 등 새로운 후견제도를 도입한 『개정민법(법률 제10429호, 이하 개정민법이라고 한다)』[70]이 2013. 7. 1. 시행된다. 개정민법에 의하면 가정법원이 성년후견을 비롯한 후견의 개시와 종료심판을 하고 후견인을 선임·변경하며, 후견인과 피후견인의 행위능력이나 권한, 후견사무의 처리와 관련한 사항을 결정하고, 후견사무를 감독한다. 다음에서는 새로운 후견제도의 시행과 관련된 가정법원의 심판사건과 절차[71]를 살펴보기로 한다.

제 2 절 후견심판사건의 성질 및 적용법률

1. 가사사건

성년후견, 한정후견, 특정후견의 개시, 종료, 후견인과 피후견인의 권한과 행위능

70) 성년후견 등에 관한 민법규정의 개정이유는 기존의 금치산·한정치산 제도를 현재 정신적 제약이 있는 사람을 물론 미래에 정신적 능력이 약해질 상황에 대비하여 후견제도를 이용하려는 사람이 재산행위뿐만 아니라 치료, 요양 등 복리에 관한 폭넓은 도움을 받을 수 있는 성년후견제로 확대·개편하고, 금치산·한정치산 선고의 청구권자에 후견감독인과 지방자치단체의 장을 추가하여 후견을 내실화하며, 성년후견 등을 요구하는 노인, 장애인 등에 대한 보호를 강화하고, 피성년후견인 등과 거래하는 상대방을 보호가기 위하여 성년후견 등에 관하여 등기로 공시하도록 하기 위한 것이라고 한다.

71) 법무부는 2012. 5. 8. 개정민법에서 도입한 새로운 후견제도의 안정적인 시행과 정착에 필요한 성년후견 등 관련 각 심판의 관할과 심판절차 등을 규율하는 가사소송법 일부개정 법률안을 입법예고하였고, 대법원과 대한변호사협회에서 이에 대한 의견을 개진한 바 있다. 가사소송법 개정안은 아직까지 국회에서 의결된 바 없어, 여기서는 법무부가 입법예고한 개정안 내용에 따라 설명하기로 한다.

력 등에 대한 심리와 재판(이하 후견 심판사건이라 한다)은 가사사건으로 가정법원의 전속관할로 한다(가사소송법 개정안제2조 제1항 제2호 가목 각 세목).

2. 라류 가사비송사건

후견관련 심판사건은 가사사건 중 라류 가사비송사건이다. 라류 가사비송사건은 상대방의 존재를 전제로 하지 아니하는 비쟁송적인 것으로서 조정의 대상이 되지 아니하고, 가정법원의 후견적 허가나 감독처분이 요구되는 사건이다.[72] 당사자의 심판청구에 따라 심판대상이 특정되기는 하지만 가정법원은 당사자가 청구한 청구취지에 엄격히 구속되지 않는다.

3. 라류 가사비송사건의 재판절차 법규

가사비송사건의 재판절차에는 가사소송법 및 가사소송규칙에 특별한 규정이 있는 경우를 제외하고는 비송사건절차법 제1편(총칙)중 제15조를 제외한 나머지 규정을 보충적으로 준용하는데(가사소송법 제34조), 비송사건절차법은 다시 민사소송법 중 기일·기간·소명방법·인증·감정에 관한 규정을 준용한다(비송사건절차법 제10조).
한편 가사비송절차에 적용·준용되는 특별규정이 없고 비송사건의 성질에 반하지 않는 범위 내에서 가사소송법 총칙규정 및 민사소송법이 적용 또는 유추적용된다. 따라서 라류 비송사건 절차에 적용·준용되는 주요 절차규정[73] 및 적용순위는 다음과 같다.

1) 가사소송법 제3편 가사비송 제2장 라류 가사비송사건 규정(개정안)

가. 성년후견·한정후견·특정후견사건

제45조의2(관할), 제45조의3(정신상태의 감정 등), 제45조의4(진술 및 의견 청취), 개정안 제45조의5(후견 사무의 감독)

---

72) 법원실무제요 가사[Ⅱ] 162면.

73) 이하에서는 새로운 후견제도에 대한 심판관할과 절차등을 규율하고 있는 가사소송법 개정인 내용을 중심으로 설명하기로 하되 가사소송규칙 개정안이 공표되지 않은 상태이므로 가사소송규칙에서 규율하고 있는 내용은 기존 가사소송규칙 내용을 참고한다.

나. 임의후견 심판사건

제45조의6(관할), 제45조의7(진단결과 등의 청취), 제45조의8(진술 및 의견 청취), 제45조의9(임의후견감독인 사무의 조사)

2) 가사소송법 제3편 가사비송 제1장 통칙규정

가. 현행 가사소송법

제35조(관할), 제36조(청구의 방식), 제37조(이해관계인의 참가), 제38조(증거 조사), 제39조(재판의 방식), 제40조(심판의 효력발생 시기), 제41조(심판의 집행력), 제42조(가집행), 제43조(불복)

나. 개정안 신설규정

제37조의2(절차의 구조)

3) 비송사건절차법 제1편(15조 제외)

제1조(적용범위), 제3조(우선관할·이송, 우선관할 부분), 제4조(관할법원의 지정), 제7조(대리권의 증명), 제8조(신청 및 진술의 방법), 제9조(신청서의 기재사항, 증거서류의 첨부, 심판청구 제외), 제11조(직권에 의한 탐지와 증거조사), 제13조(심문의 비공개), 제14조(조서의 작성), 제16조(검사에 대한 통지), 제18조(재판의 고지), 제22조(항고법원의 재판), 제23조(항고의 절차), 제24조(비용의 부담), 제26조(관계인에 대한 비용부담의 명령), 제27조(비용의 공동부담), 제28조(비용재판에 대한 불복신청), 제29조(비용채권자의 강제집행)

4) 가사소송법 제1편 총칙, 제5편 이행의 확보 규정

제3조(지방법원과 가정법원 사이의 관할의 지정), 제4조(제척·기피 및 회피), 제5조(수수료), 제6조(가사조사관), 제7조(본인 출석주의), 제8조(사실조사의 촉탁), 제9조(가족 관계등록부 기록 등의 촉탁, 개정안 후견등기촉탁 부분 추가), 제10조(보도 금지), 제10조의2(기록의 열람 등, 일부 개정),[74] 제11조(위임 규정), 제62조(사전처분)

---

74) 당사자 법원 허가 없이 열람 가능한 경우와 당사지, 이해관계를 소명한 제3자가 법원의 허가를 받아 열람 가능한 경우 나누어서 규정.

제 3 절 라류 비송 심판절차 일반

1. 심판절차의 개시

심판절차는 일반적으로 당사자의 심판청구로 개시되지만 가정법원의 직권으로 개시되기도 한다.

1) 당사자의 심판청구(가사소송법 제36조)

가사비송사건의 청구는 가정법원에 심판청구를 함으로써 하는데, 심판청구는 서면 또는 구술로 할 수 있다.

가. 서면에 의한 심판청구

당사자의 등록기준지, 주소, 성명, 생년월일, 대리인이 청구할 때에는 대리인의 주소와 성명, 청구 취지와 청구 원인, 청구 연월일을 적고 청구인이나 대리인이 기명날인한 심판 청구서를 법원에 제출한다.

청구취지는 심판으로 구하는 법률효과로 결론에 해당하며 구하는 심판의 내용을 분명히 하여야 한다. 그러나 가사비송의 경우 법원은 당사자가 표시한 청구추지에 구속되지 아니한다.

청구원인은 청구취지를 이유 있게 하는 사실관계로 청구취지와 같은 법률효과 발생에 필요한 요건사실에 해당한다.

나. 말로 하는 심판청구

가정법원의 법원사무관등의 앞에서 진술하여야 하고, 법원사무관 등은 삼판청구서의 기재사항을 적은 심판조서를 작성하여 날인하여야 한다.

다. 수 수 료

라류 비송사건 심판청구시 당사자는 1건당 5,000원의 수수료를 납부하고, 여러 개위 가사비송청구를 병합 청구하는 경우에는 각 수수료를 합산하여 납부한다.

라. 첨부서류

심판청구서에는 증거서류와 당사자와 사건 본인의 신분관계를 확인할 수 있는 가족관계증명서, 기본증명서와 주민등록표등본, 송달료납부서를 첨부하며, 대리인에 의한 심판청구의 경우 대리권을 증명하는 서류도 첨부하여 제출한다.

2) 가정법원의 직권에 의한 심판절차개시

당사자의 심판청구가 없어도 가정법원가 직권으로 심판절차를 개시하는 경우가 있다.

민법 제929조에 의한 경우 또는 성년후견인이 없게 된 경우 등의 성년후견인 선임, 성년후견감독인의 선임과 같은 경우이다.

가정법원 법원사무관 등은 재판부와 명에 따라 사건번호를 부여하게 된다.

2. 관 할

라류 비송사건의 토지관할은 사건에 따라 각각 규정되어 있고, 사물관할은 가정법원 또는 가정지원의 단독판사에게 있다.

라류 비송사건의 사건번호는 느'단'으로 부여된다.

3. 청구의 변경 및 병합

라류 비송사건의 심판대상은 당사자의 청구에 의해 특정되나 가정법원은 청구취지에 엄격하게 구속되지는 않는다.

수개의 가사비송사건의 청구의 원인이 동일한 사실관계에 기초하거나 1개의 청구의 당부가 다른 청구의 당부의 전제가 되는 경우에는 이를 1개의 소로 제기할 수 있다(가사소송법 제14조 제1항, 가사소송규칙 제20조의2). 이 경우 1개의 사건번호를 부여하되 당사자는 각 사건의 수수료를 합산하여 납부하여야 한다.

가사소송법 개정안에 따른 가사소송규칙 개정안은 현재까지 발표된 바 없지만, 현행 가사소소규칙에서 한정치산·금치산선고를 할 경우 법정후견인이 없는 경우 가정법원은 한정치산·금치산선고와 동시에 후견인을 선임하여야 한다고 규정하고 있고(가사소송규칙 제34조), 한정치산·금치산선고청구와후견인의 선임은 별개의 사건으로 규정되어 있지만, 당사자가 병합하여 청구하는 경우에도 한정치산·금치산산고와 동시에 후견인을 선임하고 있는 것에 비추어 보면, 성년후견등 개시심판을 선고할 경우 가정법원은 동시에 후견인을 선임하고, 후견 등 개시심판과 후견인 선임심판이 별개의 사건으로 규정되어 있지만 당사자가 2개의 청구를 병합하여 청구하는 경우 후견개시심판의 선고와 동시에 후견인을 선임하여야 할 것이다.

4. 심 리

1) 직권탐지주의

가정법원은 직권으로 사실의 탐지와 필요하다고 인정하는 증거의 조사를 하여야 한다(가사소송법 제34조, 비송사건절차법 제11조).

라류 가사비송사건의 경우 가정법원은 스스로 심판절차를 개시할 수 도 있고, 가정법원이 직권으로 재판자료의 수집과 제출을 할 의무가 있다.

2) 심리는 변론을 요하지 아니하고 비공개를 원칙으로 한다.

3) 심리방법 및 사실조사

가정법원은 직권으로 사실의 탐지와 필요하다고 인정하는 증거의 조사를 하여야 한다(가사소송법 제34, 비송사건절차법 제11조).

가정법원은 당사자, 관계인의 심문, 가사조사관에 의한 사실조사 및 보고, 경찰 등에 대한 사실조사의 촉탁 및 보고의 방법으로 사실조사를 하며, 민사소송법에서 정하고 있는 모든 증거조사가 가능하다(비송사건절차법 제10조).

가정법원은 필요하다고 인정할 경우에는 당사자 또는 법정대리인을 당사자 신문(訊問)방식으로 심문(審問)할 수 있고, 그 밖의 관계인을 증인 신문 방식으로 심문할 수 있다(가사소송법 제38조). 가사조사관에게 사실조사를 명할 수 있고(가사소송법 제6조), 사실조사를 위하여 필요한 경우에는 경찰 등 행정기관이나 그 밖에 상당하다고 인정되는 단체 또는 개인에게 사실의 조사를 촉탁하고 필요한 사항을 보고하도록 요구할 수 있다(가사소송법 제8조).

현행 한정치산·금치산선고 또는 취소사건 또는 개정안에 따른 후견개시 사건의 경우와 같이 사건본인의 정신상태의 감정 또는 당사자나 관련인의 진술 및 의견청취가 필수적인 경우도 있다.

4) 이해관계인의 참가

심판청구에 관하여 이해관계가 있는 자는 재판장의 허가를 받아 절차에 참가할 수 있고, 재판장은 상당하다고 인정하는 경우에는 심판청구에 관하여 이해관계가 있는 자를 절차에 참가하게 할 수 있다(가사소송법 제37조). 민법 제936조에 의한 후견인 변경의 경우 그 변경이 청구된 후견인을 절차에 참가하게 하여야 한다(가사소송규칙 제65조 제2항).

절차에 참가한 이해관계인은 절차에 참가할 자격과 의무가 있고, 재한판서에는 참가인으로 표시하며, 참가인에게 심판을 고지하여야 한다(가사소송규칙 제25조).

5. 심 판

1) 재판의 방식

가사비송사건에 대하여 실체법상의 이유로 하는 제1심 종국재판은 심판으로써 한다. 다만 절차상의 이유로 종국재판을 하여야 하는 경우에는 심판이나 아닌 결정이나 명령으로 한다(가사소송법 제39조).

심판서에는 필수적 기재사항인 당사자와 법정대리인, 주문, 이유, 법원을 적고 심판한 법관이 기명날인하여야 하며(가사소송법 제39조), 당사자와 법정대리인을 기재함에 있어서는 청구인, 상대방, 사건본인 등과 같이 절차상의 지위와 성명, 등록기준지, 주소, 생년원일 또는 주민등록번호를 기재한다. 심판서에는 필수적 기재사항 외에도 사건번호와 사건명, 심판연월일을 적는다.

다만 라류 가사비송사건의 심판서에는 이유를 적지 아니할 수 있다.

2) 심판의 고지 및 효력

심판은 선고를 요하지 아니하고 심판을 받을 사람, 즉 당사자와 절차에 참가한 이해관계인 등에게 고지하되 고지는 가정법원이 적당하나고 인정하는 방법으로 한다(가사소송법 제40조, 가사소송규칙 제25조).

심판의 효력은 심판을 받을 사람이 심판을 고지받음으로써 발생한다. 다만, 즉시항고를 할 수 있는 심판은 확정되어야 효력이 있다(가사소송법 제40조).

6. 심판에 대한 불복

1) 가사비송심판에 대한 불복방법

가사비송사건에 대한 불복은 즉시항고이다.

즉시항고는 원심가정법원에 즉시항고장을 제출함으로써 한다(규칙 제28조).

즉시항고는 대법원규칙이 정하는 날부터 14일 이내에 하여야 하고(가사소송법 제43조 제5항), 라류 가사비송사건 심판에 대한 즉시항고의 기간은 특별한 규정이 있는 경우를 제외하고는, 즉시항고를 할 수 있는 자가 심판을 고지 받는 경우에는 그 고지를 받은 날부터, 심판을 고지 받지 아니하는 경우에는 청구인(청구인이 수인일 때에는 최후로 심판을 고지받은 청구인)이 심판을 고지받은 날부터 진행한다(규칙 제31조).

항고법원의 재판 절차에는 제1심의 재판 절차에 관한 규정을 준용한다. 항고법원은 항고가 이유 있다고 인정하는 경우에는 원심판을 취소하고 스스로 적당한 결정을 하여야 한다. 다만, 항고법원이 스스로 결정하기에 적당하지 아니하다고 인정하는 경우에는 사건을 원심법원에 환송하여야 한다. 항고법원에 결정에 대하여는 재판에 영향을 미친 헌법, 법률, 명령 또는 규칙 위반이 있음을 이유로 하는 경우에 한정하여 대법원에 재항고 할 수 있다(가사소송법 제43조 제2항, 제3항, 제4항).

2) 즉시항고 대상

가사비송심판에 대한 즉시항고는 대법원규칙에서 정하는 사건에 대하여는 대법원규칙으로 따로 정하는 경우에 한정하여 즉시항고만을 할 수 있다(가사소송법 제42조 제1항).

현행 가사소송규칙에 의하면, 가사비송사건 중 청구에 의하여서만 심판하여야 할 경우에 그 청구를 기각한 심판에 대하여는 원칙적으로 청구인의 즉시항고 할 수 있다(가사소송규칙 제27조).

가사비송사건중 한정치산·금치산선고의 심판(가사소송규칙 제36조), 후견인변경심판·교정기관에의 위탁 등 허가와 지시에 관한 심판(가사소송규칙 제67조), 친족회원의 선임·해임·개임의 심판(가사소송규칙 제71조), 유언집행자의 선임·해임의 심판(가사소송규칙 제84조) 등의 경우에는 청구를 인용하거나 직권으로 심판한 경우 즉시항고의 대상이 된다.

3) 즉시항고권자

즉시항고의 대상이 되는 가사비송심판에 대하여 청구인이 즉시항고를 할 수 있는 것이 원칙이다.

다만, 사건본인이나 제3자가 즉시항고를 제기할 수 있는 경우가 있는데, 한정치산·금치산선고의 심판에서의 민법 제9조에 규정된 자(가사소송규칙 제36조), 후견인변경심판에서의 그 후견인, 후견인변경청구기각심판에서의 민법 제936조에 규정된 자(가사소송규칙 제67조), 유언집행자선임심판에서의 이해관계인, 유언집행자해임심판에서의 그 유언집행자(가사소송규칙 제84조) 등이다.

4) 후견관련 심판에 대한 즉시항고 및 즉시항고권자

후견관련 가사심판중 즉시항고의 대상이 되는 범위 및 즉시항고권자에 대해서는 가사소송규칙에서 정하여야 한다.
다만 현행 즉시항고대상 및 즉시항고권자에 대한 현행 가사소송규칙의 규정, 새로운 후견제도에 있어서 사건본인 즉 피후견인의 의사존중이 가장 중요한 원칙이라는 점, 후견제도를 이미 시행하고 있는 다른 입법례에서 후견절차상의 모든 결정에 대한 불복을 허용하고 있다는 점 등을 고려하면, 후견관련 심판에 대해서는 심판절차의 개시유형(직권에 의한 것인지 청구에 의한 것인지), 심판청구의 인용여부(심판청구 기각의 경우 뿐 아니라 인용의 경우)에 불분하고 즉시항고의 대상이 될 것이다.
즉시항고권자도 심판청구인, 대상 후견관련심판청구를 할 수 있는 청구인들 뿐 아니라 사건본인이 항상 포함되어야 하며, 심판결과가 사건본인의 의사를 존중한 것인지 여부가 중요한 불복사유가 된다.

7. 후견등기의 촉탁 등

1) 가족관계등록부 기록의 촉탁

가정법원은 대법원규칙으로 정하는 판결 또는 심판이 확정되거나 효력을 발생한 경우에는 대법원규칙으로 정하는 바에 따라 지체 없이 가족관계등록 사무를 처리하는 사람에게 가족관계등록부에 기록할 것을 촉탁하여야 한다(가사소송법 제9조). 현행 가사소송규칙은 한정치산 또는 금치산 선고와 그 취소의 심판, 후견인이 사퇴허가의 심판이 효력을 발생 한 때에는 법원사무관등은 지체없이 당사자 또는 사건본인의 등록기준지의 가족관계등록사무를 처리하는 자에게 그 뜻을 통지하여야 하는 것으로 규정하고 있다.
그러나 새로운 후견제도가 시행되면 후견제도의 공시방법으로 다음에서 보는 후견등기가 도입되므로, 후견에 관한 내용은 가족관계등록부의 기록사항에 해당되지 아니하므로, 가정법원은 후견관련심판이 확정되면 다음에서 보는 바와 같이 후견등기를 촉탁하면 되고, 가족관계등록부 기록의 촉탁을 할 여지가 없다.

2) 후견등기 촉탁

가. 개정민법에 따라 새로운 후견제도의 공시방법으로 후견등기가 도입되므로, 가사소송법 개정안은 가족관계등록부 기록의 촉탁 외에 후견등기 촉탁도 규정하고 있다. 즉 가정법원은 대법원규칙으로 정하는 판결 또는 심판이 확정되거나 효력을 발생한 경우에는 대법원규칙으로 정하는 바에 따라 지체 없이 가족관계등록 사무 또는 후견등기사무를 처리하는 사람에게 가족관계등록부에 기록 또는 후견등기부에 등기할 것을 촉탁하여야 한다(가사소송법 개정안 제9조).

나. 등기신청 등

2012. 5. 8. 입법예고된 후견등기에 관한 법률제정안에 의하면, 후견등기는 촉탁 또는 신청이 없으면 하지 못하고, 성년후견 등에 대한 등기는 성년후견인등이, 후견계약에 관한 등기는 임의후견인이 신청하도록 되어 있다(후견등기에관한법률안 제20조 제1항, 제2항).

다. 후견등기 대상

후견등기대상은 성년후견등에 관한 기록사항, 후견계약에 관한 사항, 사전처분에 관한 기록 사항, 변경등기, 종료등기인데, 그 내용은 다음과 같다.

① 성년후견 등에 관한 기록사항(후견등기에관한법률안 제25조)

1. 성년후견등의 종류, 개시심판을 한 가정법원, 사건의 표시 및 재판확정일
2. 피성년후견인등의 성명, 성별, 출생연월일, 주민등록번호 및 등록기준지(외국인의 경우에는 국적 및 외국인등록번호)
3. 성년후견인등의 성명, 주민등록번호 및 주소 또는 사무소(법인의 경우에는 명칭, 법인등록번호 및 주된 사무소, 외국인의 경우에는 국적 및 외국인등록번호)
4. 성년후견감독인등이 선임되었을 경우에는 그 성명, 주민등록번호 및 주소 또는 사무소(법인의 경우에는 명칭, 법인등록번호 및 주된 사무소, 외국인의 경우에는 국적 및 외국인등록번호)
5. 가정법원이 성년후견과 관련하여 정한 아래의 사항

가. 취소할 수 없는 피성녀후견인의 법률행위의 범위를 정한 경우에는 그 범위, 위 범위를 변경한 경우에는 그 변경된 범위

나. 법정대리권의 범위를 정한 경우에는 그 범위, 그 범위를 변경한 경우에는 그 변경된 범위

다. 성년후견인이 피성년후견인의 신상에 관하여 결정할 수 있는 권한의 범위를 정한 경우에는 그 범위, 그 범위를 변경한 경우에는 그 변경된 범위

6. 가정법원이 한정후견과 관련하여 정한 아래의 사항

가. 한정후견인의 동의를 얻는 것을 필요로 하는 행위의 범위를 정한 경우에는 그 행위의 범위, 그 범위를 변경한 경우 그 변경된 범위

나. 한정후견인에게 대리권을 부여하였을 경우에는 그 대리권의 범위, 그 범위를 변경한 경우에는 그 변경된 범위

다. 한정후견인이 피한정후견인의 신상에 관하여 결정할 수 있는 권한의 범위를 정한 경우에는 그 범위, 그 범위를 변경한 경우에는 그 변경된 범위

7. 가정법원이 특정후견과 관련하여 정한 아래의 사항

가. 특정후견의 기간 또는 사무의 범위

나. 피특정후견인의 후원을 위하여 필요한 처분을 명한 경우에는 그 내용

다. 특정후견인에게 대리권을 수여하는 심판을 한 경우에는 그 내용 및 특정된 기간이나 범위

라. 특정후견이의 대리권 행사 가정법원이나 특정후견감독인의 동의를 얻도록 명한 경우에는 그 내용

8. 가정법원이 수인의 성년후견인등 또는 성년후견감독인등이 공동으로 또는 사무를 분장하여 그 권한을 행사하여야 할 것을 정한 경우에는 그 취지

9. 성년후견 등이 종료한 경우에는 그 사유 및 연월일

10. 그 밖에 대법원규칙으로 정하는 사항

② 후견계약에 관한 사항(후견등기에관한법률안 제26조)

1. 후견계약과 관련된 공정증서를 작성한 공증인의 성명, 소속, 그 증서의 번호 및 작성의 연월일

2. 후견계약의 본인의 성명, 성별, 생년월일, 주민등록번호 및 등록기준지(외국인의 경우에는 국적 및 외국인등록번호)

3. 임의후견인의 성명, 주민등록번호 및 주소 또는 사무소(법인의 경우에는 명칭, 법인등록번호 및 주된 사무소, 외국인의 경우에는 국적 및 외국인등록번호)
4. 후견계약의 본인의 재산관리 및 신상보호에 관하여 임의후견인의 권한의 범위를 정한 경우에는 그 범위
5. 임의후견감독인이 선임되었을 경우에는 그 성명, 주민등록번호 및 주소 또는 사무소(법원의 경우에는 명칭, 법인등록번호 및 주된 사무소, 외국인의 경우에는 국적 및 외국인등록번호) 및 그 선임심판의 확정 연월일
6. 수인의 임의후견인 또는 임의후견감독인이 공동으로 또는 사무를 분장하여 권한을 행사하여야 할 것을 정한 경우에는 그 취지
7. 후견계약이 종료한 경우에는 그 사유 및 연월일
8. 그 밖에 대법원규칙으로 정하는 사항

③ 사전처분에 관한 기록 사항(후견등기에관한법률안 제27조)

성년후견 등 또는 후견계약에 관하여 가사소송법 제62조에 의한 사전처분이 있는 경우에는 대법원규칙에 따라 그에 관한 사항을 기록한다.

④ 변경등기(후견등기에관한법률안 제28조)

성년후견 등과 후견계약의 등기사항에 관하여 변경이 있는 경우, 성년후견인등 또는 임의후견인은 변경이 생긴 것을 안 때로부터 3개월 이내에 변경등기를 신청하여야 하고, 피성년후견인 등 또는 후견계약의 본인, 그의 배우자등, 성년후견감독인등 또는 임의후견감독인은 제1항의 변경등기를 신청할 수 있다.
사전처분에 관한 기록사항의 변경등기절차는 대법원규칙으로 정한다.

⑤ 종료등기(후견등기에관한법률안 제29조)

피성년후견인 등 또는 후견계약의 본인의 사망, 그 밖의 사유에 의하여 성년후견 등 또는 후견계약이 종료된 경우 성년후견인등 또는 임의후견인은 이를 안 때로부터 3개월 이내에 종료 등기를 신청하여야 하고, 피성년후견인 등 또는 후견계약의 본인, 그의 배우자등, 성년후견감독인 등 또는 임의후견감독인은 종료등기를 신청할 수 있다.

사전처분에 관하여 기록이 되어 있는 경우 종료등기의 절차는 대법원규칙으로 정한다.

8. 절차 비용

1) 의 의

가사비송사건에서의 절차비용이란 가사사건에 대한 심판청구부터 심판의 확정에 이르기까지 소요되는 모든 비용으로 가정법원 또는 당사자가 부담 지출하여야 하는 모든 비용을 말한다.

절차비용은 재판비용과 당사자비용이 있는데, 재판비용은 당사자가 가사사건의 절차를 개시, 수행하기 위하여 가정법원에 납부하여야 하는 비용으로 수수료와 송달료, 증거조사비용 등을 말하고, 당사자비용은 당사자가 가사사건 절차의 준비 수행을 위하여 법원 이외의 제3자에게 직접 지출하는 비용을 의미한다.

2) 수 수 료

가. 수수료 금액

라류 가사비송사건의 심판청구 수수료는 1건당 5,000원(가사소송수수료규칙 제3조 제1항)이다. 항고 제기의 수수료는 심판청구 수수료액의 2배액이고, 재항고 제기의 수수료는 그 3배액이다(가사소송수수료규칙 제3조 제2항).

가사소송규칙 제20조의2에 의하여 여러 개의 가사비송청구를 병합청구 하는 경우에는 여러 개의 청구의 수수료를 합산한다(가사소송수수료규칙 제5조 제2항). 라류 가사비송청구의 개수의 개수는, 각호를 달리하는 청구는 여러 개의 청구로 보고, 호를 같이 하는 경우에도 라류 제1호 내지 제6호,[75] 제8호 내지 제29호[76]는 각 사건본인마다, 제31호, 제33호, 제38호는 각 피상속인마다, 라류 제

---

75) 1. 「민법」 제9조부터 제14조까지의 규정에 따른 한정치산·금치산의 선고와 그 취소
2. 「민법」 제22조부터 제26조까지의 규정에 따른 부재자 재산의 관리에 관한 처분
3. 「민법」 제27조부터 제29까지의 규정에 따른 실종의 선고와 그 취소
4. 「민법」 제781조 제4항에 따른 성(姓)과 본(本)의 창설 허가
5. 「민법」 제781조 제5항에 따른 자녀의 종전 성과 본의 계속사용허가
6. 「민법」 제781조 제6항에 따른 자녀의 성과 본의 변경허가

76) 7. 「민법」 제869조 단서에 따른 후견인의 입양승낙에 대한 허가
8. 「민법」 제871조 및 제900조(같은 법 제906조에 따라 준용되는 경우를 포함한다)에 따른 후견인의 입양 동의 또는 파양 동의에 대한 허가
9. 「민법」 제872조에 따른 후견인이 피후견인을 양자로 입양하는 것에 대한 허가
10. 「민법」 제899조 제2항에 따른 후견인 또는 생가의 다른 직계존속의 파양 협의에 대한 허가

32호, 제39호는 각 청구인마다, 라류 제43호 내지 제47호는 각 유언집행자마다 각 1개의 청구로 본다.

사전처분의 신청은 1,000원의 인지를 붙여야 하고(민사소송등인지법 제9조 제4항 제4호, 예규 제3조 제1항), 그 밖의 신청수수료는 500원이다(가사소송수수료규칙 제4조 본문).

나. 납부 방법

수수료는 수입인지로 납부함이 원칙이다(가사소송수수료규칙 제7조 제1항). 소장, 심판청구서, 그 밖의 신청서에는 인지를 붙여야 하나, 가정법원은 대법원규칙으로 정하는 바에 따라 수수료를 현금으로 내게 할 수 있다.[77)]

---

11. 「민법」 제908조의2에 따른 친양자 입양의 허가
12. 「민법」 제909조 제2항 단서에 따른 친권 행사 방법의 결정
13. 「민법」 제915조 및 제945조(같은 법 제948조에 따라 위 각 조항이 준용되는 경우를 포함한다)에 다른 감화(感化) 또는 교정기관에 위탁하는 것에 대한 허가
14. 「민법」 제918조(같은 법 제956조에 따라 준용되는 경우를 포함한다)에 따른 재산관리인의 선임(選任) 또는 개임(改任)과 재산관리에 관한 처분
15. 「민법」 제921조(후견인과 피후견인, 여러 피후견인들 사이에 이해가 상반되는 경우를 포함한다)에 따른 특별대리인의 선임
16. 「민법」 제927조에 따른 친권자의 법률행위 대리권 및 재산관리권이 사퇴(辭退) 또는 회복에 대한 허가
17. 「민법」 제936조 및 제940조에 따른 후견인의 선임 또는 변경
18. 「민법」 제939조에 따른 후견인의 사퇴에 대한 허가
19. 「민법」 제941조 제1항 단서(같은 법 제948조에 따라 준용되는 경우를 포함한다)에 따른 후견인의 재산 목록 작성을 위한 기간의 연장허가
20. 「민법」 제947조 제2항에 따른 금치산자의 감금 등에 대한 허가
21. 「민법」 제954조(같은 법 제948조에 따라 준용되는 경우를 포함한다)에 따른 후견사무(後見事務)에 관한 처분
22. 「민법」 제955조(같은 법 제948조에 따라 준용되는 경우를 포함한다)에 따른 후견인에 대한 보수(報酬)의 수여
23. 「민법」 제957조 제1항 단서에 따른 후견 종료 시 관리계산기간의 연장허가
24. 「민법」 제963조 제1항 본문, 제965조 제2항 및 제971조에 따른 친족회원의 선임, 보충 개임 또는 해임
25. 「민법」 제966조에 따른 친족회(親族會)의 소집
26. 「민법」 제967조 제3항에 따른 친족회의 서면결의의 취소
27. 「민법」 제969조에 따른 친족회의 결의를 갈음할 재판
28. 「민법」 제970조에 따른 친족회원의 사퇴에 대한 허가

다. 수수료 미납부수수료를 내야하는 신청에 소정의 인지를 붙이지 아니하면 그 신청은 부적법하고 그 신청을 각하할 수 있다. 다만 가정법원은 신청인에게 보정을 명할 수 있고, 그 보정명령에 따라 신청인이 보정한 경우에는 그러하지 아니하다(가사소송수수료규칙 제7조 제2항).

3) 수수료 이외의 절차비용

가. 절차비용의 당사자부담 원칙

가사사건에서의 사실조사, 증거조사, 소환, 고지, 공고 등 가정법원이 절차상의 특정한 행위를 함에 소요되는 비용은 당사자가 부담하는 것을 원칙으로 한다.

라류 가사비송사건의 절차비용은 법원이 특히 그 부담할 자를 정한 경우를 제외하고는 청구인이 부담하고, 검사가 청구인인 경우에는 국가가 부담한다(가사소송법 제34조, 비송사건절차법 제24조). 패소자가 소송비용을 부담하는 소송과 달리 심판청구가 인용되었는지 여부와 무관하게 청구인이 심판비용을 부담하는 것이 원칙이다.

나. 사건본인 등

청구인 자신이 아니라 사건본인 등의 이익을 위하여 심판청구를 하는 경우 청구인이 아니라 사건본인 등이 절차비용을 부담하는 것이 합리적이다. 따라서 심판청구가 각하되거나 기각된 때에는 일반원칙에 따라 청구인이 절차비용을 부담하게 되지만, 일정한 사건에 있어서는 청구에 상응한 심판을 하거나 가정법원이 직권으로 심판하는 때에는 사건본인 등의 재산에서 절차비용을 부담하게 된다. 현행 가사소송법에 의하면 민법 제948조(미성년자의 친권의 대행),[78] 민법 제954조(법원의 후견사무에 관한 처분)[79] 등이 이에 해당한다(현행 가사소송규칙 제69조). 새로운 후견제도와 관련한 심판청구도 청구인을 위한 것이 아니라 사건본인을 위한 것이므로 절차비용은 사건본인 등이 재산에서 부담하게 될 것이다.

---

77) 수수료 액이 10만원을 초과하는 경우에는 인지첩부에 갈음하여 현금으로 내야만 한다(민사소송등 인지규칙 제7조 제1항).

78) 제948조(미성년자의 친권의 대행) ① 미성년후견인은 미성년자를 갈음하여 미성년자의 자녀에 대한 친권을 행사한다. ② 제1항의 친권행사에는 미성년후견인의 임무에 관한 규정을 준용한다.

79) 제954조 (법원의 후견사무에 관한 처분) 법원은 피후견인 또는 제777조의 규정에 의한 친족 기타 이해관계인의 청구에 의하여 피후견인의 재산상황을 조사하고 그 재산관리 기타 후견임무수행에 관하여 필요한 처분을 명할 수 있다.

다. 비용의 예납

가사소송법과 규칙에 의한 사실조사·증거조사·소환,·고지·공고 기타 심판절차의 비용에 관하여는 비용예납에 관한 민사소송법 제116조, 민사소송규칙 제19조, 제20조의 규정을 준용하며, 당사자가 예납하여야할 비용의 범위와 액 및 그 지급에 관하여는 민사소송비용법 및 민사소송비용규칙의 규정을 준용한다(가사소송규칙 제4조).

즉 법원이 비용이 필요한 비송행위를 하는 경우 법원은 그 비송행위를 신청한 당사자에게 그 비용을 미리 내게 할 수 있고, 당사자가 비용을 미리 내지 아니한 때에는 그 행위를 하지 아니할 수 있다(가사소송규칙 제4조 제1항, 민소 제116조 제2항).

당사자가 예납하여야 하는 절차상의 행위 및 예납의무자는 다음과 같다(가사소송규칙 제4조 제1항, 민사소송규칙 제19조).

① 비용의 예납의무자는 그 행위로 인하여 이익을 받을 당사자로 함을 원칙으로 한다(민소규 제19조 제1항 본문).

② 송 달 료

원고, 청구인, 상소신 등 그 심급절차의 시작을 구하는 당사자가 예납의무자이다(민사소송규칙 제19조 제1항 제1호). 송달료에는 당사자 증인 감정인 통역인 등에 대한 기일통지 또는 출석요구 비용, 법원 또는 당사자가 작성한 소송서류의 송달비용을 모두 포함한다(민사소송법 제167조, 제381조).

③ 기일에서의 속기, 녹음에 드는 비용

신청인이 예납의무자이고, 직권으로 하는 경우에는 그로 인하여 이익을 받을 당사자가 예납의무자이며, 이익을 받을 자가 분명하지 않을 때에는 원고 청구인 신청인이 예납의무자이다(민사소송규칙 제19조 제1항 제2호, 제2항).

④ 증거조사 비용

증거조사를 위한 증인 감정인 통역인 등에 대한 여비 일당 숙박료 및 감정인 통역인 등에 대한 보수, 법원 외에서의 증거조사를 위한 법관, 그 밖의 법원공무원의 여비 숙박료는 증거조사를 신청한 당사자가 예납의무자이고, 직권으로 증거조사를 하는 경우에는 그로 인하여 이익을 받을 당사자가 예납의무자가 되고, 그 이익을 받을 자가 불분명할 때에는 원고 청구인 신청인이 예납의부자이다(민사소송규칙 제19조 제1항 제3호, 제2항).

⑤ 상소 기록 송부비용

상소인을 예납의무자로 한다(민사소송규칙 제19조 제1항 제4호, 제2항).

라. 국고 대납

절차비용을 미리 내야 할 사람이 비용을 미리 내지 아니하거나 부족분을 추가로 내지 않아 그로 인하여 절차의 진행 또는 종료 후의 사무처리가 현저히 곤란한 때에는 그 절차비용을 국고에서 대납을 받아 지출할 수 있다(가사소송규칙 제4조 제1항, 민소규칙 제20조).

4) 당사자비용

가. 당사자가 가정법원을 거치지 아니하고 절차수행을 위하여 직접 제3자에게 지출하는 비용으로 서류 작성 및 제출관련 비용, 가정법원에 제출할 서류를 교부받기 위한 비용, 당사자 또는 대리인의 기일출석비용, 변호사의 보수 등이다.

나. 당사자 비용은 법원의 관여 이 지출된 것이므로 정당한 절차비용으로 인정되려면 그 증빙자료를 제출하여야 하고 민사소송비용법 및 규칙, 민사소송법 제109조 제1항, 변호사보소의 소송비용산입에 관한 규칙 등에 절차비용에 산입될 범위와 액수가 정해진다.

다. 변호사 보수

라류 가사비송사건은 원칙적으로 비송사건절차법이 적용되고 민사소송법이 적용되지 않기 때문에 이들 사건에 있어서는 변호사보수가 절차비요에 산입될 여지가 없다고 한다.[80]

이에 반해 마류가사비송사건에는 민사소송법 중 소송비용액확정결정에 관한 규정이 준용되는 점(규칙 제95조)에 비추어 변호사 보수가 절차비용에 산입되면, 소송목적의 값은 민사소송 등 인지법 제2조 제4항의 비재산권을 목적으로 하는 소송에 준하는 것으로 볼 수밖에 없다고 한다.[81]

그러나 절차비용의 부담에 관하여서는 라류 가사비송과 마류 가사비송에 차이

---

80) 법원실무제요 가사[Ⅰ] 196면.
81) 법원실무제요 가사[Ⅰ] 196면.

가 없고, 다만 절차비용부담의 재판을 하는 경우 라류 가사비송은 비송사건절차법에 따라 비용부담재판을 하면서 부담액도 함께 확정하고, 마류 가사비송은 절차비용 부담의 재판을 한 후 그 비용액의 확정은 민사송법 규정을 준용하여 따로 한다는 차이점이 있을 뿐이다.

라류 가사비송과 마류 비송사건에서 당사자가 지출한 변호사보수의 내용이나 성질에 아무런 차이가 없으므로 현행 가사소송법에 의하더라도 라류 가사비송사건의 변호사 보수도 절차비용으로 인정 못할 이유는 없다.

가사소송법 개정안에서는 사회취약계층이 실질적으로 후견제도를 활용할 수 있도록 민사소송법상 소송구조에 관한 규정을 준용하도록 하고 있으므로 라류 가사비송사건에서의 변호사 보수는 당연히 절차비용으로 산입되며, 변호사보수액은 비재산권을 목적으로 하는 소송에 준하여 산정[82]하여야 할 것이다.

5) 심판에 따른 절차비용부담자의 지정

가정법원은 특별한 사유가 있는 때에는 절차비용을 부담할 자가 아닌 사건관계인에게 절차비용의 전부 또는 일부의 부담을 명할 수 있다(가사소송법 제34조, 비송사건절차법 제26조). 이와 같이 절차비용에 관하여 재판을 할 필요가 있는 경우에는 그 사건관계인이 부담하여야 할 비용액을 확정하여 사건에 대한 것과 함께 심판하여야 한다(비송 사건절차법 제25조).

6) 비용부담자가 여러명인 경우

비용부담자가 여러 명인 경우에는 가정법원이 그들 사이의 부담방법이나 부담비율을 정할 수 있고 그와 같은 정함이 없는 때에는 균등하게 부담한다(비송사건절차법 제27조, 민사소송법 제102조).

---

82) 규칙 제18조의2(소기를 산출할 수 없는 재산권상의 소 등) 재산권상의 소로서 그 소가를 산출할 수 없는 것과 비재산권을 목적으로 하는 소송의 소기는 2,000만 100원으로 한다.
민사소송등인지법 제2조(소장) ① 소장[반소장(反訴狀) 및 대법원에 제출하는 소장은 제외한다]에는 소송목적의 값에 따라 다음 각 호의 금액에 해당하는 인지를 붙여야 한다.
2. 소송목적의 값이 1천만원 이상 1억원 미만인 경우에는 그 값에 1만분의 45를 곱산 금액에 5천원을 더한 금액④ 재산권에 관한 소(訴)로서 그 소송목적의 값을 계산할 수 없는 것과 비(非)재산권을 목적으로 하는 소송의 소송목적의 값은 대법원규칙으로 정한다.
2,000만원을 초과하여 3,000만원까지 부분 : [150만원 + (소송목적의 값 - 2,000만원) × 6/100] : 2,000만 100원 : 150만원

7) 직권으로 심판절차가 개시된 경우

직권으로 심판절차가 개시된 경우의 심판비용은 우선 국고에서 체당지급하고, 심판에서 정한 절차비용부담자에게 부담하도록 하지만, 심판에서 따를 비용부담을 재판을 하지 아니한 때에는 종국적으로 국가가 부담한다.

8) 비용부담의 재판

가. 비송사건절차의 신청인은 절차비용을 미리 내거나 스스로 지급하는 것이 보통이므로 절차가 종료한 후라도 별도로 비용에 대한 재판을 할 필요가 없는 경우가 만지만, 비용을 부담하여야 자 이외의 자에게 비용을 미리 내게 하거나 또는 국고에서 체당을 한 경우와 같이 절차비용의 예납자 및 지출자와 절차비용의 부담자가 다를 때에는 비용을 상환하게 하기 위하여 비용에 대한 재판을 할 필요가 있다(비송사건절차법 제24조, 제26조).

이와 같이 절차비용의 예납 및 지출자와 절차비용의 부담자가 다른 경우 비용부담의 재판을 하면서 그 액수를 확정하여 사건의 재판과 함께 하여야 한다(비송사건절차법 제25조).

나. 재판의 방식

심판청구에 대한 재판과 함께 한다.

비용부담의 재판에서는 비용부담자뿐 아니라 부담액도 확정하여야 한다(비송 제25조). 비송절차는 간이하고 신속할 필요가 있기 때문에 비용부담만을 정하고 비용액은 추에 별도의 결정으로 확정하는 민사소송의 경우와 달리 부담자와 함께 부담액도 확정하는 것이다.

비용부담의 재판은 절차비용을 부담할 자로 하여금 절차비용의 예납·지출자가 지출한 비용을 상환하게 하기 위한 것이므로, 절차비용 자체를 확정하는 것이 아니라 예납자나 지출자에게 상환할 절차비용의 액수를 정하게 된다.

따라서 주문은 "절차비용은 사건본인이 부담하고 사건본인이 청구인에게 상환할 비용액을 ○○○원으로 확정한다"와 같이 한다.

다. 불복 및 집행

비용부담의 재판에 대하여는 그 부담을 명령받은 자에 한하여 불복의 신청을 할 수 있는데(비송사건절차법 제28조), 불복방법은 항고이다(비송사건절차법 제20조 제1항). 비용부담의 재판에 대하여는 독립하여 불복의 신청을 할 수는 없고(비송사건절차법 제28조 단서) 본안에 대한 항고와 동시에 하여야 한다. 즉시항고가 허용되지 않는 경우 비용재판에 대해서도 불복할 수 없고, 항고법원은 본안에 대한 항고가 이유 없는 때에는 비용에 대한 재판부분 만을 취소 또는 변경할 수도 없다. 비용의 채권자는 비용부담의 재판에 의하여 강제집행할 수 있고, 민사집행법의 규정이 준용되지만 집행을 하기 전에 재판서의 송달은 하지 아니한다(비송사건절차법 제29조). 비용의 재판에 대한 항고가 있을 때에는 민사소송법 제448조, 제500조에 따라 강제집행의 정지를 명할 수 있다(비송사건절차법 제29조 제3항).

9. 절차의 구조

현행 가사소송법, 비송사건절차법에 의하면 라류비송사건은 소송구조 대상이 아니다. 가사비송에는 비소사건절차법이 준용되는데, 비송사건절차법에서는 민사소송 규정중 소송구조에 관한 규정을 준용하지 않고 있기 때문이다.
가사소송법 개정안은 사회취약계층이 실질적으로 후견제도를 활용할 수 있도록 가사비송사건에 있어서 절차구조 규정을 신설하고, 소송구조에 관한 민사소송법 규정을 준용 하도록 하고 있다.
즉 가정법원은 절차비용을 지출할 자금능력이 없거나 이를 지출하면 현저한 지장이 있는 사람에 대하여 그 사람의 신청에 따라 또는 직권으로 절차구조를 할 수 있다. 다만 신청인이 부당한 목적으로 심판청구를 하는 것이 명백한 경우에는 그러하지 아니하다(가사소송법 개정안 제37조의2 제1항).

1) 절차구조의 요건

가. 무자력 요건

절차비용을 지출한 자금능력이 없거나 이를 지출하면 현저히 지장이 있는 사람이어야 한다. 자연인의 경우 반드시 무자력자나 극빈자에 한정되지 않고, 경제적으로 빈곤하여 자기와 같이 사는 가족에게 필요한 생활을 해하지 않고서는 절차비용을 지출하기에 부족한 사람을 의미한다.
절차구조 신청인이 「국민기초생활 보장법」에 따른 수급자, 「한부모가족지원법」에 따른 보호대상자, 「기초노령연금법」에 따른 수급자 중 하나에 해당하는 때에는 자금능력이 보고 다른 요건의 심사만으로 소송구조 여부를 결정할 수 있다(소송구조제도의운영에관한재판예규 제3조의2).

나. 지출이 예상되는 절차비용

지출이 예상되는 절차비용은 절차구조의 객관적 범위에 포함되는 절차비용(민사소송법 제129조 제1항)과 민사소송비용법 소정의 엄격한 의미의 소송비용 외에도 당사자가 심판제기전 또는 절차계속중에 지출하는 필요비를 모두 포함한다. 구체적으로는 ① 인지대, 송달료, 증인 감정인 등에 지급할 여비 일당 등 재판비용, ② 심판청구 준비를 위한 조사연구비, 교통비, 서류작성비, 복사비 등의 비용 가운데 심판인용을 위한 필요한 한도의 당사자 비용, ③ 당사자가 선임한 변호사에게 지급할 비용 또는 보수가 포함된다.

다. 신청인과 생계를 같이 하는 가족의 자금능력

신청인이 얻고 있는 수입, 보유자산을 자료로 하여 판단하며, 자기 또는 가족의 생활을 해치게 되는 경우에 인정되므로 생계를 같이 하는 가족의 자금능력도 신청인의 생계에 기여 내지 부담으로 되는 범위에서는 고려한다.

라. 부당한 목적의 심판청구가 아닐 것

신청인이 부당한 목적으로 심판청구를 하는 것이 명백한 경우에는 절차구조가 인정되지 않는다.

마. 구조요건의 소명

신청인은 구조의 사유를 소명하여야 한다(민사소송법 세128조 제2항).
무자력 요건의 소명방법으로 신청인, 그와 동거하는 가족의 자금능력을 적은 서면을 제출하여야 한다(민사소송규칙 제24조 제2항). 실무상 법원창구에 비치된 재산관계진술서를 작성하여 첨부서면과 함께 제출한다.

2) 절차구조의 신청 및 심판

가. 신 청 인

심판청구를 하려는 사람이 신청할 수 있다.

나. 관 할

절차구조에 대한 재판은 소송기록을 보관하고 심판청구기록을 보관하고 있는 법원이 한다(민사소송법 제128조 제3항).

다. 신청방식

구조신청은 서면으로 하여야 하고, 신청서에는 신청인 및 그와 같이 사는 가족의 자금능력을 적은 서면을 붙여야 한다(민사소송법 제128조 제4항, 민사소송규칙 제24조).

신청인은 각급 법원에 비치된 소송구조신청서에 원하는 소송구조 범위 등을 명시하여 작성하고, 사건내용은 심판청구소 사본을 첨부하는 것으로 갈음하며 자금능력에 고나하여는 재산관계진술서를 작성하여 제출한다.

신청서에는 1,000원 정액의 인지를 붙이고, 송달료 2회분을 예납한다.

라. 소송구조의 재판

절차구조 결정은 당사자의 신청에 따라 또는 직권으로 할 수 있다(가사소송법 개정안 제37조의2 제1항).

가정법원은 절차구조 신청이 이유 있다고 판단하거나 절차구조를 함이 상당하다고 판단되면 절차구조결정은 한다.

구조결정을 할 때에는 구조결정의 범위를 명확하게 기재하여야 하는데(소송구조예규 제3조 제1항), 결정 주문 예시는 다음과 같다.

예시 1) 이 법원 20○○느단12345 성년후견개시심판청구 사건에 관하여 신청인에게 심판청구서의 인지대에 대하여 소송구조를 한다.

예시 2) 이 법원 20○○느단12345 성년후견개시심판청구 사건에 관하여, 신청인에게 변호사비용에 대하여 소송구조를 한다.

예시 3) 이 법원 20○○느단12345 성년후견개시심판청구 사건에 관하여, 신청인에게 사건본인의 정신감정의 감정료에 대하여 소송구조를 한다.

신청중 일부에 대해서만 구조결정을 할 경우 나머지 신청을 기각하는 주문을 추가한다.

구조결정은 상당한 방법으로 신청인에게 고지하되, 즉시항고기간의 기산점이 되므로 이를 명확하게 하기 위해서는 송달의 방법으로 고지하는 것이 상당하다.

구조신청이 이유 없는 때에는 기각결정을 한다.

마. 불 복

절차구조신청을 기각하는 결정에 대하여 신청인은 즉시항고를 할 수 있다(민사소송법 제1333조 본문).

3) 절차구조의 효력

가. 객관적 범위

심판과 강제집행에 대한 절차구조의 범위는 다음 각 호와 같다. 다만 법원은 상당한 이유가 있는 때에는 다음 각 호 가운데 일부에 대한 소송구조를 할 수 있다(민사소송법 제129조 제1항).

① 재판비용의 납입유예(1호)

당사자가 소송을 수행하기 위하여 법원에 납입하는 비용으로 수수료(인지액)와 수수료 외의 비용(예납비용)으로 송달료, 공고비, 증인 감정인 통역인에게 지급하는 여비 및 숙박료, 일당, 감정료 통역료 법관 법원공무원의 증거조사 사실의 조사에 필요한 여비 숙박료 등이다. 강제집행절차에 소요되는 집행비용도 재판비용이며 성질에 따라 수수료 또는 수수료 외의 비용으로 처리한다.

재판비용 중 수수료는 납부가 유예되고, 수수료 외의 비용은 현실로 지출되어야 하므로 국고로부터 대납받아 지출하게 되는데, 법원사무관 등이 국고대납요청을 하여야 한다(민사소송규칙 제25조 제1항).

② 변호사 및 집행관의 보수와 체당금의 지급유예(2호)

변호사의 보수는 변호사가 절차구조를 받을 사람을 위하여 심판절차를 수행한 대가이고, 변호사의 체당금은 절차구조 받은 사람을 위한 심판절차수행을 위해 변호사가 먼저 지출하여 소요된 여비 숙박비 등의 비용을 말한다.

변호사비용에 대한 절차구조 결정을 받은 당사자는 변호사에게 지급해야 할 비용의 지급이 유예되므로 변호사는 우선 자신의 비용으로 사무를 처리하고, 당해 심급의 절차가 완료되면 국고에서 일정 금액의 보수를 받는다(민사소송법 제129조 제2항).

집행관은 강제집행의 채무자로부터 수수료와 비용을 추심하거나, 추심할 수 없으면 국고에서 집행관에게 상당한 금액을 지급한다(민사소송법 제129조 제2항).

③ 소송비용의 담보면제(3호)

라류 가사비송에는 적용이 없다.

④ 대법원규칙이 정하는 그 밖의 비용의 유예나 면제

현재는 이에 대한 대법원규칙이 없다.

나. 주관적 범위

소송구조는 이를 받은 사람에 한하여 효력이 있다(민사소송법 제130조 제1항).

다. 효력발생시기

구조의 효력은 구조결정이 고지된 때 발생한다.

다만 구조결정에서 특별히 장래에 대하여서만 효력을 가진다고 명기하지 않은 이상 청구서에 붙여야 하는 인지액은 신청시에 소급하여 효력이 생기나, 그 외의 재판비용은 구조결정에서 소급된다고 하지 않은 이상 결정고지일 이후에 납입 또는 예납의무가 발생하는 것에 한하여 발생한다.

4) 구조의 취소

소송구조를 받은 사람이 소송비용을 납입할 자금능력이 있다는 것이 판명되거나, 자금능력이 있게 된 때에는 소송기록을 보관하고 있는 법원은 직권으로 또는 이해관계인의 신청에 따라 언제든지 구조를 취소하고, 납입을 미루어 둔 소송비용을 지급하도록 명할 수 있다(민사소송법 1제31조).

5) 변호사비용에 대한 구조

가. 대상 사건이 복잡하거나 당사자의 절차수행능력이 현저히 부족한 경우 또는 공익적 성격이 있어 소송수행에 변호사의 조력이 필요하거나 적절한 사건에 대해 변호사 비용 구조결정을 한다.

나. 변호사 선임절차

절차구조를 받은 당사자는 스스로 변호사를 선택하여 절차구조 결정에 따른 것임을 변호사에게 고지하고 변호사를 선임할 수 있다.

한편 당사자의 변호사 선임과정을 용이하게 하기 위해서 각급법원에서 절차구조를 받은 사건을 담당할 변호사의 선임안내 및 우선상담 변호사의 지정에 관한 사무는 대응 지방변호사회 또는 지회에서 관장한다(소송구조예규 제8조). 이 경우 법원사무관 등은 구조를 받은 사람에게 대응 변호사회의 주소, 전화번호를 적은 소송구조 안내문을 교부 또는 송부하고, 구조를 받은 사람이 직접 변호사회에 찾아가 당해 사건을 담당할 변호사를 안내 받도록 한다.

다만 변호사회에서 관장할 수 없는 특별한 사정이 있는 경우 해당법원에서 운영하는데, 법원장이 소송구조사건을 담당할 변호사명부를 작성하고, 법원사무관 등은 구조를 받은 사람에게 순번에 해당하는 변호사의 이름, 사무실 주소, 전화번호, 팩스번호 등을 적은 소송구조안내문을 교부 또는 송부한다.

상담한 변호사가 선임계약에 응하지 않는 경우 대한법률구조공단에 찾아가 선임을 의뢰하면 공단은 수임하여 준다.

선임계약을 체결하는 경우 보수는 당사자와 협의하여 정할 수 있으나 실무상 소송구조 안내문에서 "민사소송법 제129조 제2항에 따라 국고로부터 지급받는 보수"와 "변호사보수의 소송비용산입에관한규칙에정해진 보수"의 합계액을 기준으로 약정하도록 권장하고 있다.

선임계약을 체결한 변호사는 위임장에 소송구조결정문 사본을 첨부하거나 "위임인에 대한 소송구조결정에 따라 위임계약을 체결합니다."라는 문구를 기재한 위임장을 제출하여 소송구조로 인한 위임이라는 취지를 밝혀야 한다.

다. 변호사의 보수와 체당금의 지급 또는 청구

변호사 보수와 체당금은 국가가 지급한다.

국고에서 지급할 변호사의 보수는 구조결정을 한 법원이 보수를 받을 변호사의 신청에 따라 그 심급의 소송절차가 완결된 때에 지급하며, 지급할 보수액은 변호사보수의소송비용산입에관한규칙을 참조하여 보수액확정결정을 정한다(민사소송규칙 제26조 제1항, 제2항).

절차구조 변호사에게 지급할 기본보수액은 당해 사건의 심급마다 100만원으로 한다.

당사자가 수인이거나 사건이 병합된 경우에도 하나의 사건으로 본다. 다만 이행권고결정, 지급명령, 자백 판결, 자백간주 판결 또는 무변론 판결로 완결된 사건에서 지급할 변호사 보수는 기본보수액의 2분의 1로 한다(소송구조예규 제11조 제1항).

재판장은 사안의 난이, 당사자의 수, 소송구조 변호사가 수행한 직무의 내용, 사건처리에 걸린 기간, 기록의 등사 등에 지출한 비용 기타 사항을 참작하여 소송구조변호사의 보수를 증액할 필요가 있다고 인정한 때에는 기본보수액의 50%의 범위 안에서 증액할 수 있다(소송구조예규 제11조 제2항).

재판장은 보수액확정결정을 마친 때에는 바로 보수지급의뢰서를 법원사무관등에게 교부하고, 법원사무관등은 명부 등으로 확인한 변호사의 계좌번호를 의뢰서에 적어 회계담당공무원에게 교부하고, 회계담당공무원은 지체 없이 보수를 입금한다(소송구조예규 제12조).

[서식 51] 소송구조신청서

소 송 구 조 신 청

구조대상사건 20○○느단○○○○ 성년후견개시심판

신청인(청구인) 김 ○ ○
서울 ○○구 ○○동 ○○○-○ ○○빌라 4층
전화, 휴대폰, 팩스, 이메일

신청인은 위 사건에 관하여 아래와 같은 사유로 소송구조를 신청합니다.

– 아 래 –

1. 구조를 신청하는 범위

□ 인지대 [□ 심판청구서 □ 항고장 □ 기타( )

□ 변호사비용
□ 기타(　정신감정료　)
□ 위 각 사항 등을 포함한 소송비용 전부

2. 구조가 필요한 사유

가. 사건 내용 : 별첨과 같다(심판청구서사본의 첨부로 갈음 가능)

나. 신청인의 자력

□ 국민기초생활보장법에 따른 수급자(수급자 증명서)
□ 한부모가족지원법에 따른 보호대상자(한부모가족증명서)
□ 기초노력연금법에 따른 수급자(기초노령연금수급자 증명서 또는 기초연금 지급내역이 나오는 거래은행통장 사본)
□ 위 대상자 이외의 자 : 재산관계진술서 및 그 밖의 소명자료 첨부

신청인은 소송진행 중이나 완결 후에 신청인의 직업이나 중대한 변동이 생긴 때, 소송의 결과 상대방으로부터 이행 받게 된 때에는 법원에 그 내용을 즉시 신고하겠습니다.

20○○년　○월　○일

위 청구인 ○ ○ ○　(인)

서울가정법원 제○단독　귀중

[서식 52] 소송구조재산관계진술서

소송구조재산관계진술서

<table>
<tr><td rowspan="2">신청인</td><td>이름</td><td></td><td>주민번호</td><td colspan="3"></td></tr>
<tr><td>직업</td><td></td><td>주소</td><td colspan="3"></td></tr>
<tr><td rowspan="5">가족관계</td><td>이름</td><td>신청인과의 관계</td><td>나이</td><td>직업</td><td>월수입</td><td>동거여부</td></tr>
<tr><td></td><td></td><td></td><td></td><td></td><td></td></tr>
<tr><td></td><td></td><td></td><td></td><td></td><td></td></tr>
<tr><td></td><td></td><td></td><td></td><td></td><td></td></tr>
<tr><td></td><td></td><td></td><td></td><td></td><td></td></tr>
<tr><td rowspan="2">신청인의 월수입</td><td>금액</td><td colspan="5"></td></tr>
<tr><td>내용</td><td colspan="5"></td></tr>
<tr><td rowspan="2">신청인의 주거</td><td>형태</td><td colspan="5">아파트, 단독주택, 다가구주택, 연립주택, 다세대주택
기타(　　　　　　　　　　　　　　　　　　　　)</td></tr>
<tr><td>소유관계</td><td colspan="5">신청인 또는 가족 소유(소유자 :　　　　　　　　　)
임대차(전세, 월세 : 보증금 :　　　원, 월세 :　　　원)
기타(　　　　　　　　　　　　　　　　　　　　)</td></tr>
<tr><td rowspan="5">신청인과 가족이 보유한 재산내용</td><td>부동산</td><td colspan="5"></td></tr>
<tr><td>예금</td><td colspan="5"></td></tr>
<tr><td>자동차</td><td colspan="5"></td></tr>
<tr><td>연금</td><td colspan="5"></td></tr>
<tr><td>기타</td><td colspan="5"></td></tr>
</table>

신청인은 이상의 기재사항이 모두 사실과 다름이 없음을 확인하며 만일 다른 사실이 밝혀질 때는 구조결정이 취소되더라도 이의가 없습니다.

20○○년 ○월 ○일

위 청구인 ○ ○ ○ (인)

서울가정법원 가사 제○단독 귀중

제 4 절 후견관련 가사사건의 심판절차

1. 관 할

1) 법정 후견에 관한 심판사건

성년후견·한정후견·특정후견에 관한 사건은 각 사건 본인 또는 후견인의 주소지의 가정법원의 관할로 한다(가사소송법 개정안 제45조의2).

현행 가사소송법에서 금치산·한정치산 관련 사건은 사건 본인 주소지의 가정법원으로 규정하고 있는데 반해 새로운 법정후견 관련 사건은 후견 개시 심판 이후 후견인의 치료상·생활편의상 등의 이유로 주소지가 변경됨에 따른 불편을 최소화하기 위해 사건 본인 또는 후견인의 주소지의 가정법원의 관할로 하였다.

2) 임의후견에 관한 심판사건

임의후견에 관한 심판사건은 사건 본인·임의후견인 또는 임의후견감독인의 주소지의 가정법원의 관할로 한다(가사소송법 개정안 제45조의6).

임의후견 심판사건의 관할도 법정후견 심판사건과 마찬가지로 후견 개시 심판 이후 후견인의 치료상·생활편의상 등의 이유로 주소지가 변경됨에 따른 불편을 최소화하기 위한 것이다.

2. 라류 제1호 사건

1) 성년후견의 개시의 심판과 종료의 심판(가사소송법 제2조 제2항 가목 1)

가. 민법 제9조에 의한 성년후견개시의 심판

① 청구권자 및 관할

청구권자는 본인, 배우자, 4촌 이내의 친족, 미성년후견인, 미성년후견감독인, 한정후견인, 한정후견감독인, 특정후견인, 특정후견감독인, 검사 또는 지방자치단체의 장이다.

가사소송법은 후견에 관한 사건은 모두 피후견인(피후견인이 될 사람을 포함한다)의 주소지의 가정법원이 관할하도록 하였다(가사소송법 제44조 제1호의2). 따라서 성년후견에 관한사건은 피성년후견인(피성년후견인이 될 사람을 포함한다)의 주소지의 가정법원이 관할한다. 성년후견에 관한 사건은 가사비송사건 중 라류(類) 사건으로서 가정법원의 전속관할이다(가사소송법 제2조 제1항 제2호 가목).

② 성년후견 개시요건

질병, 장애, 노령, 그 밖의 사유로 인한 정신적 제약으로 사건본인의 사무를 처리할 능력이 결여되어 있고, 이런 상태가 지속적이어야 한다.

③ 사건 본인의 정신상태의 감정 등

가정법원이 성년후견 개시의 심판을 할 경우에는 사건본인의 정신상태에 관하여 감정을 시켜야 한다.

다만, 사건본인의 정신상태를 판단할 만한 다른 충분한 자료가 있는 때에는 감정을 하지 않아도 된다(가사소송법 개정안 제45조의3 제1항).[83]

정신적 제약으로 인하여 사건본인의 사무처리 능력이 지속적인 결여 여부의 판단은 원칙적으로 정신상태의 감정에 의하도록 하되, 이미 사건본인이 정신적인 장애에 대한 장애판정이나 병원 입원 과정에서 이미 정신감정 등을 받은 사실

83) 예컨대 ① 외견상 정신적 장애가 있음이 명백하고, ② 사건본인을 둘러싼 사람들 사이에 이해관계의 대립이 없으며, ③ 다른 사건에서 제출된 사건본인에 대한 최근의 감정서 또는 공신력 있는 의료기관에서 작성한 진단서가 있는 경우 등이 이에 해당할 수 있다.

이 있고 이러한 자료가 신뢰할 만한 경우에는 정신감정을 하지 않아도 된다. 정신감정은 감정촉탁이 방법으로 하고, 감정촉탁은 직권이나 청구인의 신청에 따라 한다. 청구인은 정신감정에 갈음하여 사건본인의 정신상태를 판단할 만한 진단서 등의 자료를 증거로 제출하거나, 가정법원이 이전에 정신감정이나 장애판정을 한 병원 등에 정신감정촉탁내용과 같은 사실조회를 하여 감정촉탁을 대체할 수 있다.

성년후견이 개시되면 가정법원은 성년후견인을 선임하여야 하고, 취소할 수 없는 피성년후견인의 법률행위의 범위를 결정할 수도 있으므로(민법 제10조 제2항), 가정법원은 정신감정 등을 함에 있어서 성년후견 개시 요건 즉 사건본인의 지속적인 사무처리 능력의 결여 여부 외에도 사건본인의 사무처리 능력 결여의 정도, 내용도 함께 감정하도록 하여 사건본인을 위해 적절한 후견인의 결정과 취소할 수 없는 법률행위의 범위를 결정하는 자료로 활용할 필요가 있다.

④ 사건 본인이 진술청취

가정법원은 성년후견개시의 심판을 할 때 본인의 의사를 고려하여야 한다(민법 제9조 제2항).

가정법원은 성년후견 개시의 심판을 하는 경우에는 사건본인의 진술을 들어야 한다. 다만, 피성년후견인으로 될 사건본인에 관해서는, 그 사람의 의식불명 그 밖의 사유로 자신의 의사를 표명할 수 없는 경우에는 그러하지 아니하다(가사소송법 개정안 제45조의4 제1항 제1호).

가정법원이 사건본인의 진술을 들을 경우에는 그 사람을 직접 심문하여야 한다. 다만, 심문이 당사자의 건강을 해할 우려가 있거나 사건본인이 자신의 의사를 밝힐 수 없는 사정이 있는 때에는 그러하지 아니하다(개정안 제45조의4 제3항).

가정법원은 사건본인의 의사를 확인하여 최대한 이를 존중하여 심판하여야 하므로, 심판절차에서 사건본인의 진술을 청취할 수 없는 상태라 하더라도 그 이전에 자신의 의사를 다른 사람에게 밝혔거나 문서로 작성해 둔 경우와 같이 사건본인의 의사를 확인할 수 있는 다른 방법이 있다면 증인이나 서증에 대한 증거조사를 통해 최대한 사건본인의 의사를 확인하고 이를 전제로 심판하여야 한다.

사건본인의 심문을 위하여 검증이 필요할 경우 감정에 관한 민사소송법 규정이 준용되므로 검증에 필요하다고 인정할 때에는 감정을 명하거나 증인을 심문할 수 있고, 문서제출을 명할 수도 있다(개정안 제45조의4 제4항, 민사소송법 제365조, 제366조). 후견개시의 경우 사건본인의 행위능력 및 재산관리에 중대한 변화를 유발하게 되므로 가정법원 판사가 피후견인이 될 사건본인을 직접 심문하도록 하여 사건본인의 절차권을 충실히 보장하고, 검증절차에 관한 민사소송법 규정을 준용하여 가정법원 판사의 피후견인에 대한 직접 심문의 실효성을 확보하기 위한 것이다.

⑤ 심판 및 고지

정신적 제약으로 사건본인의 사무를 처리할 능력이 지속적으로 결여 되어 있다면 가정법원은 성년후견개시 심판을 하여야만 한다. 심리결과 사건본인의 사무처리능력이 결여된 정도는 아니고 부족한 정도인 경우 가정법원은 성년후견개시심판을 기각할 것인지, 아니면 한정후견개시 심판을 하여야 할 것인지 논란이 있을 수 있다.

금치산심판청구의 경우 청구취지의 변경이 없이 한정치산선고를 할 수 있는 선고를 할 수 있다는 견해가 다수설이고, 실무에서도 그러한 경우가 많았던 점 등을 고려하면 청구인의 청구취지 변경이 없더라도 성년후견개시 심판청구를 한 경우 한정후견개시 선고를 할 수 있고, 그 반대의 경우도 가능하다고 봄이 타당하다.

1. 사건본인에 대하여 성년후견을 개시한다.
2. 사건본인의 성년후견인으로 ○○○(주민등록번호, 주소)을 선임한다.
3. 취소할 수 없는 사건본인의 법률행위의 범위, 성년후견인의 법정대리권의 범위 및 성년후견인이 사건본인의 신상에 관하여 결정할 수 있는 권한의 범위는 각 별지 기재와 같다.

한편, 가사비송사건의 심판은 당사자와 절차에 참가한 이해관계인에게 고지하여야 한다(가사소송규칙 제25조). 개정 가사소송규칙은 성년후견 등에 관한 심판의 고지대상을 확대하였는데, 가사소송규칙 제25조에서 정한 자 이외에 후견인(그 심판 및 법률에 의하여 임무가 개시되거나 종료될 자를 포함) 및 후견감독인(그 심판 및 법률에 의하여 임무가 개시되거나 종료될 자를 포함)에게도 성년후견 등에 관한 심판을 고지하여야 한다(가사소송규칙 제35조 제1항). 또한 가정법원의 법원사무관등은 지체 없이 사건본인에게 그 뜻을 통지하여야 한다(가사소송규칙 제35조 제2항).

⑥ 즉시항고

성년후견개시 심판에 대하여는 개시 심판청구권자인 본인, 배우자, 4촌 이내의 친족, 미성년후견인, 미성년후견감독인, 한정후견인, 한정후견감독인, 특정후견인, 특정후견감독인, 검사 또는 지방자치단체의 장이 즉시항고할 수 있다. 후견계약이 등기되어 있는 피임의후견인에 대하여 성년후견개시 심판이 이루어진 경우에는 그 임의후견인, 임의후견감독인 또한 즉시항고권자가 된다(가사소송규칙 제36조 제1항 제1호 가목). 성년후견개시 청구의 기각 심판에 대하여는 청구인이 즉시항고할 수 있다(가사소송규칙 제27조).

⑦ 후견등기의 촉탁

성년후견개시 심판을 한 경우, 성년후견 등의 종류, 개시심판을 한 가정법원, 사건의 표시 및 재판확정일은 후견등기 대상이다(후견등기에관한법률안 제25조 제1호).

따라서 가정법원은 성년후견개시 심판이 확정되면 지체 없이 후견등기사무를 처리하는 사람에게 후견등기부에 등기할 것을 촉탁하여야 한다(가사소송법 개정안 제9조). 그밖에 성년후견에 관한 심판 중 후견등기부기록을 촉탁하여야 할 심판 등에 관하여는 가사소송규칙 제5조의2에 규정되어 있다.

⑧ 성년후견개시 심판의 효과

피성년후견인이 행한 법률행위는 취소할 수 있다(민법 제10조 제1항). 성년후견이 개시되면 피성년후견인은 원칙적으로 성년후견인의 대리를 통해서 법률행위를 해야 하며 단독으로 행한 법률행위는 취소의 대상이 된다. 법률행위를 취소할 수 있는 자는 피성년후견인 자신과 그의 법정대리인인 성년후견인이다(민법 제140조). 다만, 일상적 법률행위 즉, 일용품의 구입 등 일상생활에 필요하고 그 대가가 과도하지 아니한 법률행위는 성년후견인이취소할 수 없다(민법 제10조 제4항).

또한, 성년후견인은 피성년후견인의 포괄적인 법정대리인이 된다(민법 제938조 제1항). 다만, 가정법원은 성년후견인이 가지는 대리권의 범위를 따로 정할 수 있다(민법 제938조 제2항).

한편, 대리인에 대하여 성년후견이 개시된 경우 이는 대리권의 소멸사유에 해당하고(민법 제127조 제2호), 위임계약에서 수임인이 성년후견개시의 심판을 받은 경우 위임계약은 종료되며(민법 제690조), 조합원에 대하여 성년후견이 개시되면 그 조합원은 조합에서 탈퇴된다(민법 제717조). 무권대리인이 피성년후견인인 경우에는 책임이 면제된다(민법 제135조 제2항).소멸시효의 기간만료 전 6개월 내에 피성년후견인에게 성년후견인이 없는 경우에는 그가 능력자가 되거나 성년후견인이 취임한 때부터 6개월 내에는 시효가 완성되지 않고(민법 제179조), 재산을 관리하는 아버지, 어머니 또는 성년후견인에 대한 피성년후견인의 권리는 그가 능력자가 되거나 후임 성년후견인이 취임한 때부터 6개월 내에는 소멸시효가 완성되지 않는다(민법제180조 제1항).

[서식 53] 성년후견개시심판청구

성년후견개시 심판청구

청 구 인　○ ○ ○ (주민등록번호)
등록기준지　○○시 ○○구 ○○길 ○○
주소　○○시 ○○구 ○○길 ○○
사건본인과의 관계

사건본인　△ △ △ (주민등록번호)
등록기준지　○○시 ○○구 ○○길 ○○
주소　○○시 ○○구 ○○길 ○○

청 구 취 지

1. 사건본인에 대하여 성년후견을 개시한다.
2. 사건본인의 성년후견인으로 ○○○(주민등록번호, 주소)를 선임한다.

라는 심판을 구합니다.

청 구 원 인

1. 청구인은 사건본인의 아들로서 자영업을 영위하면서 청구인이 사건본인을 모시고 있습니다.

2. 사건본인은 약 5년 전부터 노인성 치매로 ○○병원에서 요양 중인데 현재 사건본인은 일상생활을 혼자 힘으로 영위할 능력이 없습니다.

3. 청구인은 이 사건 심판을 통하여 성년후견인이 되어 사건본인의 부동산을 관리하고 그 수익을 사건본인에 대한 치료비로 사용하고자 합니다.

4. 따라서 청구인은 사건본인의 성년후견인으로 지정받고자 이 사건 심판청구에 이르렀습니다.

첨 부 서 류

1. 가족관계증명서 및 기본증명서 1통
   (청구인, 사건본인, 후견인후보자)
1. 주민등록등본(사건본인) 1통
1. 사건본인 및 후견인후보자의 후견등기사항전부증명서 1통
   (말소 및 폐쇄사항 포함)(후견등기사항이 없는 경우 후견등기사항부존재증명서)
1. 진단서 1통
1. 사전현황설명서 1통
1. 기타(소명자료) ○통

20○○년 ○월 ○일

위 청구인 ○ ○ ○ (인)

○ ○ 가 정 법 원 귀중

사전 현황 설명서

1. 사건본인에 관한 사항		
가. 현재 한정치산자 또는 금치산자인지	예 □	아니오 □
나. 한정후견·특정후견·임의후견을 받고 있는지	예 □	아니오 □
다. 현재의 심신 상태 및 치료 상황		
라. 현 거주지 및 현재 누구와 동거하고 있는지		
마. 재산상황(목록으로 작성하여 별지로 첨부 가능)		
바. 의견진술을 위하여 법원출석이 가능한지 여부		
사. 치료받은 병원 이름 및 치료받은 기간		
2. 성년후견을 청구하게 된 동기와 목적(구체적으로 기재)		
3. 이 사건 청구에 관한 사건본인의 선순위 상속인들의 의견		
가. 선순위 상속인들 명단		
나. 동의자(동의서 첨부)		
다. 부동의자		

재 산 목 록

▣ 재산내역

1. 부동산(등기사항전부증명서 첨부)
2. 예금
3. 보험
4. 주식, 펀드
5. 자동차
6. 현금, 귀금속
7. 채권
8. 기타 자산
9. 채무
10. 순재산 합계

▣ 소득 및 지출 내역

1. 소득목록
   가. 급여
   나. 임대료 수익
   다. 이자수입
   라. 사회보장수급액
   마. 기타
2. 지출목록
   가. 정기적 지출
   나. 비정기적 지출
3. 순소득액

■ 참고사항

1. 관할법원 : 사건본인의 주소지 가정법원
2. 청구권자 : 본인, 배우자, 4촌 이내의 친족, 미성년후견인, 미성년후견감독인, 한정후견인, 한정후견감독인, 특정후견인, 특정후견감독인, 검사 또는 지방자치단체의 장
3. 제출부수 : 신청서 1부

4. • 인지대 : 사건본인 수 × 5,000원
   • 송달료 : 청구인 수 × 5,200원 × 10회분
5. 불복절차
   • 보통항고(비송사건절차법 제20조 제1항)
   • 기간에 대한 규정 없음

[서식 54] 성년후견개시심판청구

성년후견개시 심판청구

청 구 인　　○ ○ ○ (주민등록번호)
　　등록기준지　○○시 ○○구 ○○길 ○○
　　주소　○○시 ○○구 ○○길 ○○
　　사건본인과의 관계

사건본인　　△ △ △ (주민등록번호)
　　등록기준지　○○시 ○○구 ○○길 ○○
　　주소　○○시 ○○구 ○○길 ○○

청 구 취 지

1. 사건본인에 대하여 성년후견을 개시한다.
2. 사건본인의 성년후견인으로 ○○○(주민등록번호, 주소)를 선임한다.

라는 심판을 구합니다.

청 구 원 인

1. 청구인은 사건본인의 아들입니다. 사건본인은 ○○○와 혼인하여 그 사이에 청구인과 □□□를 두었는데, 남편인 ○○○는 사망하였고 청구인이 사건본인을 모시고 있습니다.

2. 사건본인은 약 7년 전부터 노인성 치매 증세가 나타나 병원에서 치료를 받아 왔는데, 3년 전부터 상태가 급격히 악화되어 ○○병원에서 요양 중에 있습니다. 현재 사건본인은 아들인 청구인조차 알아보지 못할 정도이므로 일상생활의 사무를 처리할 능력이 전혀 없고, 향후에도 증세가 호전될 가능성이 매우 희박합니다.

3. 청구인은 아들로서 사건본인을 정성껏 돌보아 왔으나 치료비와 요양비 부담이 만만치 않고, 사건본인 소유 부동산의 관리에 많은 어려움을 겪고 있으므로, 이 사건 심판을 통해 성년후견인으로서의 지위를 인정받고, 사건본인의 부동산을 관리하여 그 수익을 사건본인을 개호하는 비용으로 사용하자 합니다.

4. 사건본인의 성년후견인으로는 아들인 청구인이 선임되기를 원하며, 그 권한의 범위는 별지 기재와 같이 정해지기를 원합니다.

5. 이러한 이유로 이 사건 청구에 이르게 되었습니다.

성년후견인 후 보 자	성 명	
	주 소	
	주 민 등 록 번 호	
	직 업	
	사건본인과의 관계	

첨 부 서 류

1. 가족관계증명서 및 기본증명서 1통
   (청구인, 사건본인, 후견인후보자)
1. 주민등록등본(사건본인) 1통
1. 사건본인 및 후견인후보자의 후견등기사항전부증명서
   (말소 및 폐쇄사항 포함)(후견등기사항이 없는 경우
   후견등기사항부존재증명서) 1통
1. 진단서 1통
1. 사전현황설명서 1통

1. 기타(소명자료) ○통

20○○년 ○월 ○일

위 청구인 ○ ○ ○ (인)

○ ○ 가 정 법 원 귀중

사전현황설명서

1. 사건본인에 관한 사항	
가. 현재 한정치산자 또는 금치산자인지	예□ 아니오□
나. 한정후견·특정후견·임의후견을 받고 있는지	예□ 아니오□
다. 현재의 심신 상태 및 치료 상황	
라. 현 거주지 및 현재 누구와 동거하고 있는지	
마. 재산상황(목록으로 작성하여 별지로 첨부 가능)	
바. 의견진술을 위하여 법원출석이 가능한지 여부	
사. 치료받은 병원 이름 및 치료받은 기간	
2. 성년후견을 청구하게 된 동기와 목적(구체적으로 기재)	

3. 이 사건 청구에 관한 사건본인의 선순위 상속인들의 의견	
가. 선순위 상속인들 명단	
나. 동의자(동의서 첨부)	
다. 부동의자	

재 산 목 록

▣ 재산내역

1. 부동산(등기사항전부증명서 첨부)
2. 예금
3. 보험
4. 주식, 펀드
5. 자동차
6. 현금, 귀금속
7. 채권
8. 기타 자산
9. 채무
10. 순재산 합계

▣ 소득 및 지출 내역

1. 소득목록
   가. 급여
   나. 임대료 수익
   다. 이자수입
   라. 사회보장수급액
   마. 기타

> 2. 지출목록
>   가. 정기적 지출
>   나. 비정기적 지출
> 3. 순소득액

나. 민법 제11조에 의한 성년후견종료의 심판

① 청구권자

본인, 배우자, 4촌 이내의 친족, 성년후견인, 성년후견감독인, 검사 또는 지방자치단체의 장이다.

② 성년후견 종료의 요건의 소멸

성년후견개시의 원인이 소멸하여야 한다. 즉 피성년후견인의 정신적 제약으로 인한 사무처리능력 결여 상태가 해소되었어야 한다.

③ 정신상태 감정 등

가정법원이 성년후견 개시의 심판의 경우와 달리 성년후견 종료의 심판할 사건본인의 정신상태에 관하여 감정이 필수적인 것은 아니다.

다만 성년후견개시 원인의 소멸, 즉 피성년후견인의 사무처리능력 결여상태의 해소를 확인할 수 있는 진단서 등의 자료가 제출되어야 하고, 경우에 따라서는 정신상태의 감정이 필요할 수도 있을 것이다.

④ 피성년후견인 또는 성년후견인의 진술청취

가정법원은, 성년후견 종료의 심판을 하는 경우에는 피성년후견인 또는 성년후견인의 진술을 들어야 한다. 다만, 피성년후견인으로 될 사건본인에 관해서는, 그 사람의 의식불명 그 밖의 사유로 자신의 의사를 표명할 수 없는 경우에는 그러하지 아니하다(가사소송법 개정안 제45조의4 제1항).

진술 청취를 위해 직접 심문하여야 하는 것은 성년후견 개시의 심판을 하는 경우와 동일하다.

⑤ 심 판

성년후견 개시의 원인이 소멸한 경우에는 성년후견 종료선고를 하여야만 하고, 그렇지 아니한 경우에는 심판청구를 기각한다.

청구취지는 "사건본인 ○○○에 대한 성년후견을 종료한다."

⑥ 후견등기의 촉탁

성년후견 등이 종료한 경우에는 그 사유 및 연월일은 성년후견 등에 관한 기록사항이므로(후견등기에관한법률안 제25조 제9호), 가정법원은 성년후견 종료심판이 확정되면 지체 없이 후견등기사무를 처리하는 사람에게 후견등기부에 등기할 것을 촉탁하여야 하고, 성년후견인도 등기를 신청하여야 한다(후견등기에관한법률안 제20조 제1항, 제2항).

[서식 55] 성년후견종료심판청구

성년후견 종료 심판청구

청 구 인 ○ ○ ○
○○시 ○○구 ○○길 ○○ (우편번호 ○○○○○)
전화·휴대폰번호 :
팩스번호, 전자우편(e-mail)주소 :
사건본인과의 관계 :

사 건 본 인 ◇ ◇ ◇
등록기준지 :
○○시 ○○구 ○○길 ○○ (우편번호 ○○○○○)
전화·휴대폰번호 :
팩스번호, 전자우편(e-mail)주소 :

청 구 취 지

사건본인에 대한 성년후견을 종료한다.
라는 재판을 구합니다.

청 구 원 인

1. 사건본인에 대하여 20○○. ○. ○. ○○법원 20○○느단○○○○호로 성년후견개시 심판이 있었고, 성년후견인으로 ○○○가 선임되었습니다.

2. 청구인은 사건본인의 아들입니다.

3. 그런데 그 후 사건본인은 사무를 처리할 수 있는 능력을 회복하였습니다(구체적으로 기재).

4. 따라서 청구인은 성년후견의 종료 심판을 구합니다.

첨 부 서 류

1. 가족관계증명서 및 기본증명서(청구인, 사건본인)	각 1통
2. 주민등록등본(사건본인)	1통
3. 사건본인의 후견등기사항전부증명서 (말소 및 폐쇄사항 포함)	1통
4. 청구인과 사건본인과의 관계를 밝혀줄 제적등본, 가족관계증명서 등(1.항의 가족관계증명서만으로는 그 관계를 알 수 없는 경우)	각 1통
5. 기타(소명자료)	○통

20○○년 ○월 ○일

위 청구인 ○ ○ ○ (인)

○○가정지방법원 귀중

■ 참고사항

1. 관할법원 : 사건본인(피후견인이 될 사람을 포함한다)의 주소지 가정법원(지방법원, 지원)
2. 제출부수 : 신청서 1부

3. ‣ 인지액 : 사건당 5,000원 ‣ 송달료 : 청구인수 × 5,200원 × 10회분 4. 불복절차 ‣ 즉시항고(가사소송법 제43조, 가사소송규칙 제36조 제2항 제1호) ‣ 재판을 고지 받은 날부터 14일의 불변기간 이내(가사소송법 제43조 제5항)

다. 민법 제14조의3 및 제959조의20에 따른 성년후견 등 종료의 심판

가정법원이 피한정후견인 또는 피특정후견인에 대하여 성년후견개시의 심판을 할 때에는 종전의 한정후견 또는 특정후견의 종료 심판을, 피성년후견인 또는 피특정후견인에 대하여 한정후견개시의 심판을 할 때에는 종전의 성년후견 또는 특정후견의 종료 심판을 한다(민법 제14조의3).

라. 민법 제959조의20에 따른 성년후견 등 개시 및 종료의 심판

① 후견계약이 등기되어 있는 경우에는 가정법원은 본인의 이익을 위하여 특별히 필요할 때에는 성년후견, 한정후견, 또는 특정후견의 심판을 할 수 있고, 이 경우 후견계약은 선년후견 또는 한정후견개시의 심판을 받은 때 종료한다(민법 제959조의20 제1항).

심판청구권자는 임의후견인 또는 임의후견감독인이며, 법원은 본인의 이익을 위하여 특별히 필요한 경우에만 성년후견 등의 심판을 한다.

② 사건본인이 피성년후견인, 피한정후견인 또는 피특정후견인인 경우에 가정법원이 임의후견감독인을 선임하는 경우 원칙적으로 종전의 성년후견, 한정후견 또는 특정후견에 대해 종료 심판을 하여야 한다.

다만, 성년후견 또는 한정후견 조치의 계속이 본인의 이익을 위하여 특별히 필요하다고 인정하면 가정법원은 임의후견감독인을 선임하지 아니한다(민법 제959조의20 제2항).

③ 진술청취

성년후견, 한정후견 또는 특정후견 개시 심판의 경우 사건본인(위의 경우 피임의후견인), 성년후견, 한정후견 또는 특정후견의 종료 심판을 하는 경우에는 피후견인 또는 후견인의 진술을 청취하여야 한다. 다만, 피성년후견인으로 될 사건본인에 관해서는, 그 사람의 의식불명 그 밖의 사유로 자신의 의사를 표명할 수 없는 경우에는 그러하지 아니하다(가사소송법 개정안 제45조의4 제1항).

④ 후견등기의 촉탁

성년후견 등이 개시 또는 종료, 임의후견감독인의 선임은 후견등기의 기록사항이므로(후견등기에관한법률안 제25조, 제26조, 제29조), 가정법원은 후견등기 기록사항에 관한 심판내용은 후견등기를 촉탁하여야 한다(후견등기에관한법률안 제20조 제1항, 제2항).

2) 취소할 수 없는 피성년후견인의 법률행위의 범위결정 및 변경

가. 범위결정

피성년후견인의 법률행위는 취소할 수 있으나(민법 제10조 제1항), 가정법원은 직권으로 취소할 수 없는 피성년후견인의 법률행위의 범위를 정할 수 있다. 가정법원이 직권으로 위 범위를 결정하지 아니하는 경우, 본인 등도 취소할 수 없는 법률행위의 범위를 결정하여 달라는 심판을 청구하는 것이 가능할 것으로 보인다. 이 경우 취소할 수 없는 피성년후견인의 법률행위의 범위결정 심판을 청구할 수 있는 자는 취소할 수 없는 법률행위 범위의 변경청구권자와 동일한 것으로 보는 것이 타당하다.

나. 범위변경 심판 청구권자

가정법원은 본인, 배우자, 4촌 이내의 친족, 성년후견인, 성년후견감독인, 검사 또는 지방자치단체의 장의 청구에 의하여 제2항의 범위를 변경할 수 있다(민법 제10조 제3항).

[서식 56] 취소할 수 없는 피성년후견인의 법률행위 범위변경

취소할 수 없는 피성년후견인의
법률행위범위 변경 청구

청 구 인　　◇ ◇ ◇ (전화　　　　　　)
주민등록번호

주소
사건본인과의 관계

사건본인　　○ ○ ○
주민등록번호(외국인등록번호)
주소
등록기준지(국적)

청 구 취 지

취소할 수 없는 사건본인의 법률행위 범위를 별지 기재와 같이 변경한다. 라는 심판을 구합니다.

청 구 원 인

1. 사건본인에 대하여 20○○. ○. ○. ○○법원 20○○느단○○○○호로 성년후견개시 심판이 있었고, 성년후견인으로 ■■■가 선임되었습니다.

2. 위 심판에 의하면, 취소할 수 없는 사건본인의 법률행위의 범위는 다음과 같습니다(내용 기재).

3. 그런데, ... 사정변경이 발생하여 취소할 수 없는 법률행위의 범위를 다음과 같이 변경할 필요성이 있습니다(내용 기재).

4. 따라서 청구인은 이건 청구에 이르렀습니다.

첨 부 서 류

1. 가족관계증명서 및 기본증명서(청구인, 사건본인)　　각 1통
2. 주민등록등본(사건본인)　　1통
3. 사건본인의 후견등기사항전부증명서　　1통
(말소 및 폐쇄사항 포함)
4. 청구인과 사건본인과의 관계를 밝혀줄 제적등본,

가족관계증명서 등(1.항의 가족관계증명서만으로는
그 관계를 알 수 없는 경우) 각 1통
5. 기타(소명자료) ○통

20○○년 ○월 ○일

위 청구인 ○ ○ ○ (인)

○ ○ 가 정 법 원 귀중

취소할 수 없는 피성년후견인의 법률행위의 범위

□ 취소권 제한 없음

□ 취소권 제한 있음

□ ____________________
□ ____________________
□ ____________________
□ ____________________

■ 참고사항

1. 관할법원 : 사건본인(피후견인이 될 사람)의 주소지의 가정법원(지방법원, 지원)
2. 제출부수 : 신청서 1부
3. ‣ 인지액 : 사건본인 수 × 5,000원
   ‣ 송달료 : 청구인수 × 5,200원 × 10회분
4. 불복절차
   ‣ 특별항고(민사소송법 제449조), 즉시항고는 불가능
   ‣ 재판이 고지된 날로부터 1주일의 불변기간 이내

다. 범위 결정 및 변경의 심리

일용품의 구입 등 일상생활에 필요하고 그 대가가 과도하지 아니한 법률행위는 성년후견인이 취소할 수 없다(민법 제10조 제4항). 이러한 법률행위 외에 어떤 범위의 법률행위를 취소할 수 없는 것으로 할 것인가의 결정은 피성년후견인의 정신적 제약 및 사무처리능력의 정도, 피성년후견인의 생활환경 등을 고려하여 결정하여야 하고, 이를 위해서는 청구인이 소명자료를 제출하거나 가정법원이 사실조회 등의 방법으로 심판에 필요한 사실관계를 직권탐지하여야 한다.

라. 사건본인의 진술청취

가정법원이 취소할 수 없는 피성년후견인의 법률행위의 범위 결정 및 변경의 심판을 하는 경우 사건본인의 진술을 청취하여야 한다(가사소송법 개정안 제45조의4 제1항 제6호).

마. 심 판

가정법원이 취소할 수 없는 법률행위의 범위를 결정·변경함에 있어서는 청구인의 청구취지에 구속되지 않는다.

범위결정 또는 변경심판청구의 경우 가정법원이 민법 제10조 제4항 외에 달리 취소할 수 없는 법률행위의 범위를 결정하는 것이 상당하지 않다고 판단하거나 변경할 필요가 없다고 판단하는 경우에는 심판청구를 기각한다.

청구취지는 "사건본인(또는 피성년후견인) ○○○의 법률행위 중 다음에 기재한 것은 성년후견인이 이를 취소할 수 없다.", "사건본인(또는 피성년후견인) ○○○의 성년후견인

은 위 사건본인의 법률행위에 다음에 해당하는 것은 취소할 수 없다."

바. 후견등기의 촉탁

취소할 수 없는 피성년후견인의 법률행위의 범위를 결정한 경우 그 범위, 위 범위를 변경한 경우에는 그 변경된 범위는 등기사항이므로(후견등기에관한 법률안 제25조 제5호 가), 가정법원은 성년후견 종료심판이 확정되면 지체 없이 후견등기 사무를 처리하는 사람에게 후견등기부에 등기할 것을 촉탁하여야 하고, 성년후견인도 등기를 신청하여야 한다(후견등기에관한법률안 제20조 제1항, 제2항).

3) 「민법」 제12조, 제14조, 제14조의3 및 제959조의20에 따른 한정후견 개시의 심판과 그 종료의 심판

가. 민법 제12조에 의한 한정후견개시의 심판

① 청구권자 및 관할

본인, 배우자, 4촌 이내의 친족, 미성년후견인, 미성년후견감독인, 성년후견인, 성년후견감독인, 특정후견인 특정후견감독인, 검사 또는 지방자치단체의 장이다. 후견계약이 등기되어 있는 경우에는 위 청구권자들 이외에 임의후견인 또는 임의후견감독인도 한정후견개시 심판을 청구할 수 있으나 이 경우 가정법원은 본인의 이익을 위하여 특별히 필요할 때에만 한정후견개시의 심판을 하게 된다(민법 제959조의20 제1항).

관할은 성년후견과 마찬가지로, 한정후견에 관한 사건은 피한정후견인(피한정후견인이 될 사람을 포함한다)의 주소지 가정법원이 관할한다(가사소송법 제44조 제1호의2). 따라서 한정후견개시심판 사건은 피한정후견인이 될 사람의 주소지 가정법원이 관할하고, 가사비송사건 중 라류(類) 사건으로서 가정법원의 전속관할이다(가사소송법 제2조 제1항 제2호 가목 1)의3).

② 한정후견 개시요건

사건본인이 질병, 장애, 노령, 그 밖의 사유로 인한 정신적 제약으로 사무를 처리할 능력이 부족한 경우이다.

③ 사건 본인의 정신상태의 감정 등

가정법원이 한정후견 개시의 심판을 할 경우에는 사건본인의 정신상태에 관하여 감정을 시켜야 한다. 다만, 사건본인의 정신상태를 판단할 만한 다른 충분한 자료가 있는 때에는 감정을 하지 않아도 된다(가사소송법 개정안 제45조의3 제1항).

정신적 제약으로 인하여 사건본인의 사무처리 능력이 부족한지 여부의 판단은 원칙적으로 정신상태의 감정에 의하도록 하되, 이미 사건본인이 정신적인 장애에 대한 장애판정이나 병원 입원 과정에서 이미 정신감정 등을 받은 사실이 있고 이러한 자료가 신뢰할 만한 경우에는 정신감정을 하지 않아도 된다.

정신감정은 감정촉탁이 방법으로 하고, 감정촉탁은 직권이나 청구인의 신청에 따라 한다. 청구인은 정신감정에 갈음하여 사건본인의 정신상태를 판단할 만한 진단서 등의 자료를 증거로 제출하거나, 가정법원이 이전에 정신감정이나 장애판정을 한 병원 등에 정신감정촉탁내용과 같은 사실조회를 하여 감정촉탁을 대체할 수 있다.

한정후견이 개시되면 가정법원은 한정후견인을 선임하여야만 하고, 한정후견인의 동의를 받아야 하는 행위의 범위를 결정할 수 있으므로(민법 제13조 제1항), 가정법원은 정신감정 등을 함에 있어서 사건본인의 사무처리능력의 부족 여부와 부족한 정도, 내용도 함께 감정하도록 하여 사건본인을 위해 적절한 후견인의 결정과 취소할 수 없는 법률행위의 범위를 결정하는 자료로 활용할 필요가 있다.

④ 사건 본인의 진술정취

가정법원은 한정후견개시의 심판을 할 때 본인의 의사를 고려하여야 한다(민법 제12조 제2항, 제9조 제2항).

가정법원은, 한정후견 개시의 심판을 하는 경우에는 사건본인의 진술을 들어야 한다(가사소송법 개정안 제45조의4 제1항 제1호).

사건본인이 의식불명 그 밖의 사유로 자신의 의사를 표명할 수 없는 경우에는 피성년후견의 경우와 마찬가지로 진술을 듣지 않을 수 있다고 보는 것이 타당할 것이다.

진술청취 방법 및 절차는 성년후견개시의 경우와 동일하다.

⑤ 심판 및 즉시항고

정신적 제약으로 사건본인의 사무를 처리할 능력이 부족하다면 가정법원은 한정후견개시 심판을 하여야만 하고, 개시요건이 인정되지 않으면 심판청구를 기각한다. 한정후견개시 심판에 대하여는 민법 제12조 제1항에 규정된 청구권자와 민법 제959조의20 제1항의 임의후견인과 임의후견감독인이 즉시항고할 수 있다(가사소송규칙 제36조 제1항 제2호 가목). 한정후견개시 청구의 기각 심판에 대하여는 청구인이즉시항고할 수 있다(가사소송규칙 제27조).

한편, 가정법원은 청구인의 청구취지에 구속되지 않고 성년후견 또는 한정후견의 개시선고를 할 수 있다고 본다.

청구취지는 "사건본인 ○○○에 대한 한정후견을 개시한다."

기본주문

1. 사건본인에 대하여 한정후견을 개시한다.
2. 사건본인의 한정후견인으로 ○○○(주민등록번호, 주소)를 선임한다.
3. 사건본인이 한정후견인의 동의를 받아야 하는 행위의 범위, 한정후견인의 대리권의 범위및 한정후견인이 사건본인의 신상에 관하여 결정할 수 있는 권한의 범위는 각 별지 기재와 같다.

⑥ 후견등기의 촉탁

한정후견 개시와 종료는 후견등기 기록사항이므로(후견등기에관한법률안 제25조 제1호), 심판이 확정되면 가정법원은 후견등기를 촉탁하여야 하고, 한정후견인은 그 등기를 신청하여야 한다(후견등기에관한법률안 제20조 제1항, 제2항).

⑦ 한정후견개시 심판의 효과

가정법원은 피한정후견인이 한정후견인의 동의를 받아야 하는 행위의 범위를 정할 수 있고, 본인, 배우자, 4촌 이내의 친족, 한정후견인, 한정후견감독인, 검사 또는 지방자치단체의 장의 청구에 의하여 동의를 받아야 하는 행위의 범위를 변경할 수 있다(민법 제13조 제1항, 제2항). 한정후견인이 동의를 하지 않음으로써 피한정후견인의 이익이 침해될 염려가 있는 경우에는 피한정후견인이 가정법원에 한정후견인의 동의를 갈음하는 허가를 청구할 수 있고(민법 제13조 제3항), 한정후견인의 동의가 필요한 법률행위를 피한정후견인이 동의 없이 하였을 경우 한정후견인은 그 법률행위를 취소할 수 있다(민법 제13조 제4항).

또한, 한정후견인은 당연히 피한정후견인을 대리할 대리권을 부여받는 것은 아니지만, 가정법원은피한정후견인의 보호를 위하여 필요한 경우 한정후견인에게 대리권을 수여하는 심판을 할 수 있고, 본인, 배우자, 4촌 이내의 친족, 한정후견인, 한정후견감독인, 검사 또는 지방자치단체의장의 청구 또는 직권에 의하여 대리권의 범위를 변경할 수 있다(민법 제959조의4, 제938조 제4항). 가정법원은 한정후견인에게 피한정후견인에 관한 소송행위 대리권을 부여할 수 있으며, 한정후견인은 부여받은 권한의 범위 내에서 피한정후견인의 법정대리인이 된다. 한정후견인의 대리권 행사 및 제한에 관하여는 성년후견의 규정이 준용된다(민법 제959조의6,제949조, 제949조의2, 제949의3, 제950조).

【판시사항】

甲이 정신적 제약으로 인하여 사무를 처리할 능력이 부족하다는 이유로 받은 한정후견 개시 및 한정후견인 선임 심판에 대하여 취소를 구한 사안에서, 제반 사정 등을 종합하면, 甲에 대하여 한정후견이 개시되어야 하고, 사회복지법인을 甲의 한정후견인으로 선임하여 甲의 법률행위에 대한 일정한 범위의 동의권을 부여한 것은 타당하나, 제1심법원이 한정후견인에게 부여한 동의권의 범위와 같이 한정후견인의 대리권의 범위를 변경하여야 하는지 여부(서울가정법원 2018. 1. 17. 선고 2017브30016 결정)

【결정요지】

甲이 정신적 제약으로 인하여 사무를 처리할 능력이 부족하다는 이유로 받은 한정후견 개시 및 한정후견인 선임 심판에 대하여 취소를 구한 사안에서, 甲이 양극성장애1형의 진단을 받은 사실이 있는 점, 제1심법원의 정신감정 결과에서 甲은 양극성정동장애로 인한 정신적 제약으로 인하여 금전관리에 필요한 자기의사결정 및 사무처리에서 타인의 도움이 필요한 상태로, 정신적 제약으로 사무를 처리할 능력이 부족하고, 병식과 치료에 대한 순응도가 떨어지는 사건본인의 회복을 예측하기는 어렵다는 평가를 받은 점, 그 후 현재까지 甲의 상태가 호전되었다고 볼 만한 의미 있는 자료도 없는 점 등을 종합하면, 甲이 현재 정신적 제약으로 인하여 사무를 처리할 능력이 부족한 사실을 인정할 수 있으므로, 甲에 대하여 한정후견이 개시되어야 하고, 제1심법원이 甲의 복리를 위하여 중립적이고 객관적인 입장에서 후견사무를 수행할 수 있는 사회복지법인을 甲의 한정후견인으로 선임하여 甲의 법률행위에 대한 일정한 범위의 동의권을 부여한 것은 타당하나, 한정후견이 개시된다고 하더라도 피한정후견인은 가정법원이 한정후견인의 동의를 받도록 따로 정한 행위에 대해서만 행위능력이 제한되고, 그 외의 법률행위에 대하여는 완전한 행위능력을 갖게 되는바, 비록 동의권과 대리권이 기본적으로 구별되고 목적하는 취지가 다르다고 하더라도, 피한정후견인이 완전한 행위능력을 갖게 되는 부분에도 한정후견인에게 법정대리권을 부여하게 된다면, 피한정후견인의 행위능력을 다시 한 번 불필요하게 제한하게 되고, 후견제도의 이념인 '잔존능력의 존중'에도 위배되는 결과를 낳게 되므로, 법원이 한정후견인에게 부여한 동의권의 범위를 초과하는 사항에 관하여 대리권을 부여하는 것은 부적법하다는 이유로 제1심법원이 한정후견인에게 부여한 동의권의 범위와 같이 한정후견인의 대리권의 범위를 변경하여야 한다고 한 사례.

【판시사항】

한정후견의 개시를 청구한 사건에서 가정법원이 성년후견을 개시할 수 있는 요건 및 성년후견 개시를 청구하고 있더라도 필요한 경우, 한정후견을 개시할 수 있는지 여부 및 가사소송법 제45조의2 제1항의 의미 및 피성년후견인이나 피한정후견인이 될 사람의 정신상태를 판단할 만한 다른 충분한 자료가 있는 경우, 가정법원은 의사의 감정이 없더라도 성년후견이나 한정후견을 개시할 수 있는지 여부(대법원 2021. 6. 10.자 2020스596 결정)

【결정요지】

성년후견이나 한정후견에 관한 심판 절차는 가사소송법 제2조 제1항 제2호 (가)목에서 정한 가사비송사건으로서, 가정법원이 당사자의 주장에 구애받지 않고 후견적 입장에서 합목적적으로 결정할 수 있다. 이때 성년후견이든 한정후견이든 본인의 의사를 고려하여 개시 여부를 결정한다는 점은 마찬가지이다(민법 제9조 제2항, 제12조 제2항).
위와 같은 규정 내용이나 입법 목적 등을 종합하면, 성년후견이나 한정후견 개시의 청구가 있는 경우 가정법원은 청구 취지와 원인, 본인의 의사, 성년후견 제도와 한정후견 제도의 목적 등을 고려하여 어느 쪽의 보호를 주는 것이 적절한지를 결정하고, 그에 따라 필요하다고 판단하는 절차를 결정해야 한다. 따라서 한정후견의 개시를 청구한 사건에서 의사의 감정 결과 등에 비추어 성년후견 개시의 요건을 충족하고 본인도 성년후견의 개시를 희망한다면 법원이 성년후견을 개시할 수 있고, 성년후견 개시를 청구하고 있더라도 필요하다면 한정후견을 개시할 수 있다고 보아야 한다.
또한, 가사소송법 제45조의2 제1항은 "가정법원은 성년후견 개시 또는 한정후견 개시의 심판을 할 경우에는 피성년후견인이 될 사람이나 피한정후견인이 될 사람의 정신상태에 관하여 의사에게 감정을 시켜야 한다. 다만 피성년후견인이 될 사람이나 피한정후견인이 될 사람의 정신상태를 판단할 만한 다른 충분한 자료가 있는 경우에는 그러하지 아니하다."라고 정하고 있다. 이 규정의 의미는 의사의 감정에 따라 정신적 제약으로 사무를 처리할 능력이 부족하거나 지속적으로 결여되었는지를 결정하라는 것이 아니라, 의학상으로 본 정신능력을 기초로 하여 성년후견이나 한정후견의 개시 요건이 충족되었는지 여부를 결정하라는 것이다. 따라서 피성년후견인이나 피한정후견인이 될 사람의 정신상태를 판단할 만한 다른 충분한 자료가 있는 경우 가정법원은 의사의 감정이 없더라도 성년후견이나 한정후견을 개시할 수 있다.

[서식 57] 한정후견개시심판청구

한정후견개시 심판청구

청 구 인　　○ ○ ○ (전화　　　　　　)
　　　　　　주민등록번호
　　　　　　주소
　　　　　　사건본인과의 관계

사건본인　　○ ○ ○
　　　　　　주민등록번호(외국인등록번호)
　　　　　　주소
　　　　　　등록기준지(국적)

청 구 취 지

1. 사건본인에 대하여 한정후견을 개시한다.
2. 사건본인의 한정후견인으로 ○○○(주민등록번호　　　　　　,
   주소　　　　　　　　　　)를 선임한다.

라는 심판을 구합니다.

청 구 원 인

1. 청구인은 사건본인의 모(母)이며, 사건본인은 정신지체장애인입니다. 사건본

인은 성인이 되었으나 정신적 제약으로 인해 사무를 처리할 능력이 부족하므로 후견인의 조력을 받을 필요성이 있습니다.

2. 청구인은 사건본인의 모로서 주소지에서 함께 생활하고 있고 앞으로도 아들인 사건본인을 돌보아야 하므로, 청구인이 사건본인의 한정후견인으로 지정되기를 원합니다.

3. 사건본인이 한정후견인의 동의를 받아야 하는 행위 및 한정후견인의 대리권의 범위, 한정후견인이 사건본인의 신상에 관하여 결정할 수 있는 권한의 범위는 각 별지 기재와 같이 지정해주기를 바랍니다.

한 정 후견인 후보자	성 명	
	주 소	
	주 민 등 록 번 호	
	직 업	
	사건본인과의 관계	

첨 부 서 류

1. 가족관계증명서 및 기본증명서 각 1통
   (청구인, 사건본인, 후견인후보자)
2. 주민등록등본(사건본인) 1통
3. 사건본인 및 후견인후보자의 후견등기사항전부증명서
   (말소 및 폐쇄사항 포함)(후견등기사항이 없는 경우
   후견등기사항부존재증명서) 각 1통
4. 청구인 및 후견인후보자와 사건본인과의 관계를 밝혀줄
   자료(가족관계증명서, 제적등본 등)(1.항의 자료만으로
   그 관계를 알 수 없는 경우) 각 1통
5. 진단서 1통
6. 사전현황설명서 1통
7. 기타(소명자료) 1통

20○○년 ○월 ○일

위 청구인 ○ ○ ○ (인)

○ ○ 가 정 법 원 귀중

사전 현황 설명서

1. 사건본인에 관한 사항		
가. 한정치산자 또는 금치산자인지	예□	아니오□
나. 임의후견을 받고 있는지	예□	아니오□
다. 현재의 심신 상태 및 치료 상황		
라. 현 거주지 및 현재 누구와 동거하고 있는지		
마. 재산상황(목록으로 작성하여 별지로 첨부 가능)		
2. 한정후견을 청구하게 된 동기와 목적(구체적으로 기재)		
3. 이 사건 청구에 관한 사건본인의 1순위 상속인들의 의견		
가. 동의자(동의서 첨부)		
나. 부동의자		

[별 지 1]

피한정후견인이 한정후견인의 동의를 받아야 하는 행위의 범위

Ⅰ. □ 한정후견인의 동의를 받아야 하는 행위 없음

Ⅱ. □ 한정후견인의 동의를 받아야 하는 행위 있음

1. 재산관리

가. □ 부동산의 관리·보존·처분
□ 매각
□ 구입
□ 임대차계약의 체결·변경·종료
□ 보증금의 수령 및 반환
□ 전세권, 담보권 설정계약의 체결·변경
□ 부동산의 신축·증축·수선에 관한 계약의 체결·해제

나. □ 예금 등의 관리
□ 예금 계좌의 개설·변경·해약·입금·이체·인출
□ 증권 계좌의 개설·변경·해약·입금·이체·인출

다. □ 보험에 관한 사항
□ 보험계약의 체결·변경·해제
□ 보험금의 수령

라. □ 정기적 수입 및 지출에 관한 관리
□ 정기적 수입(임료, 연금, 사회보장급여 등)의 수령과 이에 관한 제반 절차
□ 정기적 지출(임료, 요금, 보험료, 대출원리금 등)과 이에 관한 제반절차
□ 기존 채무의 변제 및 이에 관한 제반절차

마. □ 상속재산의 분할 또는 상속의 승인·포기

바. □ 증서 및 유체동산의 보관 및 관리

사. □ 근로계약에 관한 사항

□ 근로계약의 체결·변경·해제
□ 임금의 수령

2. 신상보호
가. □ 개호 및 복지서비스의 이용
□ 개호서비스 이용계약의 체결·변경·해제 및 비용의 지급
□ 복지시설 입소계약의 체결·변경·해제 및 비용의 지급
나. □ 의료계약의 체결·변경·해제 및 비용의 지급

3. 기 타
가. □ 소송행위 등
□ 위에서 정한 각 행위와 관련한 분쟁의 처리
□ 소송행위 및 변호사 등에 대한 소송위임
나. □ 취소권 행사 후 원상회복과 관련한 사항
다. □ 기타 사항
□ ____________________
□ ____________________

[별 지 2]

한정후견인의 대리권의 범위

Ⅰ. □ 한정후견인의 대리권 없음

Ⅱ. □ 한정후견인의 대리권 있음
1. 재산관리
가. □ 부동산의 관리·보존·처분
□ 매각
□ 구입
□ 임대차계약의 체결·변경·종료
□ 보증금의 수령 및 반환

□ 전세권, 담보권 설정계약의 체결·변경
□ 부동산의 신축·증축·수선에 관한 계약의 체결·해제

나. □ 예금 등의 관리
□ 예금 계좌의 개설·변경·해약·입금·이체·인출
□ 증권 계좌의 개설·변경·해약·입금·이체·인출

다. □ 보험에 관한 사항
□ 보험계약의 체결·변경·해제
□ 보험금의 수령

라. □ 정기적 수입 및 지출에 관한 관리
□ 정기적 수입(임료, 연금, 사회보장급여 등)의 수령과 이에 관한 제반절차
□ 정기적 지출(임료, 요금, 보험료, 대출원리금 등)과 이에 관한 제반절차
□ 기존 채무의 변제 및 이에 관한 제반절차

마. □ 상속재산의 분할 또는 상속의 승인·포기

바. □ 증서 및 유체동산의 보관·관리·구입·처분

사. □ 공법상의 행위(세무신고 등)

2. 신상보호

가. □ 개호 및 복지서비스의 이용
□ 개호서비스 이용계약의 체결·변경·해제 및 비용의 지급
□ 복지시설 입소계약의 체결·변경·해제 및 비용의 지급

나. □ 의료계약의 체결·변경·해제 및 비용의 지급

다. □ 공법상의 행위(주민등록, 공적의료보험, 국민기초생활수급의 신청 및 갱신 등)

3. 기 타

가. □ 소송행위 등
□ 위에서 정한 각 행위와 관련한 분쟁의 처리
□ 소송행위 및 변호사 등에 대한 소송위임

나. □ 취소권 행사 후 원상회복과 관련한 사항

다. □ 기타 사항
□ ______________________________
□ ______________________________

[별 지 3]

한정후견인이 피한정후견인의 신상에 관하여 결정할 수 있는 권한의 범위

□ 결정권한 없음

□ 결정권한 있음
1. □ 의료행위의 동의
2. □ 거주·이전에 관한 결정
3. □ 면접교섭에 관한 결정
4. □ 우편·통신에 관한 결정
5. □ 사회복지서비스 선택 또는 결정
6. □ 기타 사항
□ ________________________________
□ ________________________________

■ 참고사항

1. 관할법원 : 사건본인(피후견인이 될 사람)의 주소지 가정법원(지방법원, 지원)
2. 청구권자 : 민법 제777조의 친족 기타 이해관계인, 피후견인, 친족, 이해관계인, 검사, 지방자치단체의 장
3. 제출부수 : 신청서 1부
4. ‣ 인지액 : 사건본인 수 × 5,000원
‣ 송달료 : 청구인수 × 5,200원 × 10회분
5. 불복절차
‣ 한정후견개시에 관한 심판에 대하여 청구인은 즉시항고(가사소송법 제43조, 가사소송규칙 제36조)
‣ 불복기간 : 심판을 고지받은 날부터 14일 이내(가사소송법 제43조 제5항, 가사소송규칙 제31조)

[서식 58] 한정후견개시심판청구

한정후견개시 심판청구

청 구 인　　○ ○ ○ (○○○○○○-○○○○○○○)
(사건본인의 父)　등록기준지　○○시 ○○구 ○○로 ○○
주소　○○시 ○○구 ○○로 ○○(○○동)
전화　○○○-○○○○

사 건 본 인　　△ △ △ (○○○○○○-○○○○○○○)
등록기준지　○○시 ○○구 ○○로 ○○
주소　○○시 ○○구 ○○로 ○○(○○동)
전화　○○○-○○○○

한정후견개시 심판청구

청 구 취 지

1. 사건본인에 대하여 한정후견을 개시한다.
2. 사건본인의 한정후견인으로 ○○○(주민번호 : ○○○○○○-○○○○○○○, 주소 : ○○시 ○○구 ○○로 ○○)를 선임한다.

라는 심판을 구합니다.

청 구 원 인

1. 청구인은 사건본인의 부(父)이며, 사건본인은 20○○. ○. ○. 경과로 성년이 되었습니다. 그러나 사건본인은 정신지체장애인으로서, 약 10년의 기간 동안 정신병원에서 치료를 받아오고 있으며, 위와 같은 정신적 제약으로 인해 스스로 사무를 처리할 능력이 부족하므로 후견인의 조력을 받을 필요성이 있습니다.

2. 청구인은 사건본인의 부로서, ○○시 공무원으로 재직 중에 있고, 매월 ○○○원

의 소득을 올리고 있어 사건본인을 부양할 경제적 능력이 충분합니다. 특히 20○○년경 사건본인의 모가 사망한 이후로 홀로 현재 사건본인을 부양하고 있고, 이후에도 청구인이 지속적으로 사건본인을 돌보아야 하므로, 청구인이 사건본인의 한정후견인으로서 지정될 필요가 있다고 할 것입니다.

3. 한편, 사건본인이 한정후견인의 동의를 받아야 하는 행위 및 한정후견인의 대리권의 범위, 한정후견인이 사건본인의 신상에 관하여 결정할 수 있는 권한의 범위는 별지 기재와 같이 지정해주시기 바랍니다.

4. 이상과 같은 이유로 청구인은 사건본인의 후견인으로 선임되고자 이 사건 청구에 이르렀습니다.

첨 부 서 류

1. 기본증명서(청구인, 사건본인)	각 1통
1. 가족관계증명서(청구인, 사건본인)	각 1통
1. 진단서	1통
1. 진술서(지정후견인이 없음을 증명)	1통
1. 진술인의 인감증명서	1통
1. 주민등록등·초본(청구인, 사건본인)	각 1통

20○○년 ○월 ○일

위 청구인 ○ ○ ○ (인)

○ ○ 가 정 법 원 귀중

■ 참고사항

1. 관할법원 : 사건본인(피후견인이 될 사람)의 주소지 가정법원(지방법원, 지원)
2. 청구권자 : 민법 제777조의 친족 기타 이해관계인, 피후견인, 친족, 이해관계인, 검사, 지방자치

단체의 장
3. 제출부수 : 신청서 1부
4. ‣ 인지액 : 사건본인 수 × 5,000원
‣ 송달료 : 청구인수 × 5,200원 × 10회분
5. 불복절차
‣ 한정후견개시에 관한 심판에 대하여 청구인은 즉시항고(가사소송법 제43조, 가사소송규칙 제36조)
‣ 불복기간 : 심판을 고지받은 날부터 14일 이내(가사소송법 제43조 제5항, 가사소송규칙 제31조)

나. 민법 제14조에 의한 한정후견종료의 심판

① 본인, 배우자, 4촌 이내의 친족, 한정후견인, 한정후견감독인, 검사 또는 지방자치단체의 장이다.

② 한정후견 종료의 요건의 소멸

피한정후견인의 정신적 제약으로 인한 사무처리능력 부족이라는 한정후견개시의 원인이 소멸하여야 한다.

③ 정신상태 감정 등

가정법원이 한정후견 개시의 심판의 경우와 달리 한정후견 종료의 심판할 사건본인의 정신상태에 관하여 감정이 필수적인 것은 아니지만 한정후견 개시원인의 소멸 여부를 확인할 수 있는 진단서 등의 자료가 제출되어야 하고, 경우에 따라서는 정신상태의 감정이 필요할 수도 있을 것이다.

④ 피한정후견인 또는 한정후견인의 진술청취

가정법원은 한정후견 종료의 심판을 하는 경우에는 피한정후견인 또는 한정후견인의 진술을 들어야 한다(가사소송법 개정안 제45조의4 제1항).
진술 청취를 위해 직접 심문하여야 하는 것은 한정후견 개시의 심판을 하는 경우와 동일하다.

⑤ 심 판

한정후견 개시의 원인이 소멸한 경우에는 한정후견 종료선고를 하여야만 하고, 그렇지 아니한 경우에는 심판청구를 기각한다.

청구취지는 "사건본인(또는 피한정후견인) ○○○에 대한 한정후견을 종료한다."

[서식 59] 한정후견종료심판청구

한정후견종료 심판청구

청 구 인　　○ ○ ○ (전화 ○○○ - ○○○○)
주민등록번호 ○○○○○○ - ○○○○○○○
주소 ○○시 ○○구 ○○길 ○○ (우편번호 ○○○○○)
사건본인과의 관계 ○○

사건본인　　△ △ △
주민등록번호(외국인등록번호) ○○○○○○ - ○○○○○○○
주소 ○○시 ○○구 ○○길 ○○ (우편번호 ○○○○○)
등록기준지(국적) ○○시 ○○구 ○○길 ○○

한정후견종료 심판청구

청 구 취 지

사건본인에 대한 한정후견을 종료한다.
라는 심판을 구합니다.

청 구 원 인

1. 사건본인 △△△에 대하여 20○○. ○. ○. □□법원 20○○느단○○○○호로 한정후견개시심판이 있었고, 한정후견인으로 □□□가 선임되었습니다.

2. 청구인은 사건 본인의 ○○입니다.

3. 그런데 한정후견개시심판 후 사건본인은 지속적인 약물치료를 통하여 치매증상에 호전이 있어 정상적인 의사소통이 가능하고 사리분별을 명확히 할 수 있는 등 사무를 처리할 수 있는 능력을 회복하였습니다.

4. 따라서 청구인은 한정후견 종료 심판을 구합니다.

첨 부 서 류

1. 기본증명서(사건본인, 청구인) 각 1통
1. 가족관계증명서(사건본인, 청구인) 각 1통
1. 주민등록등본(사건본인) 1통
1. 사건본인의 후견등기사항전부증명서 1통
 (말소 및 폐쇄사항포함)
1. 제적등본(1.항의 가족관계증명서만으로는 그 관계를
 알 수 없는 경우) 1통
1. 기타 소명자료(진단서 등) ○통

20○○년 ○월 ○일

위 청구인 ○ ○ ○ (인)

○ ○ 가 정 법 원 귀중

■ 참고사항

1. 관할법원 : 사건본인(피후견인)의 주소지 가정법원(지방법원, 지원)
2. 청구권자 : 본인, 배우자, 4촌 이내의 친족, 한정후견인, 한정후견감독인, 검사 또는 지방자치단체의 장
3. 제출부수 : 신청서 1부
4. ‣ 인지액 : 사건본인 수 × 5,000원
 ‣ 송달료 : 청구인수 × 5,200원 × 10회분
5. 불복절차
 ‣ 즉시항고(가사소송법 제43조, 가사소송규칙 제36조 제2항)
 ‣ 대법원규칙이 정하는 날로부터 14일(가사소송법 제43조 제5항)

⑥ 후견등기의 촉탁

한정후견의 종료한 경우에 그 사유 및 연원일은 후견등기부 기록 사항이므로

(후견등기에관한법률안 제25조 제9호), 가정법원은 한정후견 종료심판이 확정되면 지체 없이 후견등기사무를 처리하는 사람에게 후견등기부에 등기할 것을 촉탁하여야 하고, 한정후견인도 등기를 신청하여야 한다(후견등기에관한법률안 제20조 제1힝, 제2항).

다. 민법 제14조의3 및 제959조의20에 따른 한정후견 등 종료의 심판

이 경우는 성년후견 종료의 심판의 경우와 동일하다.

4) 피한정후견인이 한정후견인의 동의를 받아야 하는 행위의 범위 결정 및 변경, 한정후견인의 동의를 갈음하는 허가

① 범위결정

가정법원은 직권으로 피한정후견인이 한정후견인의 동의를 받아야 하는 행위의 범위를 정할 수 있다(민법 제13조 제1항). 그러한 한정후견의 성격상 가정법원이 한정후견의 개시선고를 하는 경우 한정후견인의 동의를 받아야 하는 행위의 범위도 함께 정하여만 한다고 보아야 한다. 성년후견의 경우 피성년후견인의 법률행위는 원칙적으로 취소할 수 있음에도 취소할 수 없는 법률행위의 범위를 정하는 것과는 성격이 다르다.

가정법원이 직권으로 이러한 범위를 결정하지 아니하는 경우, 본인 등이 동의를 받아야 하난 행위의 범위를 결정하여 달라는 심판을 청구하는 것이 가능하다.

피한정후견인이 한정후견인의 동의를 받아야 하는 행위의 범위 결정심판청구는 그 범위의 변경청구권사와 동일한 깃으로 보는 것이 타당하다.

② 범위변경 심판 청구권자

가정법원은 본인, 배우자, 4촌 이내의 친족, 한정후견인, 한정후견감독인, 검사 또는 지방자치단체의 장의 청구에 의하여 한정후견인의 동의를 받아야만 할 수 있는 행위의 범위를 변경할 수 있다(민법 제13조 제2항).

③ 범위 결정 및 변경의 심리

한정후견인의 동의를 받아야만 할 수 있는 행위의 범위를 결정하고 변경하려면 피한정후견인의 정신적 제약 및 사무처리능력이 부족한 정도, 피성년후견인의 생활환경 등을 고려하여 결정하여야 하고, 이를 위해서는 청구인이 소명

자료를 제출하거나 가정법원이 사실조회 등의 방법으로 결정에 필요한 사실관계를 직권탐지하여야 한다.

④ 사건본인의 진술청취

가정법원이 피한정후견인이 한정후견인의 동의를 받아야만 할 수 있는 행위의 범위의 결정 및 변경의 심판을 하는 경우 사건본인의 진술을 청취하여야 한다(가사소송법 개정안 제45조의4 제1항 제8호).

⑤ 심 판

가정법원은 피한정후견인이 한정후견인의 동의를 받아야만 할 수 있는 행위의 범위의 결정 및 변경함에 있어서는 청구인의 청구취지에 구속되지 않는다. 변경심판청구의 경우에는 심판을 기각할 수 있으나 범위결정을 구하는 심판청구를 기각할 수 있을까는 의문이다. 한정후견에 대한 민법 규정을 피한정후견인의 동의 없이 한정후견인이 모든 행위를 할 수 있다고 볼 수 있다면 기각할 수 있을 것이지만 그렇지 않다면 기각할 수 없을 것으로 생각한다.

> 청구취지는 "사건본인(또는 피한정후견인) ○○○은 한정후견인의 동의를 받아야만 다음 행위들을 할 수 있다."

⑥ 한정후견인의 동의를 갈음하는 허가

한정후견인의 동의를 필요로 하는 행위에 대하여 한정후견인이 피한정후견인의 이익이 침해될 염려가 있음에도 그 동의를 하지 아니하는 때에는 가정법원은 피한정후견인의 청구에 의하여 한정후견인의 동의를 갈음하는 허가를 할 수 있다(민법 제13조의3).

청구권자는 피한정후견인이다.

한정후견인의 동의를 필요로 하는 범위가 결정되어 있어야 하고, 피한정후견인이 그 범위에 속하는 행위에 대하여 한정후견인의 동의를 구함에도 한정후견인이 동의하지 않고 있으며, 그로 인하여 피한정후견인의 이익이 침해될 염려가 있어야 한다.

⑦ 후견등기의 촉탁

한정후견인의 동의를 얻는 것을 필요로 하는 행위의 범위를 정한 경우에는 그 행위의 범위, 그 범위를 변경한 경우 그 변경된 범위등기사항이므로(후견등기에관한법률안 제25조 제6호 가), 가정법원은 성년후견 종료심판이 확정되면 지체 없이 후견등기사무를 처리하는 사람에게 후견등기부에 등기할 것을 촉탁하여야 하고, 한정후견인도 등기를 신청하여야 한다(후견등기에관한법률안 제20조 제1항, 제2항).

[서식 60] 한정후견인의 동의를 필요로 하는 행위의 범위결정심판청구서

한정후견인의 동의를 필요로 하는 행위의 범위 결정 심판청구

청 구 인　김 ○ ○ (○○○○○○-○○○○○○○)
등록기준지 :
주소 : 서울 ○○구 ○○1동 ○○○-○, 1층

사 건 본 인 (피한정후견인)　김 ○ ○ (○○○○○○-○○○○○○○)
등록기준지 :
주소 : 서울 ○○구 ○○동 ○○○-○

한정후견인　김 ○ ○ (○○○○○○-○○○○○○○)
주소 : 서울 ○○구 ○○동 ○○○-○

청 구 취 지

사건본인(피한정후견인)은 한정후견인 ○○○의 동의를 받아야만 다음 행위들을 할 수 있다.

가. ○○○○

나. ○○○○

(사건본인은 한정후견인 ○○○의 동의를 받아야만 별지목록 기재 행위들을 할 수 있다)라는 심판을 구합니다.

청 구 원 인

1. 사건본인(피한정후견인)과 청구인의 지위
사건본인은 서울가정법원 20○○. ○. ○. 선고 20○○느○○○호로 한정후견개시심판을 받았고, 한정후견인 ○○○이 선임되었습니다.
청구인은(사건본인, 사건본인의 배우자, 사건본인의 4촌 이내의 친족, 서울가정법원 20○○. ○. ○. 선고 20○○느○○○호 사건본인에 대한 한정후견인 선임사건에서 선임된 한정후견인, 검사, 사건본인의 주소지를 관할하는 지방자치단체의 장)입니다.

2. 사건본인의 사무처리능력 부족 정도 및 동의 필요성
사건본인(피한정후견인)은 (20○○. ○. ○.부터 질환을 앓고 있는데, 위 질환으로) / (현재 ○○세의 고령으로 정신적 능력이 현저히 감퇴하여 그로) / (20○○. ○. ○.부터 ○○장애가 있어 ○급 장애등급판정을 받았으며, 위 장애로)인한 정신적 제약으로 사무처리능력이 부족하여, 한정후견인의 동의 없이 (청구취지 기재와 같은 행위 또는 별지목록 기재 행위)를 단독으로 할 능력이 부족합니다.

3. 결 론
따라서 사건본인(피한정후견인)이 청구취지 기재와 같은 한정후견인 ○○○의 동의를 받아야만 한다는 심판을 청구합니다.

첨 부 서 류

1. 가족관계증명서(청구인 및 사건본인)	각 1통
1. 주민등록등본(청구인 및 사건본인)	각 1통
1. 한정후견개시심판정본	1통
1. 한정후견인선임심판정본	1통
1. 기타(소명자료 : 진단서 등)	각 1통

20○○년 ○월 ○일

위 청구인 ○ ○ ○ (인)

○ ○ 가 정 법 원 귀중

[서식 61] 한정후견인의 동의를 받아야 하는 행위의 범위변경청구

한정후견인의 동의를 받아야 하는 행위의 범위 변경 청구

청 구 인 ○ ○ ○ (주민등록번호 : -)
전화 :
○○시 ○○구 ○○길 ○○○○번지
사건본인과의 관계 :

사 건 본 인 □ □ □ (주민등록번호 : -)
전화 :
○○시 ○○구 ○○길 ○○○○번지
등록기준지 ○○시 ○○면 ○○길 ○번지

청 구 취 지

사건본인이 한정후견인의 동의를 받아야 하는 행위의 범위를 별지 기재와 같이 변경한다.
라는 심판을 구합니다.

청 구 원 인

1. 사건본인에 대하여 20○○년 ○월 ○일 ◎◎법원 20○○느단○○○○호로 한

정후견개시 심판이 있었고, 한정후견인으로 □□□가 선임되었습니다.

2. 위 심판에 의하면, 사건본인이 한정후견인의 동의를 받아야 하는 행위는 다음과 같습니다.
   1) 재산관리
      가. 부동산의 매각, 구입
      나. 예금계좌의 개설·변경·해약·입금·이체·인출
      다. 유체동산의 구입·보관·관리·처분
      라. 근로계약의 체결·변경·종료
   2) 신상보호
      가. 개호서비스 이용계약의 체결·변경·종료 및 비용의 지급
      나. 의료계약의 체결·변경·종료 및 비용의 지급

3. 그런데 사건본인이 문구도매업을 하는 ◇◇상사에 근무하게 되어 물건의 구입·보관·관리·처분 등의 업무를 하여야 하는 사정변경이 발생하여 사건본인이 한정후견인의 동의를 받아야 하는 행위의 범위를 변경할 필요성이 발생하였습니다.

4. 사건본인이 한정후견인의 동의를 받아야 하는 행위의 범위가 별지 기재와 같이 변경되기를 바랍니다.

5. 따라서 청구인은 이건 청구에 이르게 되었습니다.

첨 부 서 류

1. 가족관계증명서 및 기본증명서 (청구인 및 사건본인) 각 1통
2. 주민등록등본(사건본인) 1통
3. 사건본인의 후견등기사항전부증명서 (말소 및 폐쇄사항 포함) 1통
4. 청구인과 사건본인과의 관계를 밝혀줄 제적등본, 가족관계증명서 등(1.항의 가족관계증명서만으로는 그 관계를 알 수 없는 경우) 1통
5. 기타(소명자료) 각 1통

20○○년 ○월 ○일

위 청 구 인 ○ ○ ○ (인)

○ ○ 가 정 법 원 귀중

피한정후견인이 한정후견인의 동의를 받아야 하는 행위의 범위

Ⅰ. □ 한정후견인의 동의를 받아야 하는 행위 없음

Ⅱ. □ 피후견인이 아래 사항에 관한 행위를 함에 있어서는 후견인의 동의를 받아야 함. 다만 법원의 허가사항으로 정한 사항에 관하여는 후견인이 동의를 함에 있어 사전에 법원의 허가를 받아야 함

1. 재산관리
   가. □ 부동산의 관리·보존·처분
      □ 매각
      □ 구입
      □ 임대차계약의 체결·변경·종료
      □ 보증금의 수령 및 반환
      □ 전세권, 담보권 설정계약의 체결·변경
      □ 부동산의 신축·증축·수선에 관한 계약의 체결·종료
   나. □ 예금 등의 관리
      □ 예금 계좌의 개설·변경·해약·입금·이체·인출
      □ 증권 계좌의 개설·변경·해약·입금·이체·인출
   다. □ 보험에 관한 사항

- □ 보험계약의 체결·변경·종료
- □ 보험금의 수령

라. □ 정기적 수입 및 지출에 관한 관리

- □ 정기적 수입(임료, 연금, 사회보장급여 등)의 수령과 이에 관한 제반절차
- □ 정기적 지출(임료, 요금, 보험료, 대출원리금 등)과 이에 관한 제반절차
- □ 기존 채무의 변제 및 이에 관한 제반절차

마. □ 상속재산의 분할 또는 상속의 승인·포기

바. □ 유체동산의 구입·보관·관리·처분

사. □ 증서 및 중요문서 등의 보관 및 관리

아. □ 근로계약에 관한 사항

- □ 근로계약의 체결·변경·종료
- □ 임금의 수령

2. 신상보호

가. □ 개호 및 복지서비스의 이용

- □ 개호서비스 이용계약의 체결·변경·종료 및 비용의 지급
- □ 복지시설·요양시설 입소계약의 체결·변경·종료 및 비용의 지급

나. □ 의료계약의 체결·변경·종료 및 비용의 지급

3. 기 타

가. □ 소송행위 등

- □ 위에서 정한 각 행위와 관련한 분쟁의 처리
- □ 소송행위 및 변호사 등에 대한 소송위임

나. □ 취소권 행사 후 원상회복과 관련한 사항

다. □ 기타 사항

- □ ____________________
- □ ____________________

4. 법원의 허가사항

□ ____________________

□ ______________________________
□ ______________________________
□ ______________________________

■ 참고사항

1. 관할법원 : 사건본인(피후견인이 될 사람)의 주소지의 가정법원
2. 신청인 : 본인, 배우자, 4촌 이내의 친족, 한정후견인, 한정후견감독인, 검사, 지방자치단체의 장의 신청
3. ‣ 인지액 : 사건본인 수 × 5,000원
   ‣ 송달료 : 청구인수 × 5,200원 × 10회분

5) 「민법」 제14조의2, 제14조의3 및 제959조의20에 따른 특정후견 개시의 심판과 그 종료의 심판

가. 민법 제14조의2에 따른 특정후견 개시 심판

① 청구권자

본인, 배우자, 4촌 이내의 친족, 미성년후견인, 미성년후견감독인, 검사 또는 지방자치단체의 장의 청구에 의하여 특정후견의 심판을 한다.

② 특정후견 개시요건

질병, 장애, 노령, 그 밖의 사유로 인한 정신적 제약으로 일시적 후원 또는 특정한 사무에 관한 후원이 필요한 사람에 대하여 가정법원은 특정후견의 심판을 한다.

정신적 제약으로 인한 사무처리능력의 결여 또는 부족이 일시적인 경우, 또는 특정한 사무에 관해서만 후원이 필요한 경우, 그리고 특정한 사무에 관한 일시적인 후원이 필요한 경우가 이에 해당한다.

③ 의사 등의 의견 청취

가정법원이 특정후견 개시의 심판을 할 경우에는 의사나 그 밖의 적당한 자의 의견을 들어야 한다. 이때 의견은 진단서 기타 이에 준하는 서면이나 말로써

진술하게 할 수 있다(가사소송법 개정안 제45조의3 제2항).

성년후견이나 한정후견의 경우와 같이 정신상태의 감정을 요구하지는 않지만 특정후견 개시 요건의 충족여부를 신중하게 판단하기 위해 의사나 적당한 자의 의견을 듣도록 하고 있다. 사건본인을 진단한 사실이 있거나 보호 또는 보조 역할을 한 경험이 있는 자의 의견이 적절한 것이다. 의견은 서면이나 말로 진술하게 할 수 있으므로 사실조회나 관련 서류를 제출하도록 하는 것도 가능하다.

특정후견의 심판을 하는 경우에는 특정후견의 기간 또는 사무의 범위를 정하여야 한다(민법 제14조의2 제3항). 따라서 특정후견의 개시 심판을 위해서는 일시적인 후원 또는 특정한 사무에 관한 후원이 필요한지 여부에 대한 구체적인 심리가 이루어지고 이에 기초해서 특정후견의 기간 또는 사무의 범위까지 결정할 수 있어야 하므로 의사나 적당한 자에게 기간과 사무의 범위에 대한 구체적인 질문이나 조회를 하는 것이 필요하다.

④ 사건 본인의 진술청취

특정후견은 본인이 의사에 반하여 할 수 없다(민법 제14조의2 제2항). 가정법원은 특정후견 개시의 심판을 하는 경우에는 사건본인의 진술을 들어야 한다(가사소송법 개정안 제45조의4 제1항 제1호).

진술청취 방법 및 절차는 성년후견개시의 경우와 동일하다.

다만 특정후견이 경우 특정후견 개시요건의 심리 외에도 본인의 의사를 확인하는 것이 중요하다.

⑤ 심 판

정신적 제약으로 일시적 후원 또는 특정한 사무에 관한 후원이 필요한 경우, 기간과 사무의 범위를 정하여 특정후견 개시심판을 하여야 한다.

특정후견 개시 심판의 경우에도 법원이 후견적인 역할이 필요하고 비송의 성격상 심판청구를 인용하는 경우 청구인의 청구취지에 엄격하게 구속되지는 않는다고 보는 것이 타당할 것이나, 청구인인 특정후견 심판청구에 대하여 한정후견이나 성년후견 개시의 심판을 하는 것은 불가능하다고 보아야 할 것 같다.

청구취지는 "사건본인 ○○○에 대하여 2○○○. ○. ○.부터 ○○년간 다음 사무에 관

> 하여 특정후견을 개시한다.", "사건본인 ○○○에 대하여 2○○○. ○. ○.부터 ○○년간 특정후견을 개시한다.", "사건본인 ○○○에 대한하여 다음 사무에 관하여 특정후견을 개시한다."

⑥ 후견등기의 촉탁

특정후견의 개시와 관련된 내용과 특정후견의 기간 또는 사무의 범위는 후견등기의 기록사항이므로(후견등기에관한법률안 제25조 제1호, 제7호) 심판이 확정되면 가정법원은 후견등기를 촉탁하여야 하고, 특정후견인은 그 등기를 신청하여야 한다(후견등기에관한법률안 제20조 제1항, 제2항).

[서식 62] 특정후견개시심판청구

특정후견개시심판청구

청 구 인 김 ○ ○ (○○○○○○-○○○○○○○)
등록기준지 :
주소 : 서울 ○○구 ○○1동 ○○○-○, 1층

사건본인 김 ○ ○ (○○○○○○-○○○○○○○)
등록기준지 :
주소 : 서울 ○○구 ○○동 ○○○-○

청 구 취 지

사건본인에 대하여 이 사건 심판청구가 확정된 날로부터 ○년 동안 다음 사무에 관하여 특정후견을 개시한다.

가. ○○○

라는 심판을 구합니다.

(사건본인 ○○○에 대하여 이 사건 심판청구가 확정된 날로부터 ○년 동안 별지목록 기재 사무에 관하여 특정후견을 개시한다)

청 구 원 인

1. 청구인의 지위

청구인은(사건본인, 사건본인의 배우자, 사건본인의 4촌 이내의 친족, 검사, 사건본인의 주소지를 관할하는 지방자치단체의 장)입니다.

2. 사건본인의 사무처리능력 부족 및 후원의 필요성

사건본인은 (20○○. ○. ○.부터 질환을 앓고 있는데, 위 질환으로) / (현재 ○○세의 고령으로 정신적 능력이 현저히 감퇴하여 그로) / (20○○. ○. ○.부터 ○○장애가 있어 ○급 장애등급판정을 받았으며, 위 장애로)인한 정신적 제약으로 향후 적어도 ○년 동안은 청구취지 기재 사무(별지목록 기재 행위)에 관하여 후원이 필요한 상태입니다.

3. 결 론

이에 청구인은 사건본인에 대하여 이 사건 심판청구가 확정된 날부터 ○년 동안 청구취지기재 사무에 관하여 특정후견을 개시한다는 심판을 청구합니다.

첨 부 서 류

1. 가족관계증명서(청구인 및 사건본인) 각 1통
1. 주민등록등본(청구인 및 사건본인) 각 1통
1. 기타(소명자료 : 진단서 등) 각 1통

20○○년 ○월 ○일

위 청구인 ○ ○ ○ (인)

○ ○ 가 정 법 원 귀중

[서식 63] 특정후견심판청구

특정후견 심판청구

청 구 인　　○　○　○ (주민등록번호)
　　　　　　○○시 ○○구 ○○길 ○○ (우편번호 ○○○○○)
　　　　　　전화·휴대폰번호 :
　　　　　　팩스번호, 전자우편(e-mail)주소 :
　　　　　　사건본인과의 관계

사건본인　　○　○　○ (주민등록번호)
　　　　　　○○시 ○○구 ○○길 ○○ (우편번호 ○○○○○)
　　　　　　등록기준지(국적)

청 구 취 지

1. 사건본인에 대하여 특정후견을 한다.
2. 사건본인의 특정후견인으로 ○○○(주민등록번호 : ○○○○○○-○○○○○○○, 주소 : ○○시 ○○구 ○○로 ○○)를 선임한다.

라는 심판을 구합니다.

청 구 원 인

1. 사건본인은 노령으로 인하여 .... 합니다.

2. 특정후견을 필요로 하는 기간 및 사무는 다음과 같습니다.
   가. 기간 :
   나. 사무 :

3. 이와 같이 사건본인에게 후원이 필요하여 이건 청구에 이르렀습니다.

4. 청구인은 사건본인의 특정후견인으로 다음과 같은 사람을 추천합니다.

특 정 후견인 후보자	성 명	
	주 소	
	주민등록번호	
	직 업	
	사건본인과의 관계	

첨 부 서 류

1. 가족관계증명서 및 기본증명서 각 1통
   (청구인, 사건본인, 후견인후보자)
2. 주민등록등본(사건본인) 1통
3. 사건본인 및 후견인후보자의 후견등기사항전부증명서 (말소 및 폐쇄사항 포함)(후견등기사항이 없는 경우 후견등기사항부존재증명서) 각 1통
4. 청구인 및 후견인후보자와 사건본인과의 관계를 밝혀줄 자료(가족관계증명서, 제적등본 등)(1.항의 자료만으로 그 관계를 알 수 없는 경우) 각 1통
5. 진단서 1통
6. 기타(소명자료) ○통

20○○년 ○월 ○일

위 청구인 ○ ○ ○ (인)

○ ○ 가정법원 귀중

■ 참고사항

1. 관할법원 : 사건본인의 주소지 가정법원(가사소송법 제44조 제1호의2)
2. 신청인 : 본인, 배우자, 4촌 이내의 친족, 미성년후견인, 미성년후견감독인, 검사 또는 지방자치단체의 장
3. ‣ 인지액 : 사건본인 수 × 5,000원
   ‣ 송달료 : 청구인수 × 5,200원 × 10회분

[서식 64] 특정후견인변경청구

특정후견인 변경 청구

청 구 인 ○ ○ ○
○○시 ○○구 ○○길 ○○ (우편번호 ○○○○○)
전화번호 :
사건본인과의 관계

사건본인 ◇ ◇ ◇
주민등록번호(외국인등록번호)
○○시 ○○구 ○○길 ○○ (우편번호 ○○○○○)
전화번호 :

특정후견인 ◆ ◆ ◆
주민등록번호
○○시 ○○구 ○○길 ○○ (우편번호 ○○○○○)
전화번호 :

청 구 취 지

사건본인의 특정후견인 ◆◆◆를 △△△(주민등록번호 : ○○○○○○-○○○○○○○, 주소 : ○○시 ○○구 ○○로 ○○)로 변경한다.

라는 심판을 구합니다.

청 구 원 인

1. 사건본인에 대하여 20○○. ○. ○. ○○가정법원 20○○느단○○○호로 특정후견 심판이 있었고, 특정후견인으로 ◆◆◆가 선임되었습니다.

2. 그런데 특정후견인을 변경할 필요가 생겼고 그 사유는 다음과 같습니다.
   위 1.항에 의하여 선임된 특정후견인 ◆◆◆는 사건본인 ◇◇◇의 특정후견인으로 선임되고 난 후 특정후견 사무를 처리함에 있어서 비행행위를 한 바 있으므로 계속하여 사건본인의 특정후견 사무를 처리하기에는 부적절하다고 할 것입니다.

3. 따라서 사건본인의 복리를 위하여 특정후견인의 변경을 구합니다.

4. 새로운 특정후견인으로는 △△△를 추천합니다.
   위 △△△는 사건본인의 사촌 형으로서 현재 사건본인과 가장 가까운 친족이므로 위 ◆◆◆를 대신하여 사건본인의 특정후견인이 되기에 적합하므로 청구취지와 같은 이 건 청구에 이른 것입니다.

특 정 후견인 후보자	성 명	△ △ △
	주 소	
	주 민 등 록 번 호	
	직 업	
	사건본인과의 관계	

첨 부 서 류

1. 가족관계증명서 1통
1. 기본증명서(청구인, 사건본인, 후견인후보자) 각 1통
1. 주민등록등본(사건본인) 1통
1. 사건본인 및 후견인후보자의 후견등기사항전부증명서

(말소 및 폐쇄사항 포함) 또는 후견등기사항부존재
증명서(후견등기사항이 없는 경우) 각 1통

1. 청구인과 사건본인과의 관계를 밝혀줄 제적등본, 가족관계증명서 등(1.항의 가족관계증명서만으로는 그 관계를 알 수 없는 경우) 각 1통
1. 비행확인서 및 확인자의 인감증명 1통
1. 친족관계를 확인할 수 있는 제적등본 ○통

20○○년 ○월 ○일

위 청구인 ○ ○ ○ (인)

○○가정법원 귀중

■ 참고사항

1. 관할법원 : 사건본인의 주소지 가정법원
2. 청구권자 : 피후견인, 친족, 후견감독인, 검사, 지방자체단체의 장, 법원의 직권 (민법 제940조)
3. 제출부수 : 신청서 1부
4. ‣ 인지액 : 사건본인 수 × 5,000원
   ‣ 송달료 : 청구인수 × 5,200원 × 10회분
5. 불복절차
   ‣ 즉시항고(가사소송법 제43조, 가사소송규칙 제36조)
   ‣ 대법원규칙이 정하는 날로부터 14일(가사소송법 제43조 제5항)

[서식 65] 특정후견감독인 변경청구

특정후견감독인 변경심판 청구

청 구 인　　◇ ◇ ◇ (주민등록번호)
○○시 ○○구 ○○길 ○○ (우편번호 ○○○○○)
사건본인과의 관계
전화·휴대폰번호 :
팩스번호, 전자우편(e-mail)주소 :

사건본인　　○ ○ ○ (주민등록번호)
○○시 ○○구 ○○길 ○○ (우편번호 ○○○○○)
등록기준지(국적)

후견감독인　　△ △ △ (주민등록번호)
○○시 ○○구 ○○길 ○○ (우편번호 ○○○○○)
직업

청 구 취 지

사건본인의 특정후견감독인 △△△를 ㅁㅁㅁ(주민등록번호 : ○○○○○○-○○○○○○○, 주소 : ○○시 ○○구 ○○로 ○○)로 변경한다.
라는 심판을 구합니다.

청 구 원 인

1. 사건본인에 대하여 20○○. ○. ○. ○○법원 20○○느단○○○○호로 특정후견 심판이 있었고, 특정후견인으로 ○○○가, 특정후견감독인으로 △△△가 선임되었습니다.

2. 그런데, 특정후견감독인은 그 직무를 적절히 수행하기 어려운 사정이 있습니다.

3. 따라서 청구인은 특정후견감독인 변경 청구에 이르렀습니다.

4. 청구인은 새로운 후견감독인으로 다음과 같은 사람을 추천합니다.

특정후견 감독인 후보자	성 명	□□□
	주 소	○○시 ○○구 ○○길 ○○
	주민등록번호	
	직 업	
	사건본인과의 관계	

첨 부 서 류

1. 가족관계증명서 및 기본증명서 (청구인, 사건본인, 후견감독인 후보자) 각 1통
1. 주민등록등본(사건본인) 1통
1. 사건본인의 후견등기사항증명서(말소 및 폐쇄사항 포함) 1통
1. 후견감독인후보자의 후견등기사항증명서(말소 및 폐쇄사항 포함), 후견등기사항부존재증명서(후견등기사항이 없는 경우) 1통
1. 청구인 및 후견감독인 후보자와 사건본인과의 관계를 밝혀줄 제적등본, 가족관계증명서 등(제1항의 가족관계증명서만으로는 그 관계를 알 수 없는 경우) 각 1통
1. 기타(증거자료) ○통

20○○년 ○월 ○일

위 청구인 ○ ○ ○ (인)

○○가정법원 귀중

■ 참고사항

1. 관할법원 : 사건본인(피후견인)의 주소지의 가정법원
2. 제출부수 : 청구서 원본 1부 및 부본 제출
3. ‣ 인지액 : 사건본인 수 × 5,000원
   ‣ 송달료 : 청구인수 × 5,200원 × 10회분
4. 불복절차
   (특정후견감독인의 변경심판)
   ‣ 변경 대상 특정후견감독인이 즉시항고(가사소송규칙 제36조 제1항 제3호 나목)
   (특정후견감독인의 변경청구 기각 심판)
   ‣ 청구인, 피후견인, 친족, 후견감독인, 검사, 지방자치단체의 장이 즉시항고(가사소송규칙 제27조, 민법 제940조)
   (즉시항고방법)
   ‣ 원심가정법원에 즉시항고장 제출(가사소송규칙 제28조)
   (즉시항고기간)
   ‣ 재판을 고지 받은 날부터 14일의 불변기간 이내(가사소송법 제43조 제5항)

나. 민법 제14조의3 및 제959조의20에 따른 한정후견 등 종료의 심판

이 경우는 성년후견, 한정후견의 종료의 심판의 경우와 동일하다.

3. 라류 제18호 사건

1) 「민법」 제936조 제1항 내지 제3항, 제950조의3, 제959조의3 및 제940조에 따른 성년후견인·한정후견인·특정후견인의 선임

가. 후견개시에 따른 성년후견인등의 선임

① 가정법원이 성년후견·한정후견·특정후견의 개시심판을 한 경우, 가정법원은 직권으로 성년후견인·한정후견인·특정후견인을 선임한다(민법 제936조, 제959조의3, 제959조의9, 성년후견인의 선임과 변경에 관한 규정은 한정후견인·특정후견인의 선임과 변경에도 준용되므로 이하에서는 성년후견인 등으로 설명한다).

성년후견등의 개시심판청구를 한 청구인은 성년후견인등의 선임을 병합하여 청구할 수 있다.

② 성년후견인 등의 결원으로 인한 선임

가정법원은 성년후견인등이 사망, 결격, 그 밖의 사유로 없게 된 경우에도 직

권으로 또는 피성년후견인, 친족, 이해관계인, 검사, 지방자치단체의 장의 청구에 의하여 성년후견인을 선임한다(민법 제936조 제2항).

③ 성년후견인의 추가선임

가정법원은 성년후견인이 선임된 경우에도 필요하다고 인정하면 직권으로 또는 제2항의 청구권자나 성년후견인의 청구에 의하여 추가로 성년후견인을 선임할 수 있다(민법 제936조 제3항).

④ 사건본인의 진술청취

가정법원이 성년후견인 등을 선임할 때에는 피성년후견인 등의 의사를 존중하여야 하고(민법 제936조 제4항), 사건본인의 진술을 들어야 한다. 다만 피성년후견인 등으로 될 사람 또는 피성년후견인 등에 관해서는, 그 사람의 의식불명 그 밖의 사유로 자신의 의사를 표명할 수없는 경우에는 그러하지 아니하다(가사소송법 개정안 제46조의4 제1항 제3호).

심판절차에서 사건본인의 진술을 청취할 수 없는 상태라 하더라도 사건본인이 특정인 또는 특정 조건을 갖춘 사람을 후견인으로 선임하여 주기를 희망하는 의사를 다른 사람에게 밝혔거나 문서로 작성해 둔 경우와 같이 사건본인의 의사를 확인할 수 있는 다른 방법이 있다면 증인이나 서증에 대한 증거조사를 통해 최대한 사건본인의 의사를 확인하고 이를 전제로 심판하여야 한다.

사건본인의 의견진술을 듣는 것은 직접 심문하여야 하고, 민사소송법에서 정하는 검증절차를 준용한다(가사소송법 개정안 제46조의4 제3항, 제4항).

⑤ 후견인이 될 사람의 의견청취

가정법원이 성년후견인 등의 선임심판을 하는 경우에는 성년후견인 등이 될 사람의 의견을 들어야 한다(가사소송법 개정안 제46조의4 제2항 제1호).

⑥ 선임요건의 심리

우선 가정법원은 성년후견·한정후견·특정후견의 개시, 성년후견인 등의 결원, 추가선임의 필요성과 같은 성년후견인 등의 선임요건이 존재하는지 여부를 심리하여야 한다.

⑦ 성년후견인등 의 결정

성년후견인등의 선임요건이 인정되는 경우 가정법원은 성년후견인등이 될 자에게 결격사유가 없는지를 확인한 후 피성년후견인등 의 진술청취를 통해 피성년후견인등의 의사를 파악하고 이를 존중하되, 성년후견인등의 사무를 담당함에 적합한 지 여부를 심리하여 성년후견인을 결정, 선임하여야 한다.

[서식 66] **한정후견인선임청구**

한정후견인 선임 청구

청 구 인　　○ ○ ○ (전화　　　　　　)
주민등록번호
주소
사건본인과의 관계

사건본인　　○ ○ ○
주민등록번호(외국인등록번호)
주소
등록기준지(국적)

청 구 취 지

사건본인의 한정후견인으로 ○○○(주민등록번호　　　　　　　,
주소　　　　　　　　　　　　　　　)을 선임한다.
라는 심판을 구합니다.

청 구 원 인

1. 사건본인에 대하여 20○○. ○. ○. ○○법원 20○○느단○○○○호로 한정후견개시 심판이 있었고, 한정후견인으로 ○○○가 선임되었습니다.

2. 그런데, 한정후견인은 20○○. ○. ○.에 사망하였습니다.

3. 따라서 사건본인의 복리를 위하여 새로운 한정후견인의 선임을 구합니다.

4. 새로운 한정후견인으로 ○○○를 추천합니다.

한 정 후견인 후보자	성 명	
	주 소	
	주민등록번호	
	직 업	
	사건본인과의 관계	

첨 부 서 류

1. 가족관계증명서 및 기본증명서 각 1통
   (청구인, 사건본인, 종전 후견인, 후견인후보자)
2. 주민등록등본(사건본인) 1통
3. 사건본인 및 후견인후보자의 후견등기사항전부증명서 (말소 및 폐쇄사항 포함) 또는 후견등기사항부존재 증명서(후견등기사항이 없는 경우) 각 1통
4. 청구인과 사건본인과의 관계를 밝혀줄 제적등본, 가족관계증명서 등(1.항의 가족관계증명서만으로는 그 관계를 알 수 없는 경우) 각 1통
5. 기타(소명자료) ○통

20○○년 ○월 ○일

위 청구인 ○ ○ ○ (인)

○ ○ 가 정 법 원 귀중

■ 참고사항

1. 관할법원 : 사건본인(피후견인)의 주소지의 가정법원(지방법원, 지원)

2. 청구인 : 피후견인, 친족, 이해관계인, 검사, 지방자치단체의장
3. ‣ 인지액 : 사건본인 수 × 5,000원
   ‣ 송달료 : 청구인수 × 5,200원 × 10회분
4. 불복절차
   ‣ 항소(가사소송법 제19조)
   ‣ 판결이 송달된 날로부터 2주일 내

후견인 결격사유는 다음과 같다(민법 제937조).

1. 미성년자
2. 피성년후견인, 피한정후견인, 피특정후견인, 피임의후견인
3. 회생절차개시결정 또는 파산선고를 받은 자
4. 자격정지 이상의 형의 선고를 받고 그 형기(刑期) 중에 있는 사람
5. 법원에서 해임된 법정대리인
6. 법원에서 해임된 성년후견인, 한정후견인, 특정후견인, 임의후견인과 그 감독인
7. 행방이 불분명한 사람
8. 피후견인을 상대로 소송을 하였거나 하고 있는 자 또는 그 배우자와 직계혈족

가정법원은 피성년후견인 등의 의사를 존중하되, 그 밖에 피성년후견인등의 건강, 생활관계, 재산상황, 성년후견인이 될 사람의 직업과 경험, 피성년후견인등과의 이해관계의 유무(법인이 성년후견인 등이 될 때에는 사업의 종류와 내용, 법인이나 그 대표자와 피성년후견인 등 사이의 이해관계의 유무를 말한다) 등의 사정도 고려하여야 결정하여야 한다.

⑧ 성년후견인등의 결격사유 등에 관한 사실조사 및 심리방법

가정법원이 성년후견인 등을 선임함에 있어 심리하여야 하는 위와 같은 후견인 결격사유, 후견인 선임에 고려하여야 하는 사정의 심리는 법원이 직권으로 탐지하여야 한다.

그러나 후견인으로 선임되고자 하는 자 또는 청구인이 성년후견으로 선임하고자 하는 자로 결격사유 해당여부와 기타 고려할 사정에 대한 진술서를 작성 제출하도록 하고, 가정법원이 이를 확인하는 것이 적절한 것이다.

가정법원은 당사자(청구인)을 당사자 신문방식으로 심문할 수 있고, 그 밖의 관

계인을 증인신문방식으로 신문할 수 있다. 따라서 특정인을 성년후견인등으로 선임하여 달라는 취지로 청구한 경우 청구인과 성년후견인 등이 되고자 하는 사람을 당사자신문 및 증인신문방식으로 신문하여, 결격사유가 없으며 성년후견인으로서의 사무를 처리하기에 적합한지 여부를 조사할 수 있다(가사소송법 제38조).

또 사실조사를 취해 필요한 경우 경찰 등 행정기관이나 그 밖에 상당하다고 인정되는 단체 또는 개인에게 사실의 조사를 촉탁하고 관련서류의 제출과 필요한 사항의 보고를 요구할 수 있다(가사소송법 제8조).

위와 같은 사실조사는 형행 가사소송법의 규정으로도 가능하다. 다만 가사소송법에서 정하는 일반적인 규정만 있고, 특정사건 및 특정내용에 대한 사실조회 등 근거규정이 없는 경우 관련 기관에서 개인정보 또는 금융정보의 침해가능성에 대한 우려로 법원의 사실조회에 불응하는 경우가 발생하고 있음을 감안하면 성년후견인의 선임에 필요한 사항에 관련된 자료의 조회와 요청근거규정을 가사소송법에 신설할 필요가 있다.

법무부가 2012, 11. 29. 입법예고한 가사소송법 일부개정법률(안)의 내용에는 가정법원이 입양허가심판을 함에 있어서 양부모가 될 사람의 범죄경력, 금융정보 또는 신용정보 등의 자료를 조회 또는 요청할 수 있도록 하는 다음과 같은 규정이 포함하고 있는데, 성년후견인등의 선임심판절차에도 이러한 규정을 둘 필요가 있다.

제45조의10(입양허가의 절차)

① 가정법원은 입양의 허가 심판을 하는 경우에 다음 각 호의 사람의 의견을 들어야 한다. 다만, 의견을 들을 수 없거나 그 밖의 특별한 사정이 있다고 인정되는 때에는 그러하지 아니하다.

1. 양자가 될 사람이 13세 이상인 경우에는 양자가 될 사람
2. 양부모가 될 사람
3. 양자가 될 사람의 친생부모
4. 양자가 될 사람의 후견 인
5. 양자가 될 사람에 대하여 친권을 행사하는 자로서 부모 이외의 사람

② 가정법원은 양자가 될 사람의 복리를 위하여 필요하다고 인정되는 경우에는 양부모가 될 사람의 주소지의 시장·군수·구청장에게 그 소득, 재산, 생활실태, 동거가족여부, 입양의 동기 그 밖의 사정의 조사를 촉탁할 수 있다.

③ 가정법원은 국가경찰관서의 장에게 양부모가 될 사람의 범죄경력을 조회할 수 있다.

> ④ 가정법원은 양부모가 될 자의 재산상태를 확인하기 위하여 「금융실명거래 및 비밀보장에 관한 법률」 제4조 제1항과 「신용정보의 이용 및 보호에 관한 법률」 제32조 제2항에도 불구하고 금융기관등(「금융실명거래 및 비밀보장에 관한 법률」 제2조 제1호에 따른 금융회사등, 「신용정보의 이용 및 보호에 관한 법률」 제2조 제6호에 따른 신용정보집중기관을 말한다. 이하 같다)의 장에게 금융정보·신용정보 또는 보험정보의 제공을 요청할 수 있다.
> ⑤ 가정법원은 양부모가 될 자의 질병이나 심신장애의 확인을 위하여 필요하다고 인정하는 경우 「의료법」에 따른 의료기관의 장, 「국민건강보험법」에 따른 국민건강보험공단의 장에게 양부모가 될 자의 진료기록·치료 관련 기록 내역의 제출을 요구할 수 있다.
> ⑥ 제2항 내지 제5항의 조사 촉탁 또는 사실조회를 받은 자는 정당한 이유가 없는 한 이에 응하여야 한다.
> ⑦ 제2항 내지 제5항에 따른 업무에 종사하거나 종사하였던 자는 업무를 수행하면서 취득한 금융정보, 신용정보, 보험정보, 진료기록 또는 치료 관련 기록을 심판 외의 목적으로 사용하거나 다른 사람 또는 기관에 제공하거나 누설하여서는 아니 된다.
>
> **제74조 (금융정보 등의 목적 외 사용죄)** 제45조의10 제7항을 위반한 사람은 5년 이하의 지역 또는 3천만원 이하의 벌금에 처한다.

⑨ 청구인의 청구취지의 구속력

성년후견인 등의 선임심판청구를 함에 있어, 청구인은 성년후견인 등으로 선임되길 희망하는 사람이나 법인을 특정하여 심판청구를 할 수도 있고, 특정하지 아니하고 성년후견인 등으로 적당한 사람을 선임하여 달라고 청구할 수도 있다.

가정법원은 성년후견인 등의 선임요건이 인정되지 아니하면 선임신청을 기각할 수 있으나, 선임요건이 인정되는 한 선임심판청구를 기각할 수 없고 반드시 성년후견인 등을 선임하여야 한다. 다만 성년후견인 등을 누구를 결정하여 선임하는지 여부에 있어서는 청구인의 청구취지에 구속되지 않는다.

즉 청구인이 성년후견인으로 선임하여 달라고 청구한 사람에게 결격사유가 있거나 성년후견인 등으로 적합하지 아니하다고 판단되는 경우 가정법원은 직권으로 성년후견인등으로 적합한 사람을 찾아 선임하여야만 하고, 청구인이 청구취지에서 특정한 사람을 성년후견인 등으로 선임하지 아니한다고 해서 심판청구를 기각하여서는 아니된다.

청구인이 청구하지 아니한 사람을 성년후견인 등으로 선임하는 경우 가정법원은 성년후견인 등이 될 사람의 의견을 청취하여 성년후견인 등의 사무를 처리할 의사가 있는지를 확인하고, 피성년후견인 등에게 성년후견인 등으로 선임할 사람에 대한 의견을 진술하도록 하여야만 한다.

⑩ 후견등기의 촉탁

성년후견인 등의 성명, 주민등록번호 및 주소 또는 사무소는 후견등기의 기록사항이므로(후견등기등에관한법률안 제25조 제3호), 가정법원은 선임심판이 확정되면 후견등기를 촉탁하여야 한다.

[서식 67] 성년후견인선임심판청구

성년후견인 선임 심판청구

청 구 인　　김 ○ ○ (○○○○○○-○○○○○○○)
등록기준지 : 전북 ○○군 ○○면 ○○리 ○○○-○
주 소 : 서울 ○○구 ○○동 ○○○-○ ○○빌라 301호

사 건 본 인 (피성년후견인)　　김 ○ ○ (○○○○○○-○○○○○○○)
등록기준지 : 전북 ○○군 ○○면 ○○리 ○○○
주 소 : 전북 ○○군 ○○읍 ○○동 ○○○-○

청 구 취 지

적당한 사람을 사건본인(피성년후견인)에 대한 성년후견인으로 선임한다.
라는 심판을 구합니다.

청 구 원 인

1. 청구인의 지위
   청구인은(사건본인, 사건본인의 배우자, 사건본인의 친족, 이해관계인, 검사, 사건본인의 주소지를 관할하는 지방자치단체의 장)입니다.

2. 사건본인에 대한 성견후견개시

서울가정법원은 20○○. ○. ○. 20○○느○○○호로 사건본인에 대한 성년후견개시심판을 선고하였고, 위 심판은 20○○. ○. ○. 확정되었습니다.

3. 결 론

이에 청구인은 적당한 사람을 사건본인(피성년후견인)에 대한 성년후견인으로서 선임하여 주실 것을 청구합니다.

첨 부 서 류

1. 가족관계증명서(청구인 및 사건본인)	각 1통
1. 주민등록등본(청구인 및 사건본인)	각 1통
1. 성년후견개시심판정본	1통
1. 기타(소명자료 : 진단서 등)	각 1통

20○○년 ○월 ○일

위 청구인 ○ ○ ○ (인)

○ ○ 지 방 법 원 귀중

[서식 68] 성년후견인선임심판청구

성년후견인 선임 심판청구

청 구 인 김 ○ ○ (○○○○○○-○○○○○○○)
등록기준지 : 전북 ○○군 ○○면 ○○리 ○○○-○
주 소 : 서울 ○○구 ○○동 ○○○-○ ○○빌라 301호

사 건 본 인 김 ○ ○ (○○○○○○-○○○○○○○)

(피성년후견인) 등록기준지 : 전북 ○○군 ○○면 ○○리 ○○○
주 소 : 전북 ○○군 ○○읍 ○○동 ○○○-○

청 구 취 지

○○○(주민번호 : ○○○○○○-○○○○○○○, 주소 : 서울 ○○구 ○○동 ○○○-○, 1층)를 사건본인(피성년후견인)에 대한 성견후견인으로 선임한다.
라는 심판을 구합니다.

청 구 원 인

1. 청구인의 지위
   청구인은(사건본인, 사건본인의 배우자, 사건본인의 친족, 이해관계인, 검사, 사건본인의 주소지를 관할하는 지방자치단체의 장)입니다.

2. 사건본인에 대한 성견후견개시
   서울가정법원은 20○○. ○. ○. 20○○느○○○호로 사건본인에 대한 성년후견개시심판을 선고하였고, 위 심판은 20○○. ○. ○. 확정되었습니다.

3. 성년후견인 후보에 관하여
   가. ○○○(주민번호 : ○○○○○○-○○○○○○○, 주소 : 서울 ○○구 ○○동 ○○○-○, 1층)는 민법 제937조 소정의 결격사유가 존재하지 않습니다.
   나. ○○○의 직업 및 경력
   다. ○○○는(사건본인과 심판청구 전 관련이 있었다면 그 관계 설명 / 사건본인과 아무런 관련이 없으며), 사건본인과 충돌하는 이해관계가 존재하지 않습니다.

4. 결 론
   이에 청구인은 ○○○이 사건본인의 성년후견인을 위해 성년후견사무를 처리할 수 있는 사람이라고 판단하여, ○○○을 사건본인의 성년후견인으로 선임하여 줄 것을 청구합니다.

첨 부 서 류

1. 가족관계증명서(청구인 및 사건본인) 각 1통

1. 주민등록등본(청구인 및 사건본인) 각 1통
1. 성년후견개시심판정본 1통
1. ○○○의 진술서(서약서) 1통
1. 기타(소명자료 : 진단서 등) 각 1통

20○○년 ○월 ○일

위 청구인 ○ ○ ○ (인)

○ ○ 지 방 법 원 귀중

[서식 69] 성년후견개시심판청구

성년후견개시 심판청구

청 구 인 ○ ○ ○ (전화)
주민등록번호
주소
사건본인과의 관계

사건본인 ○ ○ ○
주민등록번호(외국인등록번호)
주소
등록기준지(국적)

청 구 취 지

1. 사건본인에 대하여 성년후견을 개시한다.

2. 사건본인의 성년후견인으로 ○○○(주민등록번호 ,
주소)를 선임한다.

라는 심판을 구합니다.

청 구 원 인

1. 청구인은 사건본인의 아들입니다. 사건본인은 ○○○와 혼인하여 그 사이에 청구인과 ○○○를 두었는데, 남편인 ○○○는 사망하였고 청구인이 사건본인을 모시고 있습니다.

2. 사건본인은 약 7년 전부터 노인성 치매 증세가 나타나 병원에서 치료를 받아 왔는데, 3년 전부터 상태가 급격히 악화되어 ○○병원에서 요양 중에 있습니다. 현재 사건본인은 아들인 청구인조차 알아보지 못할 정도이므로 일상생활의 사무를 처리할 능력이 전혀 없고, 향후에도 증세가 호전될 가능성이 매우 희박합니다.

3. 청구인은 아들로서 사건본인을 정성껏 돌보아 왔으나 치료비와 요양비 부담이 만만치 않고, 사건본인 소유 부동산의 관리에 많은 어려움을 겪고 있으므로, 이 사건 심판을 통해 성년후견인으로서의 지위를 인정받고, 사건본인의 부동산을 관리하여 그 수익을 사건본인을 개호하는 비용으로 사용하자 합니다.

4. 사건본인의 성년후견인으로는 아들인 청구인이 선임되기를 원하며, 그 권한의 범위는 별지 기재와 같이 정해지기를 원합니다.

5. 이러한 이유로 이 사건 청구에 이르게 되었습니다.

성 년 후견인 후보자	성 명	
	주 소	
	주 민 등 록 번 호	
	직 업	
	사건본인과의 관계	

첨 부 서 류

1. 가족관계증명서 및 기본증명서 각 1통
   (청구인, 사건본인, 후견인후보자)
2. 주민등록등본(사건본인) 1통
3. 사건본인 및 후견인후보자의 후견등기사항전부증명서
   (말소 및 폐쇄사항 포함)(후견등기사항이 없는 경우
   후견등기사항부존재증명서) 각 1통
4. 청구인 및 후견인후보자와 사건본인과의 관계를
   밝혀줄 자료(가족관계증명서, 제적등본 등)(1.항의
   자료만으로 그 관계를 알 수 없는 경우) 각 1통
5. 진단서 1통
6. 사전현황설명서 1통
7. 기타(소명자료) ○통

20○○년 ○월 ○일

위 청구인 ○ ○ ○ (인)

○ ○ 가 정 법 원 귀중

사전 현황 설명서

1. 사건본인에 관한 사항		
가. 현재 한정치산자 또는 금치산자인지	예□	아니오□
나. 한정후견·특정후견·임의후견을 받고 있는지	예□	아니오□

다. 현재의 심신 상태 및 치료 상황	
라. 현 거주지 및 현재 누구와 동거하고 있는지	
마. 재산상황(목록으로 작성하여 별지로 첨부 가능)	
바. 의견진술을 위하여 법원출석이 가능한지 여부	
사. 치료받은 병원 이름 및 치료받은 기간	
2. 성년후견을 청구하게 된 동기와 목적(구체적으로 기재)	
3. 이 사건 청구에 관한 사건본인의 선순위 상속인들의 의견	
가. 선순위 상속인들 명단	
나. 동의자(동의서 첨부)	
다. 부동의자	

재 산 목 록

■ **재산내역**

1. 부동산(등기사항전부증명서 첨부)
2. 예금
3. 보험
4. 주식, 펀드

5. 자동차
6. 현금, 귀금속
7. 채권
8. 기타 자산
9. 채무
10. 순재산 합계

▣ 소득 및 지출 내역

1. 소득목록
   가. 급여
   나. 임대료 수익
   다. 이자수입
   라. 사회보장수급액
   마. 기타
2. 지출목록
   가. 정기적 지출
   나. 비정기적 지출
3. 순소득액

[별 지 1]

취소할 수 없는 피성년후견인의 법률행위의 범위 및 성년후견인의 법정대리권의 범위

1. 취소할 수 없는 피성년후견인의 법률행위의 범위
   □ 취소권 제한 없음
   □ 취소권 제한 있음

□ ______________________________

□ ______________________________

2. 성년후견인의 법정대리권의 범위
   - □ 법정대리권 제한 없음
   - □ 법정대리권 제한 있음
     - □ ______________________________
     - □ ______________________________

[별 지 2]

성년후견인이 피성년후견인의 신상에 관하여 결정할 수 있는 권한의 범위

□ 신상에 관한 결정권한 없음

□ 신상에 관한 결정권한 있음

1. □ 의료행위의 동의
2. □ 거주·이전에 관한 결정
3. □ 면접교섭에 관한 결정
4. □ 우편·통신에 관한 결정
5. □ 사회복지서비스 선택 또는 결정
6. □ 기타 사항

   □ ______________________________

   □ ______________________________

■ 참고사항

1. 관할법원 : 사건본인의 주소지 가정법원
2. 청구권자 : 본인, 배우자, 4촌 이내의 친족, 미성년후견인, 미성년후견감독인, 한정후견인, 한정후견감독인, 특정후견인, 특정후견감독인, 검사 또는 지방자치단체의 장(민법 제9조)
3. 제출부수 : 신청서 1부
4. ‣ 인지액 : 사건본인 수 × 5,000원
   ‣ 송달료 : 청구인수 × 5,200원 × 10회분
5. 불복절차
   ‣ 즉시항고(가사소송법 제43조, 가사소송규칙 제36조)
   ‣ 대법원규칙이 정하는 날로부터 14일(가사소송법 제43조 제5항)

2) 성년후견인 등의 변경

가정법원은 피후견인의 복리를 위하여 후견인을 변경할 필요가 있다고 인정하면 직권으로 또는 피후견인, 친족, 후견감독인, 검사, 지방자치단체의 장의 청구에 의하여 후견인을 변경할 수 있다(민법 제940조).

성년후견인 등의 변경 요건, 즉 피후견인의 복리를 위하여 변경할 필요가 있다고 인정되면, 가정법원은 새로운 성년후견인 등을 선임하게 된다.

따라서 성년후견인 등을 변경할 필요가 인정되지 아니하면 가정법원은 변경심판 청구를 기각하면 되지만, 인정되는 경우에는 새로운 성년후견인 등을 선임하여야 하는데, 그 절차는 앞서 본 성년후견인 등의 선임절차와 같다.

성년후견인 등이 성명, 주민등록번호 및 주소 또는 사무소는 후견등기의 기록사항이므로(후견등기등에관한법률안 제25조 제3호), 가정법원은 성년후견인 등의 변경 심판이 확정되면 후견등기를 촉탁하여야 한다.

[서식 70] 성년후견인변경신청

성년후견인 변경 청구

청 구 인　　○ ○ ○ (전화 ○○○-○○○○)

주민등록번호
주소
사건본인과의 관계

사건본인 ○ ○ ○
주민등록번호(외국인등록번호)
주소
등록기준지(국적)

성년후견인 ○ ○ ○ (전화 ○○○-○○○○)
주민등록번호
주소

청 구 취 지

사건본인의 성년후견인 ○○○를 ○○○(주민등록번호 : ○○○○○○-○○○○○○○, 주소 : ○○시 ○○구 ○○로 ○○)로 변경한다.
라는 심판을 구합니다.

청 구 원 인

1. 사건본인에 대하여 20○○. ○. ○. ○○법원 20○○느단○○○○호로 성년후견개시 심판이 있었고, 성년후견인으로 ○○○가 선임되었습니다.

2. 그런데, 성년후견인 ○○○은 고령인데다 건강이 악화되어 성년후견인으로서의 직무수행이 곤란한 상태이고, 이로 인해 사건본인의 개호와 재산관리가 제대로 되지 않고 있는 상황입니다.

3. 따라서 사건본인의 복리를 위하여 성년후견인의 변경을 구합니다.

4. 새로운 후견인으로는 ○○○를 추천합니다.

성 년 후견인 후보자	성 명	
	주 소	

	주 민 등 록 번 호	
	직 업	
	사건본인과의 관계	

첨 부 서 류

1. 가족관계증명서 및 기본증명서 각 1통
   (청구인, 사건본인, 후견인후보자)
2. 주민등록등본(사건본인) 1통
3. 사건본인 및 후견인후보자의 후견등기사항전부증명서
   (말소 및 폐쇄사항 포함) 또는 후견등기사항부존재
   증명서(후견등기사항이 없는 경우) 각 1통
4. 청구인과 사건본인과의 관계를 밝혀줄 제적등본,
   가족관계증명서 등(1.항의 가족관계증명서만으로는
   그 관계를 알 수 없는 경우) 각 1통
5. 기타(소명자료) ○통

20○○년 ○월 ○일

위 청구인 ○ ○ ○ (인)

○ ○ 가 정 법 원 귀중

■ 참고사항

1. 관할법원 : 본인(피후견인)의 주소지 가정법원(지방법원, 지원)
2. 청구권자 : 사건피후견인, 친족, 후견감독인, 검사, 지방자치단체의 장
3. 제출부수 : 신청서 1부
4. · 인지액 : 사건본인 수 × 5,000원

- 송달료 : 청구인수 × 5,200원 × 10회분

5. 불복절차
   - 즉시항고
   - 고지받은 날로부터 14일 이내

3) 성년후견인의 법정대리권의 범위 결정 및 변경, 성년후견인이 피성년후견인의 신상에 관하여 결정할 수 있는 권한의 범위 결정 및 변경

가. 성년후견인은 피성년후견인의 법정대리인이 되는데(민법 제938조 제1항), 가정법원은 성년후견인의 법정대리권의 범위와 피성년후견인의 신상에 관하여 결정할 수 있는 권한의 범위를 정할 수 있고, 이를 변경할 수도 있다(민법 제938조 제2항 내지 제4항).

[서식 71] 성년후견인의 법정대리인의 범위변경청구

성년후견인의 법정대리권의 범위 변경 청구

청 구 인　○ ○ ○ (전화 ○○○-○○○○)
주민등록번호
주소
사건본인과의 관계

사건본인　○ ○ ○
주민등록번호(외국인등록번호)
주소
등록기준지(국적)

청 구 취 지

사건본인에 대한 성년후견인의 법정대리권의 범위를 별지 기재와 같이 변경한다.

라는 심판을 구합니다.

청 구 원 인

1. 사건본인에 대하여 20○○. ○. ○. ○○법원 20○○느단○○○○호로 성년후견개시 심판이 있었고, 성년후견인으로 ○○○가 선임되었습니다.

2. 위 심판에 의하면, 성년후견인의 법정대리권의 범위는 다음과 같습니다(내용기재).

3. 그런데, ... 사정변경이 발생하여 성년후견인의 법정대리권 범위를 다음과 같이 변경할 필요성이 있습니다(내용기재).

4. 따라서 청구인은 이건 청구에 이르렀습니다.

첨 부 서 류

1. 가족관계증명서 및 기본증명서(청구인, 사건본인)	각 1통
2. 주민등록등본(사건본인)	1통
3. 사건본인의 후견등기사항전부증명서 (말소 및 폐쇄사항 포함)	1통
4. 청구인과 사건본인과의 관계를 밝혀줄 제적등본, 가족관계증명서 등(1.항의 가족관계증명서만으로는 그 관계를 알 수 없는 경우)	각 1통
5. 기타(소명자료)	○통

20○○년 ○월 ○일

위 청구인 ○ ○ ○ (인)

○○가정법원 귀중

성년후견인의 법정대리권의 범위

□ 법정대리권 제한 없음

□ 법정대리권 제한 있음.

  □ 아래 사항에 대하여는 후견인에게 법정대리권이 없음

    □ ______________________________

    □ ______________________________

  □ 아래 사항은 후견인의 대리권 행사에 법원의 허가를 필요로 함

    □ ______________________________

    □ ______________________________

■ 참고사항

1. 관할법원 : 사건본인(피후견인이 될 사람)의 주소지 가정법원
2. 청구권자 : 본인, 배우자, 4촌 이내의 친족, 검사, 성년후견인, 성년후견감독인, 검사, 지방자치단체의 장(민법 제938조)
3. ‣ 인지액 : 사건본인 수 × 5,000원
   ‣ 송달료 : 청구인수 × 5,200원 × 10회분

나. 심판의 개시

가정법원은 성년후견인의 법정대리권과 신상에 관하여 결정할 수 있는 권한의 범위결정을 직권으로 결정할 수 있다. 권한의 범위변경은 본인, 배우자, 4촌 이내의 친족, 성년후견인, 성년후견감독인, 검사 또는 지방자치단체의 장의 청구에 의하여 가정법원이 변경할 수 있다.

다만 권한의 범위변경을 청구할 수 있는 청구권자는 권한의 결정에 대한 심판청구도 할 수 있다고 해석하는 것이 타당하다.

다. 사건본인의 진술청취

가정법원은 성년후견인의 법정대리권 및 피성년후견인의 신상에 관하여 결정

할 수 있는 권한의 범위를 결정, 변경함에 있어 사건본인 즉 피성년후견인의 진술을 청취하여야만 한다(가사소송법 개정안 제45조의4 제1항 제6호, 제7호).

라. 후견등기의 촉탁

성년후견과 관련하여 가정법원이 법정대리권의 범위를 정한 경우에는 그 범위, 그 범위를 변경한 경우에는 그 변경된 범위가, 성년후견인이 피성년후견인의 신상에 관하여 결정할 수 있는 권한의 범위를 정한 경우에는 그 범위, 그 범위를 변경한 경우에는 그 변경된 범위는 성년후견 등에 과한 기록사항이므로(후견등기등에관한법률안 제25조 제5호 나, 다), 이에 관한 심판이 확정되면 가정법원은 후견등기를 촉탁하여야 한다.

4. 라류 제21호 사건

1) 민법 제947조 제2항, 제4항에 의한 피성년후견인 또는 피한정후견인의 신상결정에 대한 허가

가. 신상결정의 원칙

피성년·한정후견인은 자신의 신상에 관하여 그의 상태가 허락하는 범위에서 단독으로 결정한다(민법 제947조의2 제1항). 다만 가정법원은 성년·한정후견인이 피성년·한정후견인의 신상에 관하여 결정할 수 있는 권한의 범위를 정할 수 있다(민법 제938조 제3항).

한편 후견인은 피후견인의 법정대리인이 되고, 가정법원은 후견인의 법정대리권의 범위를 정할 수 있다(민법 제938조 제1항, 제2항).

그러나 피후견인의 격리 등과 같은 중대한 사항에 대해서는 후견인이 후견사무를 처리함에 있어 가정법원의 허가를 받아 하도록 하고 있다.

[서식 72] 피성년후견인이 입양을 하는 것에 대한 허가 청구

피성년후견인이 입양을 하는 것에 대한 허가 청구

청 구 인 　피성년후견인 ○ ○ ○ (주민등록번호)
주소 　○○시 ○○구 ○○길 ○○ (우편번호 ○○○○○)
사건본인과의 관계

사건본인 　□ □ □ (주민등록번호)
주소 　청구인과 같음
등록기준지 　○○시 ○○구 ○○길 ○○

피성년후견인이 입양을 하는 것에 대한 허가 청구

청 구 취 지

사건본인을 청구인 피성년후견인 ○○○의 양자로 한다.
라는 심판을 구합니다.

청 구 원 인

1. 청구인은 20○○. ○. ○. 성년후견개시 심판을 받았습니다.

2. 청구인은 피성년후견인으로 성년후견인 ○○○로부터 입양에 대한 동의를 받았으므로, 법원의 허가를 받아 사건본인을 양자로 입양하고자 합니다.

3. 청구인과 청구인의 성년후견인, 사건본인의 법정대리인인 부모는 사건본인의 복리를 위하여 사건본인을 청구인들에게 입양시키기로 협의하였고, 이 사건 청구를 하게 되었으니, 입양을 허가하여 주시기 바랍니다.

4. 성년후견인의 동의 거부시 그 사유

첨 부 서 류

1. 가족관계증명서(청구인, 사건본인) 각 1통
2. 주민등록표등본(사건본인) 1통
3. 후견등기사항전부증명서(청구인) 1통
4. 입양동의서(성년후견인) 및 인감증명서 1통
5. 기타 소명자료 ○통

20○○년 ○월 ○일

위 청구인 ○ ○ ○ (인)

○ ○ 가 정 법 원 귀중

■ 참고사항

1. 관할법원 : 사건본인의 주소지 가정법원(지방법원, 지원)
2. ‣ 인지액 : 사건본인 수 × 5,000원
   ‣ 송달료 : 청구인수 × 5,200원 × 8회분

[서식 73] 피성년후견인이 양자가 되는 것에 대한 허가청구

피성년후견인이 입양을 하는 것에 대한 허가 청구

청 구 인 피성년후견인 ○ ○ ○ (주민등록번호)
주소 ○○시 ○○구 ○○길 ○○ (우편번호 ○○○○○)
사건본인과의 관계

사건본인 □ □ □ (주민등록번호)
주소 청구인과 같음
등록기준지 ○○시 ○○구 ○○길 ○○

피성년후견인이 입양을 하는 것에 대한 허가 청구

청 구 취 지

사건본인을 청구인 피성년후견인 ○○○의 양자로 한다.
라는 심판을 구합니다.

청 구 원 인

1. 청구인은 20○○. ○. ○. 성년후견개시 심판을 받았습니다.

2. 청구인은 피성년후견인으로 성년후견인 ○○○로부터 입양에 대한 동의를 받았으므로, 법원의 허가를 받아 사건본인을 양자로 입양하고자 합니다.

3. 청구인과 청구인의 성년후견인, 사건본인의 법정대리인인 부모는 사건본인의 복리를 위하여 사건본인을 청구인들에게 입양시키기로 협의하였고, 이 사건 청구를 하게 되었으니, 입양을 허가하여 주시기 바랍니다.

4. 성년후견인의 동의 거부시 그 사유 :

첨 부 서 류

1. 가족관계증명서(청구인, 사건본인)	각 1통
2. 주민등록표등본(사건본인)	1통
3. 후견등기사항전부증명서(청구인)	1통
4. 입양동의서(성년후견인) 및 인감증명서	1통
5. 기타 소명자료	○통

20○○년 ○월 ○일

위 청구인 ○ ○ ○ (인)

○ ○ 가 정 법 원 귀중

■ 참고사항

1. 관할법원 : 사건본인의 주소지 가정법원(지방법원, 지원)
2. ‣ 인지액 : 사건본인 수 × 5,000원
   ‣ 송달료 : 청구인수 × 5,200원 × 10회분

[서식 74] 입양취소청구의 소(피성년후견인의 입양에 대한 성년후견인의 동의 부재)

소 장

원 고 ○ ○ ○ (주민등록번호)
등록기준지 : ○○도 ○○시 ○○구 ○○길 ○○
주소 : ○○시 ○○구 ○○길 ○○ (우편번호 : ○○○○○)

피 고 1. △ △ △ (주민등록번호)
등록기준지 : ○○도 ○○시 ○○구 ○○길 ○○
주소 : ○○도 ○○시 ○○구 ○○길 ○○ (우편번호 : ○○○○○)
2. △ △ △ (주민등록번호)
등록기준지 : ○○도 ○○시 ○○구 ○○길 ○○
주소 : ○○도 ○○시 ○○구 ○○길 ○○ (우편번호 : ○○○○○)

입양취소청구의 소

청 구 취 지

1. 피고들이 20○○. ○. ○. ○○시장에게 신고하여 한 입양은 이를 취소한다.

2. 소송비용은 피고의 부담으로 한다.
라는 판결을 구합니다.

청 구 원 인

1. 소송 외 ◈◈◈는 20○○. ○. ○. 부 □□□, 모 □□□ 사이에서 출생하였으나 20○○. ○. ○. 신청 외 ◇◇◇, ◇◇◇의 양자가 되었습니다.

2. 하지만 원고는 ◈◈◈의 성년 후견인으로서 ◈◈◈가 신청 외 ◇◇◇, ◇◇◇의 양자가 되려면, 원고의 동의가 있어야 합니다.

3. 그러나 ◈◈◈는 원고의 동의 없이 신청 외 신청 외 ◇◇◇, ◇◇◇의 양자가 된 바, 이는 입양 취소사유에 해당하므로 청구취지와 같은 판결을 얻고자 이건 청구에 이른 것입니다.

입 증 방 법

1. 갑 제1호증	등기사항증명서
1. 갑 제2호증의 1, 2	각 기본증명서(원, 피고)
1. 갑 제3호증	입양관계증명서
1. 갑 제4호증	주민등록초본(원고, 피고)

첨 부 서 류

1. 위 입증방법	각 1통
1. 소장부본	2통
1. 납부서	1통

20○○년 ○월 ○일

위 청구인 ○ ○ ○ (인)

○○가정법원 귀중

■ 참고사항

1. 관할법원 : 양부모 중 1인의 보통재판적소재지 가정법원
2. 제기권자
   - 미성년자 : 양부모, 양자, 그 법정대리인 또는 직계혈족
   - 부모 또는 직계존속의 동의없이 양자 : 동의권자
   - 피성년후견인이 성년후견인의 동의 없이 입양을 하거나 양자가 된 경우 : 피성년후견인이나 성년후견인
   - 배우자와 공동으로 하지 아니하고 양자를 하거나 배우자의 동의없이 양자 : 배우자
   - 양친자의 일방에게 악질 기타 중대한 사유가 있음을 알지 못한 경우 : 양친자의 타방
   - 사기 또는 강박으로 인하여 입양의 의사표시 : 입양의 의사표시를 한 자
3. 상대방 : 양친자의 일방이 제기하는 소는 타방을 상대방으로 하고, 제3자가 소를 제기할 때에는 양친자 쌍방을 상대방으로 함
4. 제출부수 : 소장원본 1부 및 피고 수만큼의 부본 제출
5. 불복절차 : ‣ 항소(가사소송법 제19조 제1항)
   ‣ 판결정본이 송달된 날로부터 14일 이내(가사소송법 제19조 제1항)
6. 인지대 : 20,000원, 송달료 : × 5,200원 × 10회분

[서식 75] 혼인취소청구의 소(성견후견인 부동의)

소　　　장

원　고　○ ○ ○ (○○○)
생년월일 : 19○○년 ○월 ○일생
등록기준지 : ○○도 ○○시 ○○구 ○○길 ○○번지
주소 : ○○시 ○○구 ○○길 ○○번지 (○○동, ○○아파트)
원고는 피성년후견인이므로
법정대리인 성년후견인　□ □ □
주소 : ○○시 ○○구 ○○길 ○○번지 (○○동, ○○아파트)

피　고　△ △ △ (△△△)
생년월일 : 19○○년 ○월 ○일생

등록기준지 : ○○도 ○○시 ○○구 ○○길 ○○번지
주소 : ○○시 ○○구 ○○길 ○○번지 (○○동, ○○아파트)

혼인취소청구의 소

청 구 취 지

1. 원고 ○○○과 피고 △△△ 사이의 20○○. ○. ○.자 ○○구청장에게 한 혼인신고는 이를 취소한다.
2. 소송비용은 피고의 부담으로 한다.

라는 판결을 구합니다.

청 구 원 인

1. 원고는 피고와 20○○년 ○월 ○일 ○○시 ○○구청장에게 혼인신고를 하여 법률상 부부로 되어 있습니다.

2. 그런데 원고는 20○○년 ○월 ○일 ○○법원 피성년후견인심판이 확정되었고, 20○○년 ○월 ○일 □□□가 성년후견인으로 선임되었습니다.

3. 그러므로 원고가 피고와 혼인하기 위해서는 민법 제808조 제2항에 의하여 성년후견인 □□□의 동의를 얻어야 함에도 불구하고, 원고는 피고의 감언이설에 넘어가 위와 같이 혼인신고를 하게 되었습니다. 더욱이 피고는 원고와 혼인한 후 3개월을 넘기지 못하고 원고를 돌보지 않고 원고의 정신상태를 비난하는 등 정상적인 혼인생활을 영위하기 어려운 실정입니다.

4. 그러므로 원고는 민법 제816조 제1호에 의하여 성년후견인 □□□의 동의를 얻지 아니하였음을 이유로 청구취지와 같은 판결을 구하기 위하여 이 사건 청구에 이르게 되었습니다.

입 증 방 법

입증방법은 소송의 진행에 따라 수시로 제출하겠습니다.

첨 부 서 류

1. 혼인관계증명서(원고 및 피고의 분)	각 1통
1. 기본증명서	1통
1. 주민등록표등본(원고 및 피고의 분)	각 1통
1. 소장부본	1통
1. 납부서	1통

20○○년 ○월 ○일

원 고 ○ ○ ○
법정대리인 성년후견인 □ □ □ (인)

○ ○ 가 정 법 원 귀중

■ 참고사항

1. 관할법원
   - 부부가 같은 가정법원의 관할구역내에 보통재판적이 있을 때에는 그 가정법원
   - 부부가 최후의 공통의 주소지를 가졌던 가정법원의 관할 구역내에 부부중 일방의 보통재판적이 있을 때에는 그 가정법원
   - 제1호 및 제2호에 해당되지 아니하는 경우로서 부부의 일방이 타방을 상대로 하는 때에는 상대방의 보통재판적소재지, 부부의 쌍방을 상대로 하는 때에는 부부중 일방의 보통재판적소재지의 가정법원
   - 부부의 일방이 사망한 경우에는 생존한 타방의 보통재판적소재지의 가정법원
   - 부부 쌍방이 사망한 경우에는 부부중 일방의 최후 주소지의 가정법원
2. 제기권자
   - 혼인적령위반 : 당사자 또는 그 법정대리인
   - 미성년자 또는 피성년후견인의 동의 없는 혼인 : 당사자 또는 그 법정대리인
   - 근친혼 : 당사자, 그 직계존속, 4촌 이내의 방계혈족
   - 중혼 : 당사자, 그 배우자, 직계존속, 4촌 이내의 방계혈족, 검사
3. 상대방 : 중혼자
4. ‣ 제출부수 : 소장원본 1부 및 피고 수만큼의 부본 제출

- 인지액 : 20,000원
- 송달료 : 청구인수 × 5,200원 × 10회분

나. 정신병원 등에의 격리

성년·한정후견인을 치료 등의 목적으로 정신병원이나 그 밖의 다른 장소에 격리하려는 경우, 가정법원의 허가를 받아야 한다(민법 제947조의2 제2항).

[서식 76] 피성년후견인 격리에 대한 허가청구

피성년후견인 격리에 대한 허가 청구

청 구 인　　○ ○ ○ (전화　　　　　　)
주민등록번호
주소
사건본인과의 관계

사건본인　　○ ○ ○
주민등록번호(외국인등록번호)
주소
등록기준지(국적)

청 구 취 지

청구인이 사건본인을 치료 등의 목적으로 ○○○ 정신병원에 격리하는 것을 허가한다.
라는 심판을 구합니다.

청 구 원 인

1. 사건본인에 대하여 20○○. ○. ○. ○○법원 20○○느단○○○○호로 성년후견개시 심판이 있었고, 성년후견인으로 청구인이 선임되었습니다.

2. 그런데, 사건본인은 현재 정신지체 1급의 상태로서 ……………… 일반적인 개호로는 사건본인을 보호하기 힘든 상황입니다.

3. 따라서, 청구인은 사건본인을 요양하기 용이한 ○○○ 정신병원에 입원 치료하려 하므로, 그 허가를 구합니다.

요양감호 기 관	명 칭	
	주소 또는 소재지	
	법 인 등 록 번 호	
	대 표 자	

첨 부 서 류

1. 가족관계증명서 및 기본증명서(사건본인) 각 1통
2. 주민등록등본(사건본인) 1통
3. 사건본인의 후견등기사항전부증명서
   (말소 및 폐쇄사항 포함) 1통
4. 기타(소명자료) ○통

20○○년 ○월 ○일

위 청구인 ○ ○ ○ (인)

○ ○ 가 정 법 원 귀중

■ 참고사항

1. 관할법원 : 사건본인(피후견인이 될 사람)의 주소지 가정법원(지방법원, 지원)
2. ‣ 인지액 : 사건본인 수 × 5,000원
   ‣ 송달료 : 청구인수 × 5,200원 × 10회분

[서식 77] 피한정후견인 격리에 대한 허가청구

피한정후견인 격리에 대한 허가 청구

청 구 인 ○ ○ ○ (전화)
주민등록번호
주소
사건본인과의 관계

사건본인 ○ ○ ○
주민등록번호(외국인등록번호)
주소
등록기준지(국적)

청 구 취 지

청구인이 사건본인을 치료 등의 목적으로 ○○○ 정신병원에 격리하는 것을 허가한다.
라는 심판을 구합니다.

청 구 원 인

1. 사건본인에 대하여 20○○. ○. ○. ○○법원 20○○느단○○○○호로 한성후견개시 심판이 있었고, 한정후견인으로 청구인이 선임되었습니다.

2. 그런데, 사건본인은 현재 정신지체 2급의 상태로서 환청이나 환각의 상태가 지속적으로 발생하고 있고 이와 같은 사유로 20○○. ○. ○. 24:00경 무턱대고 야간에 집을 나서는 등, 일반적인 개호로는 사건본인을 보호하기 힘든 상황입니다.

3. 따라서, 청구인은 사건본인을 요양하기 용이한 ○○○ 정신병원에 입원 치료하려 하므로, 그 허가를 구합니다.

요양감호 기 관	명 칭	
	주소 또는 소재지	
	법 인 등 록 번 호	
	대 표 자	

첨 부 서 류

1. 가족관계증명서 및 기본증명서(사건본인) 각 1통
2. 주민등록등본(사건본인) 1통
3. 사건본인의 후견등기사항전부증명서 1통
   (말소 및 폐쇄사항 포함)
4. 기타(소명자료) ○통

20○○년 ○월 ○일

위 청구인 ○ ○ ○ (인)

○ ○ 가 정 법 원 귀중

■ 참고사항

1. 관할법원 : 사건본인(피후견인이 될 사람)의 주소지 가정법원(지방법원, 지원)
2. 신청인 : 한정후견인
3. ‣ 인지액 : 사건본인 수 × 5,000원
   ‣ 송달료 : 청구인수 × 5,200원 × 10회분

다. 신체침해 의료행위

피성년·한정후견인의 신체를 침해하는 의료행위에 대하여 피성년·한정후견인이 동의할 수 없는 경우에는 성년·한정후견인이 그를 대신하여 동의할 수 있다(민법 제947조의2 제3항). 그러나 피성년·한정후견인이 의료행위의 직접적인 결과로 사망하거나 상당한 장애를 입을 위험이 있을 때에는 가정법원의 사전 허가를 받아야 한다(민법 제947조의2 제4항).

다만, 허가절차로 의료행위가 지체되어 피성년·한정후견인의 생명에 위험을 초래하거나 심신상의 중대한 장애를 초래할 때에는 사후에 허가를 청구할 수 있다.

[서식 78] 피성년후견인에 대한 의료행위의 동의에 대한 허가청구

피성년후견인에 대한 의료행위의 동의에 대한 허가 청구

청 구 인　　○ ○ ○ (주민등록번호)
주소　○○시 ○○구 ○○길 ○○ (우편번호 ○○○○○)
사건본인과의 관계

사건본인　　△ △ △ (주민등록번호)
주소　○○시 ○○구 ○○길 ○○ (우편번호 ○○○○○)
등록기준지　○○시 ○○구 ○○길 ○○

피성년후견인에 대한 의료행위의 동의에 대한 허가 청구

청 구 취 지

사건본인이 20○○. ○. ○. ○○병원에서 ○○시술을 받는 것에 대하여 성년후견인이 사건본인을 대신하여 동의하는 것을 허가한다.
라는 심판을 구합니다.

청 구 원 인

1. 사건본인에 대하여 20○○. ○. ○. ○○법원 20○○느단○○○○호로 성년

후견개시심판이 있었고, 성년후견인으로 청구인이 선임되었습니다.

2. 그런데, 사건본인은 현재 ○○질병으로 인해 ○○시 ○○구 ○○길 ○○ 소재 ○○병원에서 ○○시술을 받아야 하는데, 정신지체 1급의 상태로서 스스로 시술에 대한 동의를 하기 힘든 상황입니다.

3. 따라서, 청구인이 사건본인을 대신하여 위 시술에 동의를 하기 위해 본 심판청구에 이른 것입니다.

첨 부 서 류

1. 가족관계증명서 및 기본증명서(사건본인)	각 1통
1. 주민등록등본	1통
1. 사건본인의 후견등기사항전부증명서 (말소 및 폐쇄사항 포함)	1통
1. 진단서	1통

20○○년 ○월 ○일

위 청구인 ○ ○ ○ (인)

○○가정법원 귀중

■ 참고사항

1. 관할법원 : 사건본인의 주소지 가정법원(지방법원, 지원)
2. 청구권자 : 성년후견인(민법 제947조의2 제4항)
3. 제출부수 : 신청서 1부
4. ‣ 인지액 : 사건본인 수 × 5,000원
   ‣ 송달료 : 청구인 수 × 5,200원 × 10회분
5. 불복절차
   ‣ 즉시항고(가사소송규칙 제27조)

· 심판의 고지를 받은 날로부터 14일 내(가소소송규칙 제31조)

라. 주거용 부동산의 처분 등

성년·한정후견인이 피성년후견인을 대리하여 피성년·한정후견인이 거주하고 있는 건물 또는 그 대지에 대하여 매도, 임대, 전세권 설정, 저당권 설정, 임대차의 해지, 전세권의 소멸, 그 밖에 이에 준하는 행위를 하는 경우에는 가정법원의 허가를 받아야 한다(민법 제947조의2 제5항).

[서식 79] 피성년후견인이 거주하는 건물 또는 대지에 대한 매도청구 등에 대한 허가청구

피성년후견인이 거주하는 건물 또는
대지에 대한 매도 등에 대한 허가 청구

청 구 인　○ ○ ○ (전화　　　　　)
주민등록번호
주소
사건본인과의 관계

사건본인　○ ○ ○
주민등록번호(외국인등록번호)
주소
등록기준지(국적)

청 구 취 지

청구인이 사건본인을 대리하여 별지 기재 부동산을 ○○○에게 매각함을 허가한다.
라는 심판을 구합니다.

청 구 원 인

1. 사건본인에 대하여 20○○. ○. ○. ○○법원 20○○느단○○○○호로 성년후견개시 심판이 있었고, 성년후견인으로 청구인이 선임되었습니다.

2. 사건본인은 그동안 병원과 요양원 등을 오가며 치료를 받았고, 앞으로도 지속적인 개호가 필요한 상황이나 그 비용이 부족하므로 사건본인의 개호비 마련을 위하여 사건본인의 재산을 정리할 필요가 있습니다.

3. 사건본인의 재산으로는 현재 거주하고 있는 별지 목록 기재 부동산 이외에는 별다른 것이 없는 바, 위 부동산을 매각하여 그 일부를 개호비로 충당하고 남은 금액으로 사건본인이 거주할 수 있는 다른 아파트를 구입하려고 합니다.

4. 따라서 청구인은 사건본인이 거주하는 부동산의 매각 허가를 청구합니다.

첨 부 서 류

1. 가족관계증명서 및 기본증명서(사건본인)	각 1통
2. 주민등록등본(사건본인)	1통
3. 사건본인의 후견등기사항전부증명서 (말소 및 폐쇄사항 포함)	1통
4. 부동산등기사항증명서	1통
5. 기타(소명자료)	○통

20○○년 ○월 ○일

위 청구인 ○ ○ ○ (인)

○ ○ 가 정 법 원 귀중

■ 참고사항

1. 관할법원 : 사건본인(피후견인이 될 사람)의 주소지의 가정법원(지방법원, 지원)
2. 제출부수 : 신청서 1부
3. ‣ 인지액 : 사건본인 수 × 5,000원
   ‣ 송달료 : 청구인 수 × 5,200원 × 10회분

마. 청 구 인

피성년·한정후견인의 신상결정 등에 대한 허가심판의 청구인의 성년·한정후견인이다.

바. 사건본인이 진술청취

위와 같은 피성년·한정후견인의 신상에 관한 결정의 허가와 주거용부동산의 처분 등에 대한 허가에 대한 심판을 하는 경우 가정법원은 사건본인 또는 피성년·한정후견인의 진술을 청취하여야만 하고(가사소송법 개정안 제45조의4 제1항 제7호, 제10호), 사건본인 또는 피성년·한정후견인의 의사를 존중하여야만 한다.

[서식 80] 신상결정(격리) 관련 허가심판청구

신상결정(격리) 관련 허가심판청구

청 구 인　　김 ○ ○ (○○○○○○-○○○○○○○)
　　　　　　등록기준지 : 충북 ○○군 ○○면 ○○리 ○○○-○
　　　　　　주 소 : 서울 ○○구 ○○동 ○○○-○ ○○빌라 301호

사 건 본 인　김 ○ ○ (○○○○○○-○○○○○○○)
(피성년후견인)　등록기준지 : 전북 ○○군 ○○면 ○○리 ○○○
　　　　　　주 소 : 서울 ○○구 ○○동 543-4

청 구 취 지

청구인이 사건본인(피성년후견인/피한정후견인)을 ○○○요양원(○○○정신

병원, 소재지)에 입원하도록 하는 것을 허가한다.
라는 심판을 구합니다.

청 구 원 인

1. 사건본인 및 청구인의 지위
   서울가정법원은 20○○. ○. ○. 20○○느○○○호로 사건본인에 대한 성년후견개시심판을 선고하고, 20○○. ○. ○. 20○○느○○○호로 청구인을 사건본인을 위한 성년후견인으로 선임하는 심판을 선고하였으며, 위 심판들은 20○○. ○. ○. 확정되었습니다.

2. 사건본인의 입원(입소/격리) 필요성
   사건본인은 ○○질환을 앓고 있는데, 그 치료 또는 사건본인의 보호를 위해 사건본인을 ○○요양원(○○정신병원)에 격리, 입원하도록 할 필요가 있습니다.

3. 결 론
   사건본인의 성년후견인(한정후견인)인 청구인은 사건본인의 질병치료를 위해 사건본인을 격리 입원하도록 함에 있어 귀원의 허가를 구합니다.

첨 부 서 류

1. 가족관계증명서(청구인 및 사건본인)	각 1통
1. 주민등록등본(청구인 및 사건본인)	각 1통
1. 성년(한정)후견개시심판정본	1통
1. 성년(한정)후견인선임심판정본	1통
1. 소견서(또는 진단서, 입원필요성에 관한 자료)	각 1통
1. 기타(소명자료)	각 1통

20○○년 ○월 ○일

위 청구인 ○ ○ ○ (인)

○ ○ 지 방 법 원 귀중

[서식 81] 신상결정(신체침해 의료행위) 관련 허가심판청구

신상결정(신체침해 의료행위) 관련 허가심판청구

청 구 인 김 ○ ○ (○○○○○○-○○○○○○○)
등록기준지 : 충북 ○○군 ○○면 ○○리 ○○○-○
주 소 : 서울 ○○구 ○○동 ○○○-○ ○○빌라 301호

사 건 본 인 김 ○ ○ (○○○○○○-○○○○○○○)
(피성년후견인) 등록기준지 : 전북 ○○군 ○○면 ○○리 ○○○
(피한정후견인) 주 소 : 서울 ○○구 ○○동 ○○○-○

청 구 취 지

사건본인(피성년후견인/피한정후견인)이 ○○병원(소재지)에서 ○○의료행위(수술)을 받을 것을 허가한다.
라는 심판을 구합니다.

청 구 원 인

1. 사건본인 및 청구인의 지위
서울가정법원은 20○○. ○. ○. 20○○느○○○호로 사건본인에 대한 성년후견개시심판을 선고하고, 20○○. ○. ○. 20○○느○○○호로 청구인을 사건본인을 위한 성년후견인으로 선임하는 심판을 선고하였으며, 위 심판들은 20○○. ○. ○. 확정되었습니다.

2. 신체침해 의료행위 필요성

사건본인은 ○○질환을 앓고 있는데, 그 치료를 위해 ○○병원에서 ○○의료행위(수술)를 받을 필요가 있다는 진단을 받았습니다. 위 의료행위는 사건본인의 신체를 침해하는 것으로 의료행위의 직접적인 결과로 사건본인이 사망하거나 상당한 장애를 입을 위험이 있습니다.

3. 결 론

이에 사건본인의 성년후견인(한정후견인)인 청구인은 사건본인이 위 의료행위를 받을 수 있도록 귀원의 허가를 구합니다.

첨 부 서 류

1. 가족관계증명서(청구인 및 사건본인)	각 1통
1. 주민등록등본(청구인 및 사건본인)	각 1통
1. 성년(한정)후견개시심판정본	1통
1. 성년(한정)후견인선임심판정본	1통
1. 소견서(또는 진단서, 입원필요성에 관한 자료)	각 1통
1. 기타(소명자료)	○통

20○○년 ○월 ○일

위 청구인 ○ ○ ○ (인)

○○가정법원 귀중

[서식 82] 신상결정(신체침해 의료행위) 관련 사후허가 심판청구

신상결정(신체침해 의료행위) 관련 사후허가 심판청구

청 구 인 김 ○ ○ (○○○○○○-○○○○○○○)
등록기준지 : 충북 ○○군 ○○면 ○○리 ○○○-○
주 소 : 서울 ○○구 ○○동 ○○○-○ ○○빌라 301호

사 건 본 인 김 ○ ○ (○○○○○○-○○○○○○○)
(피성년후견인) 등록기준지 : 전북 ○○군 ○○면 ○○리 ○○○
(피한정후견인) 주 소 : 서울 ○○구 ○○동 ○○○-○

청 구 취 지

사건본인(피성년후견인/피한정후견인)이 20○○. ○. ○. ○○병원(소재지)에서 ○○의료행위(수술)을 받은 것을 허가한다.
라는 심판을 구합니다.

청 구 원 인

1. 사건본인 및 청구인의 지위
서울가정법원은 20○○. ○. ○20○○느○○○호로 사건본인에 대한 성년후견개시심판을 선고하고, 20○○. ○. ○. 20○○느○○○호로 청구인을 사건본인을 위한 성년후견인으로 선임하는 심판을 선고하였으며, 위 심판들은 20○○. ○. ○. 확정되었습니다.

2. 신체침해 의료행위 필요성
사건본인은 ○○질환을 앓고 있는데, 그 치료를 위해 ○○병원에서 ○○의료행위(수술)를 받을 필요가 있다는 진단을 받았습니다.
위 의료행위는 사건본인의 신체를 침해하는 것으로 의료행위의 직접적인 결

과로 사건본인이 사망하거나 상당한 장애를 입을 위험이 있어 의료행위를 받기 전 귀원의 허가를 받아야 하나, 의료행위가 지체되면 사건본인의 생명에 위험을 초래하거나 심신상 중대한 장애를 초래할 가능성이 있다는 의료진의 판단에 따라 귀원의 허가를 받지 아니한 상태에서 20○○. ○. ○. 위 의료행위를 받았습니다.

3. 결 론

이에 사건본인의 성년후견인(한정후견인)인 청구인은 사건본인이 20○○. ○. ○. ○○병원(소재지)에서 ○○의료행위(수술)을 받은 사실에 대해 귀원의 허가를 구합니다.

첨 부 서 류

1. 가족관계증명서(청구인 및 사건본인)	각 1통
1. 주민등록등본(청구인 및 사건본인)	각 1통
1. 성년(한정)후견개시심판정본	1통
1. 성년(한정)후견인선임심판정본	1통
1. 소견서(또는 진단서, 입원필요성에 관한 자료)	각 1통
1. 기타(소명자료)	각 1통

20○○년 ○월 ○일

위 청구인 ○ ○ ○ (인)

○○가정법원 귀중

[서식 83] 신상결정(주거용 부동산의 처분) 관련 허가 심판청구

신상결정(주거용 부동산의 처분) 관련 사후허가 심판청구

청 구 인 김 ○ ○ (○○○○○○-○○○○○○○)
등록기준지 : 충북 ○○군 ○○면 ○○리 ○○○-○
주 소 : 서울 ○○구 ○○동 ○○○-○ ○○빌라 301호

사 건 본 인 김 ○ ○ (○○○○○○-○○○○○○○)
(피성년후견인) 등록기준지 : 전북 ○○군 ○○면 ○○리 ○○○
(피한정후견인) 주 소 : 서울 ○○구 ○○동 ○○○-○

청 구 취 지

사건본인(피성년후견인/피한정후견인)이 별지 기재 부동산을 금 ○○○,○○○,○○○원에 매도하는 것(별지기재 부동산을 기간 ○년, 보증금 ○○○,○○○,○○○원으로 정하여 임대하는 것, 별지기재 부동산에 관하여 채무자 ○○○, 채권자 ○○○, 채권최고액 ○○○,○○○,○○○원으로 된 저당권을 설정하는 것)을 허가한다.

라는 심판을 구합니다.

청 구 원 인

1. 사건본인 및 청구인의 지위

서울가정법원은 20○○. ○. ○. 20○○느○○○호로 사건본인에 대한 성년후견개시심판을 선고하고, 20○○. ○. ○. 20○○느○○○호로 청구인을 사건본인을 위한 성년후견인으로 선임하는 심판을 선고하였으며, 위 심판들은 20○○. ○. ○. 확정되었습니다.

2. 주거용 부동산의 처분 필요성

별지기재 부동산은 사건본인의 소유로 사건본인의 주거로 사용하고 있습니다

(별지기재 부동산은 사건본인이 ○○○로부터 보증금 ○○○,○○○,○○○원, 기간 ○년으로 정하여 임차하여 사건본인의 주거로 사용하고 있습니다). 사건본인은(치료비 마련을 위하여, 생활비 충당을 위하여, 채무변제를 위하여) 위 부동산을 금 ○○○,○○○,○○○원에 매도할 필요가 있으므로(위 부동산을 기간 ○년, 보증금 ○○○,○○○,○○○원으로 정하여 임대, 위 부동산에 관하여 채무자 ○○○, 채권자 ○○○, 채권최고액 ○○○,○○○,○○○원으로 된 저당권을 설정)할 필요가 있습니다.

사건본인은 주거용부동산을 위와 같이 처분한 후에는 (주거에 대한 대책 등의 계획, 사정 기재)할 계획입니다.

3. 결 론

이에 사건본인의 성년후견인(한정후견인)인 청구인은 사건본인의 주거용부동산을 청구취지기재와 같이 처분하는 것에 대한 허가를 구합니다.

첨 부 서 류

1. 가족관계증명서(청구인 및 사건본인) 각 1통
1. 주민등록등본(청구인 및 사건본인) 각 1통
1. 성년(한정)후견개시심판정본 1통
1. 성년(한정)후견인선임심판정본 1통
1. 부동산등기부등본 1통
1. 기타(소명자료) 각 1통

20○○년 ○월 ○일

위 청구인 ○ ○ ○ (인)

○○가정법원 귀중

[서식 84] 성년후견인이 피성년후견인의 신상에 관하여 결정할 수 있는 권한의 범위 변경청구

성년후견인이 피성년후견인의 신상에 관하여 결정할 수 있는 권한의 범위 변경 청구

청 구 인　○ ○ ○ (전화　　　　　　)
주민등록번호
주소
사건본인과의 관계

사건본인　○ ○ ○
주민등록번호(외국인등록번호)
주소
등록기준지(국적)

청 구 취 지

성년후견인이 피성년후견인의 신상에 관하여 결정할 수 있는 권한의 범위를 별지 기재와 같이 변경한다.
라는 심판을 구합니다.

청 구 원 인

1. 사건본인에 대하여 20○○. ○. ○. ○○법원 20○○느단○○○○호로 성년후견개시 심판이 있었고, 성년후견인으로 ○○○가 선임되었습니다.

2. 위 심판에 의하면, 성년후견인이 사건본인의 신상에 관하여 결정할 수 있는 권한의 범위는 다음과 같습니다(내용 기재).

3. 그런데, ... 사정변경이 발생하여 성년후견인이 사건본인의 신상에 관하여 결정할 수 있는 권한 범위를 다음과 같

이 변경할 필요성이 있습니다(내용 기재).

4. 따라서 청구인은 이건 청구에 이르렀습니다.

첨 부 서 류

1. 가족관계증명서 및 기본증명서(청구인, 사건본인) 각 1통
1. 주민등록등본(사건본인) 1통
1. 사건본인의 후견등기사항전부증명서 1통
   (말소 및 폐쇄사항 포함)
1. 청구인과 사건본인과의 관계를 밝혀줄 제적등본, 가족관계증명서 등(1.항의 가족관계증명서만으로는 그 관계를 알 수 없는 경우) 각 1통
1. 기타(소명자료) ○통

20○○년 ○월 ○일

위 청구인 ○ ○ ○ (인)

○ ○ 가 정 법 원 귀중

[별 지]

성년후견인이 피성년후견인의 신상에 관하여 결정할 수 있는 권한의 범위

□ 신상에 관한 결정권한 없음

□ 아래 사항에 관하여 피후견인이 스스로 결정을 할 수 없는 경우 후견인이

결정권을 가짐

1. □ 의료행위의 동의
2. □ 거주·이전에 관한 결정
3. □ 면접교섭에 관한 결정
4. □ 우편·통신에 관한 결정
5. □ 사회복지서비스 선택 또는 결정
6. □ 기타 사항

□ ______________________________

□ ______________________________

■ 참고사항

1. 관할 : 사건본인(피후견인)의 주소지 가정법원
2. 청구권자 : 사건본인(피후견인), 배우자, 4촌 이내의 친족, 성년후견인, 성년후견감독인, 검사 또는 지방자치단체의 장(민법 제938조 제4항)
3. 제출부수 : 신청서 1부
4. ‣ 인지액 : 사건본인 수 × 5,000원
   ‣ 송달료 : 청구인 수 × 5,200원 × 10회분

2) 「민법」 제950조 제2항에 따른 성년후견감독인 한정후견감독인의 동의를 갈음하는 허가

가. 후견감독인의 동의를 필요로 하는 행위

후견감독인이 있는 경우, 후견인이 피후견인을 대리하여 영업에 관한 행위, 금전을 빌리는 행위, 의무만을 부담하는 행위, 부동산 또는 중요한 재산에 관한 권리의 득실변경을 목적으로 하는 행위, 소송행위, 상속의 승인, 한정승인 또는 포기 및 상속재산의 분할에 관한 협의에 해당하는 행위를 할 때는 후견감독인의 동의를 받아야 하고(민법 제950조 제1항), 후견인이 후견감독인의 동의 없이 위와 같은 행위를 하였을 때에는 피후견인 또는 후견감독인이 그 행위를 취소할 수 있다(민법 제950조 제3항).

[서식 85] 한정후견인의 동의를 갈음하는 허가청구

한정후견인의 동의를 갈음하는 허가 청구

청 구 인 ○ ○ ○ (주민등록번호 : -)
(사건본인) 전화
주소 ○○시 ○○구 ○○길 ○○○번지
등록기준지 ○○시 ○○면 ○○길 ○번지

한 정 후 견 인 □ □ □ (주민등록번호 : -)
전화
주소 ○○시 ○○구 ○○길 ○○○번지
등록기준지 ○○시 ○○면 ○○길 ○번지

청 구 취 지

한정후견인은 청구인이 별지 기재 행위를 함에 있어 이에 동의하는 것으로 갈음한다.
라는 심판을 구합니다.

청 구 원 인

1. 청구인(사건본인)에 대하여 20○○년 ○월 ○일 ○○법원 20○○느단 ○○○○호로 한정후견개시 심판이 있었고, 한정후견인으로 □□□가 선임되었습니다.

2. 위 심판에 의하면, 근로계약의 체결·변경·종료에 관한 사항은 청구인이 한정후견인의 동의를 받아야 하는 행위로 정해져 있습니다.

3. 청구인은 20○○년 ○월 ○일부터 ○○주식회사에서 근무하고 있었으나, ○○주식회사의 채용에 합격하여 이직을 해야 되는 상황입니다.

4. 이러한 이유로 청구인은 한정후견인에게 근로계약의 종료와 체결에 대해 동

의를 구하였으나 한정후견인은 자신의 ○○주식회사와의 친분 등을 이유로 들어 이에 동의하지 않고 있습니다.

5. 따라서 청구인은 이건 청구에 이르게 되었습니다.

첨 부 서 류

1. 가족관계증명서 및 기본증명서(청구인 및 사건본인) 각 1통
2. 주민등록등본(청구인) 1통
3. 사건본인의 후견등기사항전부증명서 1통
   (말소 및 폐쇄사항 포함)
4. 기타(소명자료) 각 1통

20○○년 ○월 ○일

위 청구인 ○ ○ ○ (인)

○ ○ 가 정 법 원 귀중

■ 참고사항

1. 관할법원 : 사건본인(피후견인이 될 사람)의 주소지의 가정법원
2. 신청인 : 피한정후견인의 신청
3. ‣ 인지액 : 사건본인 수 × 5,000원
   ‣ 송달료 : 청구인 수 × 5,200원 × 10회분

[서식 86] 한정후견인의 의사표시를 갈음하는 재판청구

한정후견인의 의사표시를 갈음하는 재판 청구

청 구 인　　　○ ○ ○ (전화　　　　　　　)
주민등록번호
주소
사건본인과의 관계

사건본인　　　○ ○ ○
주민등록번호(외국인등록번호)
주소
등록기준지(국적)

청 구 취 지

사건본인의 한정후견인 ○○○는 청구인이 사건본인을 대리하여 별지 기재 행위를 하는 것에 동의하는 것으로 그 의사표시를 갈음한다.
라는 재판을 구합니다.

청 구 원 인

1. 사건본인에 대하여 20○○. ○. ○. ○○법원 20○○느단○○○○호로 한정후견개시 심판이 있었고, 한정후견인으로 청구인과 ○○○(현재주소)가 선임되었습니다.

2. 가정법원에서는 위 심판 당시 사건본인의 ○○ 재산을 처분할 경우에는 청구인과 ○○○이 공동으로 대리권을 행사하도록 정하였습니다.

3. 그런데, 사건본인의 요양비 지급을 위하여 별지 기재 재산을 매각하여야 하는 상황임에도 ○○○은 .... 이유로 이에 동의하고 있지 않습니다.

4. 따라서 청구인은 사건본인의 복리를 위하여 이 사건 청구에 이르렀습니다.

첨 부 서 류

1. 가족관계증명서 및 기본증명서(사건본인) 각 1통
2. 주민등록등본(사건본인) 1통
3. 사건본인의 후견등기사항전부증명서 1통
   (말소 및 폐쇄사항 포함)
4. 기타(소명자료) ○통

20○○년 ○월 ○일

위 청구인 ○ ○ ○ (인)

○ ○ 가 정 법 원 귀중

■ 참고사항

1. 관할법원 : 사건본인(피후견인이 될 사람)의 주소지의 가정법원(지방법원, 지원)
2. 청구권자 : 피한정후견인, 한정후견인, 후견감독인 또는 이해관계인(민법 제949조의2 제3항, 제959조의6)
3. 제출부수 : 신청서 1부
4. ‣ 인지액 : 사건본인 수 × 5,000원
   ‣ 송달료 : 청구인 수 × 5,200원 × 10회분
5. 불복절차 : 없음

[서식 87] 한정후견감독인의 의사표시를 갈음하는 재판청구

한정후견감독인의 의사표시를 갈음하는 재판 청구

청 구 인　　○ ○ ○ (전화　　　　　　)
주민등록번호
주소
사건본인과의 관계

사건본인　　○ ○ ○
주민등록번호(외국인등록번호)
주소
등록기준지(국적)

청 구 취 지

사건본인의 한정후견감독인 ○○○는 별지 기재 행위에 동의하는 것으로 그 의사표시를 갈음한다.
라는 재판을 구합니다.

청 구 원 인

1. 사건본인에 대하여 20○○. ○. ○. ○○법원 20○○느단○○○○호로 한정후견개시 심판이 있었고, 한정후견인으로 ○○○, 한정후견감독인으로 청구인과 ○○○(주민등록번호, 주소)가 선임되었습니다.

2. 가정법원에서는 사건본인의 ○○ 재산의 처분의 경우에는 청구인과 ○○○이 공동으로 동의권을 행사하도록 하였습니다.

3. 그런데, 사건본인의 요양비 지급을 위하여 별지 기재 재산을 매각해야 할 필요성이 발생하였고, 한정후견인이 이와 같은 행위를 함에 청구인은 동의하였으나 ○○○는 별지 기재 재산 이외에 다른 재산을 매각하여야 한다는 이유

로 이에 동의하지 않고 있습니다.

4. 한정후견감독인 ○○○가 매각하여야 한다는 다른 재산은 부동산의 면적이 넓어 매각하는데 많은 시간이 소요될 뿐 아니라 급하게 매각을 하는 경우에는 통상 매매가액보다 더 낮은 금액에 매매될 우려가 있으므로 빠른 시일 내에 현금화가 가능한 별지 목록 재산을 매각하는 것이 더 타당하다고 할 것입니다.

5. 따라서 청구인은 사건본인의 복리를 위하여 이 사건 청구에 이르렀습니다.

첨 부 서 류

1. 가족관계증명서 및 기본증명서(사건본인) 각 1통
2. 주민등록등본(사건본인) 1통
3. 사건본인의 후견등기사항전부증명서 1통
   (말소 및 폐쇄사항 포함)
4. 기타(소명자료) ○통

20○○년 ○월 ○일

위 청구인 ○ ○ ○ (인)

○ ○ 가 정 법 원 귀중

[별 지]

한정후견감독인의 동의를 구하는 행위

사건본인이 소유하고 있는 ○○시 ○○구 ○○로 ○○(○○동) 대지 ○○㎡를 후견인 ○○○이 사건본인을 대리하여 매도하고 사건본인의 요양비를 마련하는 행위 끝.

■ 참고사항

1. 관할법원 : 사건본인(피후견인이 될 사람)의 주소지를 관할하는 가정법원
2. 청구권자 : 후견인 또는 공동후견감독인인 경우 그 중 1인
3. 제출부수 : 신청서 1부
4. ‣ 인지액 : 사건본인 수 × 5,000원
   ‣ 송달료 : 청구인 수 × 5,200원 × 10회분
5. 불복절차
   ‣ 청구를 기각한 재판에 대하여 청구인이 즉시항고(가사소송규칙 제27조)
   ‣ 심판을 고지받은 날로부터 14일이내(가사소송법 제43조 제5항, 가사소송규칙 제31조)

나. 후견감독인의 동의를 갈음하는 허가

후견감독인의 동의가 필요한 행위에 대하여 후견감독인이 피후견인의 이익이 침해될 우려가 있음에도 동의를 하지 아니하는 경우에는 가정법원은 후견인의 청구에 의하여 후견감독인의 동의를 갈음하는 허가를 할 수 있다(민법 제950조 제2항). 후견감독인의 동의를 갈음하는 허가심판의 청구인은 후견인이다.

5. 라류 제22호 사건

가정법원은 직권으로 또는 피후견인, 후견감독인, 제777조에 따른 친족, 그 밖의 이해관계인 검사, 지방자치단체의 장의 청구에 의하여 피후견인의 재산상황을 조사하고, 후견인에게 재산관리 등 후견임무 수행에 관하여 필요한 처분을 명할 수 있다(민법 제954조).

[서식 88] 피미성년후견인의 재산상황조사 및 임무수행에 관하여 필요한 처분명령청구

피미성년후견인의 재산상황조사 및 임무수행에 관하여 필요한 처분명령 청구

청 구 인 ○ ○ ○ (주민등록번호 또는 외국인등록번호)
주소
전화번호
사건본인과의 관계

사건본인 ○ ○ ○ (주민등록번호 또는 외국인등록번호)
주소
등록기준지(국적)

청 구 취 지

사건본인의 미성년후견인 ○○○에 대하여 사건본인의 재산 목록을 20○○. ○. ○.까지 이 법원 및 미성년후견감독인에게 제출할 것을 명한다.
라는 심판을 구합니다.

청 구 원 인

1. 사건본인에 대하여 20○○. ○. ○. ○○법원 20○○느단○○○○호로 미성년후견개시 심판이 있었고, 미성년후견인으로 ○○○이 미성년후견감독인으로 청구인이 선임되었습니다.

2. 청구인은 미성년후견인 ○○○에게 사건본인의 재산목록 제출을 요구하였지만 수개월이 지나도록 이를 이행하지 않고 있습니다.

3. 이에 상당기간을 정하여 미성년후견인 ○○○로 하여금 이 법원 및 청구인에게 사건본인의 재산목록을 제출할 것을 명하는 심판을 받고자 이 사건 청구에

이르렀습니다.

첨 부 서 류

1. 가족관계증명서 및 기본증명서(청구인, 사건본인) 각 1통
2. 주민등록등본(사건본인) 통
3. 기타(소명자료) ○통

20○○년 ○월 ○일

위 청구인 ○ ○ ○ (인)

○ ○ 가 정 법 원 귀중

■ 참고사항

1. 관할법원 : 사건본인(피후견인이 될 사람)의 주소지를 관할하는 가정법원(가사소송법 제44조)
2. 청구인 : 피후견인, 후견감독인, 민법 제777조에 따른 친족, 그 밖의 이해관계인, 검사, 지방자치단체의 장(민법 제954조)
3. 제출부수 : 신청서 1부
4. ‣ 인지액 : 사건본인 수 × 5,000원(가사소송수수료규칙 제3조 제1항)
   ‣ 송달료 : 청구인수 × 5,200원 × 8회분
5. 불복절차
   ‣ 즉시항고(가사소송규칙 제27조, 제28조)
   ‣ 심판의 고지가 있은 날로부터 14일내(가사소송규칙 제31조)

[서식 89] 피한정후견인의 재산상황조사청구

피한정후견인의 재산상황조사 청구

청 구 인　　○ ○ ○ (전화　　　　　　)
주민등록번호
주소
사건본인과의 관계

사건본인　　○ ○ ○
주민등록번호(외국인등록번호)
주소
등록기준지(국적)

청 구 취 지

사건본인의 한정후견인 ○○○는 사건본인의 재산상황을 1개월 내에 조사하여 그 재산목록을 이 법원과 청구인에게 제출하여야 한다.
라는 심판을 구합니다.

청 구 원 인

1. 사건본인에 대하여 20○○. ○. ○. ○○법원 20○○느단○○○○호로 한정후견개시 심판이 있었고, 한정후견인으로 ○○○이, 한정후견감독인으로 청구인이 선임되었습니다.

2. 청구인은 한정후견인 ○○○에게 사건본인의 재산목록 제출을 요구하였지만 수개월이 지나도록 이를 이행하지 않고 있습니다.

3. 이에 상당기간을 정하여 한정후견인 ○○○로 하여금 이 법원 및 청구인에게 사건본인의 재산목록을 제출할 것을 명하는 심판을 받고자 이 사건 청구에 이르렀습니다.

첨 부 서 류

1. 가족관계증명서 및 기본증명서(청구인, 사건본인) 각 1통
2. 주민등록등본(사건본인) 1통
3. 사건본인의 후견등기사항전부증명서 1통
   (말소 및 폐쇄사항 포함)
4. 기타(소명자료) ○통

20○○년 ○월 ○일

위 청구인 ○ ○ ○ (인)

○ ○ 가 정 법 원 귀중

■ 참고사항

1. 관할법원 : 사건본인(피후견인이 될 사람)의 주소지 가정법원(지방법원, 지원)
2. ‣ 인지액 : 사건본인 수 × 5,000원(가사소송수수료규칙 제3조 제1항)
   ‣ 송달료 : 청구인수 × 5,200원 × 10회분

[서식 90] 성년후견인의 재산목록 작성기간 연장허가청구

성년후견인의 재산목록 작성기간 연장 허가 청구

청 구 인 ○ ○ ○ (전화)
주민등록번호
주소
후견인과의 관계

사건본인 ○ ○ ○
주민등록번호(외국인등록번호)
주소
등록기준지(국적)

청 구 취 지

청구인이 사건본인의 재산목록을 작성하는 기간을 20○○. ○. ○.까지 연장함을 허가한다.
라는 재판을 구합니다.

청 구 원 인

1. 사건본인에 대하여 20○○. ○. ○. ○○법원 20○○느단○○○○호로 성년후견개시 심판이 있었고, 성년후견인으로 청구인이 선임되었습니다.

2. 청구인은 20○○. ○. ○.까지 사건본인의 재산목록을 작성해야 하지만 사건본인의 재산이 다액이고, 부동산이 여러 곳에 분산되어 있어 재산파악에 상당한 시일이 걸릴 것으로 예상되어 법정기간 내에 이를 작성하는 것이 어려운 상황입니다.

3. 따라서 청구인은 사건본인의 재산목록 작성기간을 연장하고자 이 사건 청구에 이르게 되었습니다.

첨 부 서 류

1. 가족관계증명서 및 기본증명서(사건본인) 각 1통
1. 주민등록등본(사건본인) 1통
1. 사건본인의 후견등기사항전부증명서 1통
   (말소 및 폐쇄사항 포함)
1. 기타(소명자료) ○통

20○○년 ○월 ○일

위 청구인 ○ ○ ○ (인)

○ ○ 가 정 법 원 귀중

■ 참고사항

1. 관할법원 :사건본인(피후견인)의 주소지 가정법원
2. 청구권자 : 후견인으로 선임된 자(민법 제941조)
3. 제출부수 : 신청서 1부
4. ‣ 인지액 : 사건본인 수 × 5,000원(가사소송수수료규칙 제3조 제1항)
   ‣ 송달료 : 청구인수 × 5,200원 × 10회분

6. 라류 제23호 사건

법원은 후견인의 청구에 의하여 피후견인의 재산상태 기타 사정을 참작하여 피후견인의 재산중에서 상당한 보수를 후견인에게 수여할 수 있다(민법 제955조).
성년후견인, 한정후견인, 특정후견인 및 후견감독인의 후견사무에 대한 보수를 받기 위해서는 가정법원에 보수수여심판청구를 하여야 한다.

[서식 91] 미성년후견(감독)인 보수의 수여청구

미성년후견(감독)인에 대한 보수의 수여 청구

청 구 인 ○ ○ ○ (전화)
주민등록번호
주소
사건본인과의 관계

사건본인 ○ ○ ○
주민등록번호(외국인등록번호)

주소
등록기준지(국적)

청 구 취 지

청구인에게 사건본인의 미성년후견(감독)사무에 대한 보수로 ○○○원을 수여한다.
라는 재판을 구합니다.

청 구 원 인

1. 사건본인에 대하여 20○○. ○. ○. ○○법원 20○○느단○○○○호로 미성년후견개시 심판이 있었고, 미성년후견(감독)인으로 청구인이 선임되었습니다.

2. 사건본인은 20○○. ○. ○. 성년이 되었으므로 미성년후견이 종료되었습니다.

3. 미성년후견(감독)인으로서의 업무 내역은 별지 기재와 같습니다.

4. 따라서 청구인은 미성년후견(감독)사무의 보수를 지급받고자 이 사건 청구에 이르렀습니다.

첨 부 서 류

1. 가족관계증명서 및 기본증명서(사건본인)	각 1통
2. 주민등록등본(사건본인)	1통
3. 기타(소명자료)	○통

20○○년 ○월 ○일

위 청구인 ○ ○ ○ (인)

○○가정법원 귀중

■ 참고사항

1. 관할법원 : 입양, 친양자 입양 또는 파양에 관한 사건은 양자·친양자의 주소지 또는 양자·친양자가 될 사람의 주소지의 가정법원
2. ‣ 인지액 : 사건본인 수 × 5,000원(가사소송수수료규칙 제3조 제1항)
   ‣ 송달료 : 청구인수 × 5,200원 × 8회분
3. 불복방법 : 즉시항고(가사소송법 제43조)

[서식 92] 임의후견감독인에 대한 보수의 수여청구

임의후견감독인에 대한 보수의 수여 청구

청 구 인　　○ ○ ○ (주민등록번호)
주소
사건본인과의 관계

사건본인　　○ ○ ○ (주민등록번호(외국인등록번호))
주소
등록기준지(국적)

청 구 취 지

청구인에게 사건본인의 임의후견감독사무에 대한 보수로 ○○○원을 수여한다.
라는 심판을 구합니다.

청 구 원 인

1. 사건본인은 20○○. ○. ○. 사건본인을 위임자, ○○○(주민등록번호, 주소)를 수임자로 하는 후견계약을 공정증서(법무법인 ○○작성, 20○○년 제○○호)에 의하여 체결하고 20○○. ○. ○. 이를 등기하였습니다.

2. 그 후인 20○○. ○. ○. ○○법원 20○○느단○○○○호 임의후견감독인 선임심판에 의하여, 임의후견감독인으로 청구인이 선임되었습니다.

3. 그런데 사건본인은 20○○. ○. ○. 사망하여 임의후견이 종료되었습니다.

4. 임의후견감독인으로서의 업무 내역은 별지와 같습니다.

5. 따라서 청구인은 임의후견감독사무의 보수를 지급받고자 이 사건 청구에 이르렀습니다.

첨 부 서 류

1. 주민등록 말소자 초본(사건본인) 1통
2. 사건본인의 기본증명서 1통
3. 사건본인의 후견등기사항증명서 1통
   (말소 및 폐쇄사항 포함)
4. 기타(증거자료) ○통

20○○년 ○월 ○일

위 청 구 인 ○ ○ ○ (서명 또는 날인)

○○가정법원 귀중

■ 참고사항

1. 관할법원 : 사건본인(피후견인이 될 사람)의 주소지의 가정법원(지방법원, 지원)
2. 제출부수 : 신청서 1부
3. ‣ 인지액 : 사건본인 수 × 5,000원(가사소송수수료규칙 제3조 제1항)
   ‣ 송달료 : 청구인수 × 5,200원 × 8회분

7. 라류 제24호 사건

1)「민법」 제959조의4에 따른 한정후견인에게 대리권을 수여하는 심판 및 그 범위 변경, 한정후견인이 피한정후견인의 신상에 관하여 결정할 수 있는 권한의 범위 결정 및 변경

가. 가정법원은 한정후견인에게 대리권을 수여 할 수 있고(민법 제959조의4 제1항), 대리권과 피한정후견인의 신상에 관하여 결정할 수 있는 권한의 범위를 정하고 변경할 수도 있다(민법 제959조의4 제2항, 제938조 제3항, 제4항).

[서식 93] 한정후견인의 대리권의 범위 및 변경청구

한정후견인의 대리권의 범위 변경 청구

청 구 인 ○ ○ ○ (주민등록번호 : -)
전화 :
주소 ○○시 ○○구 ○○길 ○○○○번지
등록기준지 ○○시 ○○면 ○○길 ○번지

사 건 본 인 □ □ □(주민등록번호 : -)
주소 ○○시 ○○구 ○○길 ○○○○번지
등록기준지 ○○시 ○○면 ○○길 ○번지

청 구 취 지

한정후견인에게 수여한 대리권의 범위를 별지 기재와 같이 변경한다.
라는 심판을 구합니다.

청 구 원 인

1. 사건본인에 대하여 20○○. ○. ○. ○○법원 20○○느단○○○○호로 한정후견개시 심판이 있었고, 한정후견인으로 청구인이 선임되었습니다.

2. 위 심판에 의하면, 한정후견인(청구인, 이하 '한정후견인'이라 한다)에게 수여된 대리권의 범위는 예금 계좌의 개설·변경·해약·입금·이체·인출 등의 관리에 관한 사항, 정기적 수입(임료, 연금, 사회보장급여 등)의 수령과 이에 관한 제반절차에 대한 사항입니다.

3. 그런데, 이번에 사건본인이 부득이 새로이 거주지를 옮겨야 할 필요성이 발생하였고, 새롭게 사건본인 명의로 임대차계약을 체결하여야 하는 상황입니다. 이에 한정후견인의 대리권의 범위를 기존의 대리권의 범위에 추가하여 별지와 같이 변경할 필요성이 있습니다(임대차계약을 체결하고, 임대차계약서를 보관할 필요성이 있으며, 새로운 주소지로 주민등록을 옮겨야 할 필요성이 있습니다).

4. 따라서 청구인은 한정후견인의 대리권의 범위를 별지 기재와 같이 변경하기 위하여 이 사건 청구에 이르게 되었습니다.

첨 부 서 류

1. 가족관계증명서 및 기본증명서(청구인, 사건본인) 각 1통
2. 주민등록등본(사건본인) 1통
3. 사건본인의 후견등기사항전부증명서 (말소 및 폐쇄사항 포함) 1통
4. 청구인과 사건본인과의 관계를 밝혀줄 제적등본, 가족관계증명서 등(1.항의 가족관계증명서만으로는 그 관계를 알 수 없는 경우) 각 1통
5. 기타(소명자료) ○통

20○○년 ○월 ○일

위 청구인 ○ ○ ○ (인)

○ ○ 가 정 법 원 귀중

[별 지]

한정후견인의 대리권의 범위

Ⅰ. □ 한정후견인의 대리권 없음

Ⅱ. □ 후견인은 아래 사항에 관하여 대리권을 가짐. 다만 법원의 허가사항으로 정한 사항에 관하여는 후견인이 대리행위를 함에 있어 사전에 법원의 허가를 받아야 함

1. 재산관리

가. □ 부동산의 관리·보존·처분
- □ 매각
- □ 구입
- ■ 임대차계약의 체결·변경·종료
- □ 보증금의 수령 및 반환
- □ 전세권, 담보권 설정계약의 체결·변경
- □ 부동산의 신축·증축·수선에 관한 계약의 체결·종료

나. □ 예금 등의 관리
- ■ 예금 계좌의 개설·변경·해약·입금·이체·인출
- □ 증권 계좌의 개설·변경·해약·입금·이체·인출

다. □ 보험에 관한 사항
- □ 보험계약의 체결·변경·종료
- □ 보험금의 수령

라. □ 정기적 수입 및 지출에 관한 관리
- ■ 정기적 수입(임료, 연금, 사회보장급여 등)의 수령과 이에 관한 제반절차
- □ 정기적 지출(임료, 요금, 보험료, 대출원리금 등)과 이에 관한 제반절차
- □ 기존 채무의 변제 및 이에 관한 제반절차

마. □ 상속재산의 분할 또는 상속의 승인·포기

바. □ 유체동산의 구입·보관·관리·처분

사. ■ 증서 및 중요문서 등의 보관 및 관리
아. □ 공법상의 행위(세무신고 등)

2. 신상보호
가. □ 개호 및 복지서비스의 이용
□ 개호서비스 이용계약의 체결·변경·종료 및 비용의 지급
□ 복지시설·요양시설 입소계약의 체결·변경·종료 및 비용의 지급
나. □ 의료계약의 체결·변경·종료 및 비용의 지급
다. ■ 공법상의 행위(주민등록, 공적의료보험, 국민기초생활수급의 신청 및 갱신 등)

3. 기 타
가. □ 소송행위 등
□ 위에서 정한 각 행위와 관련한 분쟁의 처리
□ 소송행위 및 변호사 등에 대한 소송위임
나. □ 취소권 행사 후 원상회복과 관련한 사항
다. □ 기타 사항
□ ____________________
□ ____________________

4. 법원의 허가사항
□ ____________________
□ ____________________
□ ____________________
□ ____________________

■ 참고사항

1. 관할법원 : 사건본인(피후견인이 될 사람)의 주소지의 가정법원(지원, 지방법원)
2. 신청인 : 본인, 배우자, 4촌 이내의 친족, 한정후견인, 한정후견감독인, 검사 또는 지방자치단체의 장
3. ▸ 인지액 : 사건본인 수 × 5,000원(가사소송수수료규칙 제3조 제1항)
▸ 송달료 : 청구인수 × 5,200원 × 10회분

나. 심판의 개시

가정법원은 한정후견인의 법정대리권과 신상에 관하여 결정할 수 있는 권한의 범위를 직권으로 결정할 수 있고 권한의 범위변경은 본인, 배우자, 4촌 이내의 친족, 한정후견인, 한정후견감독인, 검사 또는 지방자치단체의 장의 청구에 의하여 가정법원이 변경할 수도 있다.

다만 권한의 범위변경을 청구할 수 있는 청구권자는 권한의 결정에 대한 심판청구도 할 수 있다고 해석하는 것이 타당하다.

다. 사건본인의 진술청취

가정법원은 한정후견인의 법정대리권 및 파한정후견인의 신상에 관하여 결정할 수 있는 권한의 범위를 결정, 변경함에 있어 사건본인 즉 피성년후견인의 진술을 청취하여야만 한다(가사소송법 개정안 제45조의4 제1항 제6호, 제7호).

라. 후견등기의 촉탁

한정후견과 관련하여 가정법원이 법정대리권의 범위를 정한 경우에는 그 범위, 그 범위를 변경한 경우에는 그 변경된 범위가, 한정후견인이 피한정후견인의 신상에 관하여 결정할 수 있는 권한의 범위를 정한 경우에는 그 범위, 그 범위를 변경한 경우에는 그 변경된 범위는 성년후견 등에 관한 기록사항이므로(후견등기등에관한법률안 제25조 제6호 나, 다), 이에 관한 심판이 확정되면 가정법원은 후견등기를 촉탁하여야 한다.

2) 임의후견감독인의 선임 및 변경

가정법원은 후견계약이 등기되어 있고, 본인이 사무를 처리할 능력이 부족한 상황에 있다고 인정할 때에는 본인, 배우자, 4촌 이내의 친족, 임의후견인, 검사 또는 지방자치단체의 장의 청구에 의하여 임의후견감독인을 선임한다(민법 제959조의15 제1항).

가. 청 구 인

임의후견감독인 선임심판의 청구인은 본인, 배우자, 4촌 이내의 친족, 임의후견인, 검사 또는 지방자치단체의 장이다.

나. 임의후견감독인 선임 요건

후견계약이 등기되어 있고, 본인이 사무를 처리할 능력이 부족하여야 한다. 가정법원은 본인의 사무처리 능력이 부족한지 여부를 판단하기 위해 필요한 경우, 사건본인에 대한 정신감정을 하거나 진단기관등에 대한 사실조회나 촉탁을 할 수 있다.

다. 사건본인의 동의

본인이 아닌 자의 청구에 의하여 가정법원이 임의후견감독인을 선임할 때에는 미리 본인의 동의를 받아야 한다. 다만, 본인이 의사를 표시할 수 없는 때에는 그러하지 아니하다(민법 제959조의15 제2항).

성년등 후견인과 후견감독인의 선임의 경우와 같이, 임의후견감독인이 될 사람의 의견도 청취하는 것이 바람직하다.

라. 가정법원은 임의후견감독인이 없게 된 경우에는 직권으로 또는 본인, 친족, 임의후견인, 검사 또는 지방자치단체의 장의 청구에 의하여 임의후견감독인을 선임하고, 임의후견인감독인이 선임된 경우에도 필요하다고 인정하면 추가로 선임할 수 있다(민법 제959조의15 제3항, 제4항).

마. 임의후견감독인의 선임

임의후견감독인의 선임요건이 인정되는 경우, 선임할 임의후견감독인의 결정에 대해서는 성년후견인등의 선임심판에 준해서 심판한다.

임의후견감독인이 임의후견인의 민법 제779조에서 정하는 가족, 배우자, 직계혈족 및 형제자매, 생계를 같이 하는 직계혈족의 배우자, 배우자의 직계혈족 및 배우자의 형제자매는 임의후견감독인이 될 수 없다(민법 제940조의5).

바. 후견등기의 촉탁

임의후견감독인이 선임된 경우 그 성명, 주민등록번호 및 주소 또는 사무소 및 그 선임심판의 확정연월일은 후견계약에 관한 기록사항이므로(후견등기등에관한법률제정안 제26조 제5호), 임의후견감독임 선임심판이 확정되면 가정법원은 후견등기를 촉탁하여야 한다.

[서식 94] 임의후견감독인 선임심판청구서

임의후견감독인 선임 청구

청 구 인　　○ ○ ○ (전화　　　　　)
주민등록번호
주소
사건본인과의 관계

사건본인　　○ ○ ○
주민등록번호(외국인등록번호)
주소
등록기준지(국적)

임의후견감독인 선임 청구

청 구 취 지

사건본인을 위한 임의후견감독인으로 ○○○(주민번호 : ○○○○○○-○○○○○○○, 주소 : 서울 ○○구 ○○로 ○○)을 선임한다.
라는 심판을 구합니다.

청 구 원 인

1. 사건본인은 20○○. ○. ○.경 배우자가 사망한 이후 독신으로 지내던 중 20○○. ○. ○. 사건본인이 노환으로 정신이 온전치 못하게 될 경우에 대비하여 청구인과 사건본인의 재산관리 및 신상보호에 관한 사무 일부를 청구인에게 위탁하고 대리권을 수여하는 내용의 후견계약을 체결하고, 같은 내용에 관하여 후견등기를 마쳤습니다(후견계약서, 후견등기사항전부증명서 참조).

2. 사건본인은 그후 20○○. ○.경부터 기억력이 감퇴하는 등의 증상을 보이다가 20○○. ○. ○○병원에서 ○○ 증상이 있다는 진단을 받게 되었습니다(진단

서, 의사소견서 참조). 이후 청구인이 정기적으로 사건본인의 주거지에 방문하여 왔는바, 사건본인은 최근인 20○○. ○. ○.경부터는 일상생활상의 거동조차도 불편해하거나 어려워하는 빈도가 잦아지고 있고, 나아가 세금 및 각종 공과금 납부, 예금 관리 및 생필품 구매 등 기본생활에 필요한 행위를 적절하게 수행하는 것이 매우 어려운 상황입니다.

3. 따라서 청구인은 사건본인과 체결한 임의후견계약에 기하여 사건본인의 재산을 관리하고, 그 신상을 보호하기 위한 각종 필요한 조치를 취해야 할 것인바, 이를 위하여 귀원에 사건본인과 청구인간 임의후견계약에 관한 임의후견감독인의 선임을 청구하는 바입니다.

첨 부 서 류

1. 가족관계증명서(사건본인, 후견감독인후보자)	각 1통
1. 기본증명서(사건본인, 후견감독인후보자)	1통
1. 주민등록등본(청구인, 사건본인, 후견감독인후보자)	각 1통
1. 후견계약서(공증증서)	1통
1. 후견등기사항전부증명서(사건본인)	1통
1. 진단서	1통
1. 의사소견서	1통
1. 진술서(사건본인, 후견감독인후보자)	1통
1. 청구서 부본	1통

20○○년 ○월 ○일

위 청구인 ○ ○ ○ (인)

○ ○ 가 정 법 원 귀중

■ 참고사항

1. 관할법원 : 사건본인의 주소지 가정법원
2. 청구권자 : 본인·배우자·4촌 이내의 친족·임의후견인·검사·지방자치단체의 장
3. 제출부수: 신청서 1부
4. ‣ 인지액 : 사건본인 수 × 5,000원(가사소송수수료규칙 제3조 제1항)
   ‣ 송달료 : 청구인수 × 5,200원 × 10회분
5. 불복절차
   ‣ 즉시항고(가사소송법 제43조, 가사소송규칙 제36조)
   ‣ 대법원규칙이 정하는 날로부터 14일(가사소송법 제43조 제5항)

제 3 장
사전처분

1. 의 의

한정후견, 특정후견, 임의후견 사건에 있어서도 가정법원은 관계인에 대하여 현상을 변경하거나 물건을 처분하는 행위의 금지, 사건에 관련된 재산의 보전을 위한 처분, 관계인의 감호와 양육을 위한 처분 등 적당하다고 인정되는 사전처분을 할 수 있다(가사소송법 제62조제1항). 성년후견인, 한정후견인, 특정후견인, 임의후견인, 성년후견감독인, 한정후견감독인, 특정후견감독인, 임의후견감독인의 직무집행을 정지하는 사전처분, 그 직무대행자를 선임하는 사전처분 및 임시후견인을 선임하는 사전처분이 가장 대표적이며, 사전처분에 위반한 때에는 가정법원은 직권 또는 권리자의 신청에 의하여 결정으로 1천만원 이하의 과태료를 부과할 수 있고(가사소송법 제67조 제1항), 사전처분을 할 때에는 이와 같은 제재를 고지하여야 한다(가사송법 제62조 제2항).

【판시사항】

후견심판 사건에서 가사소송법 제62조 제1항에 따른 사전처분으로 후견심판이 확정될 때까지 임시후견인이 선임된 경우, 임시후견인의 동의가 없이도 사건본인이 유언을 할 수 있는지 여부 및 아직 성년후견이 개시되기 전인 경우, 의사가 유언서에 심신 회복 상태를 부기하고 서명날인하도록 요구한 민법 제1063조 제2항이 적용되는지 여부(대법원 2022. 12. 1. 선고 2022다262237 판결)

【판결요지】

가사소송법 제62조 제1항은 후견심판이 확정될 때까지 사건본인의 보호 및 재산의 관리·보전을 위하여 임시후견인 선임 등 사전처분을 할 수 있음을 정하였고, 가사소송규칙 제32조 제4항은 가사사건의 재판·조정 절차에 관한 필요한 사항에 대하여 대법원규칙으로 정하도록 한 위임 규정(가사소송법 제11조) 및 그 취지(가사소송규칙 제1조)에 따라 '가사소송법 제62조에 따른 사전처분으로 임시후견인을 선임한 경우, 성년후견 및 한정후견에 관한 사건의 임시후견인에 대하여는 특별한 규정이 없는 이상 한정후견인에 관한 규정을 준용한다.'고 정하였다.

가정법원은 피한정후견인에 대하여 한정후견인의 동의를 받아야 하는 행위를 정할 수 있고(민법 제13조 제1항), 피한정후견인이 한정후견인의 동의가 필요한 법률행위를 동의 없이 하였을 때는 이를 취소할 수 있다(같은 조 제4항). 한편 민법 제1060조는 '유언은 본법의 정한 방식에 의하지 아니하면 효력이 발생하지 아니한다.'고 정하여 유언에 관하여 엄격한 요식성을 요구하고 있으나, 피성년후견인과 피한정후견인의 유언에 관하여는 행위능력에 관한 민법 제10조 및 제13조가 적용되지 않으므로(민법 제1062조), 피성년후견인 또는 피한정후견인은 의사능력이 있는 한 성년후견인 또는 한정후견인의 동의 없이도 유언을 할 수 있다.
위와 같은 규정의 내용과 체계 및 취지에 비추어 보면, 후견심판 사건에서 가사소송법 제62조 제1항에 따른 사전처분으로 후견심판이 확정될 때까지 임시후견인이 선임된 경우, 사건본인은 의사능력이 있는 한 임시후견인의 동의가 없이도 유언을 할 수 있다고 보아야 하고, 아직 성년후견이 개시되기 전이라면 의사가 유언서에 심신 회복 상태를 부기하고 서명날인하도록 요구한 민법 제1063조 제2항은 적용되지 않는다고 보아야 한다.

2. 사전처분의 태양

1) 임시후견인 선임 사전처분

성년후견, 한정후견개시 청구 및 특정후견 청구 사건 등에서 임시후견인을 선임하는 사전처분을 할 수 있다. 사전처분으로 임시후견인을 선임한 경우, 특별한 규정이 있는 경우를 제외하고는, 성년후견 및 한정후견에 관한 사건의 임시후견인에 대하여는 한정후견인에 관한 규정을, 특정후견에 관한사건의 임시후견인에 대하여는 특정후견인에 관한 규정을 각 준용한다(가사소송규칙 제32조제4항). 성년후견개시 청구를 하였다고 하더라도 사건본인의 정신 상태에 관한 감정이 없는 상태에서 임시후견인에게 성년후견인에 관한 규정을 준용하면 사건본인의 행위능력을 지나치게 제한할 염려가 있고, 한정후견인에 관한 규정을 준용하더라도 사건본인의 보호에 미흡함이 없으므로, 이 경우에도 한정후견인에 관한 규정을 준용하도록 한 것이다. 가정법원은 상당하다고 인정할 때에는 임시후견인에게 사건본인의 신상보호 및 재산관리에 필요한 명령을 할 수 있으며, 임시후견인을 해임하거나 개임할 수 있다(가사소송규칙 제32조제5항, 제3항).

1. 서울가정법원 2023느단○○○호 성년후견 개시 사건의 심판이 확정될 때까지 사건

> 본인의임시후견인으로 ○○○(주민등록번호, 주소)를 선임한다.
> 2. 사건본인은 임시후견인의 동의 없이 별지 기재 행위 중 임시후견인에게 동의권이 부여된 행위를 할 수 없다.
> 3. 임시후견인의 권한범위는 별지 기재와 같다.

[신청취지 기재례]

> **(별지) 임시후견인 권한범위**
>
> **1. 동 의 권**
>
> 가. 재산의 처분, 채무의 부담, 예금의 인출행위
> 나. 위 동의권을 행사하는 경우 법원의 사전허가를 받아야 함
>
> **2. 대 리 권**
>
> 가. 재산의 보존행위, 그 성질을 변하지 않는 범위 내에서의 이용·개량행위
> 나. 재산의 처분, 채무의 부담, 예금의 인출행위
> 다. 의료행위의 동의에 부수하는 계약의 체결·변경·해제 및 비용의 지급에 관한 대리권
> 라. 위 나.항의 대리권을 행사하는 경우 법원의 사전허가를 받아야 함
>
> **3. 신상결정권**
>
> 가. 의료행위의 동의
> 나. 면접교섭에 관한 결정

2) 직무집행 정지 및 직무대행자 선임 사전처분

성년후견인, 한정후견인, 특정후견인, 성년후견감독인, 한정후견감독인, 특정후견감독인 및 임의후견감독인의 변경 청구, 임의후견인 해임 청구 또는 성년후견, 한정후견 종료 청구 등 사건에서 성년후견인 등, 성년후견감독인 등의 권한범위를 변경하거나 직무집행의 전부 또는 일부를 정지하는 사전처분을 할 수 있다. 또한 성년후견인 등, 성년후견감독인 등의 직무집행이 정지됨으로써 사건본인에 대하여 보호의 공백이 생길 우려가 있는 경우 그 직무대행자를 선임하는 사전처분도 할 수 있고, 이 경우 직무대행자의 권한범위를 정하거나, 필요한 경우 그 권한의 범위를 변경할 수 있다.한편, 직무대행자에 대하여는 특별한 규정이 있는

경우를 제외하고 해당 후견인 또는 해당 후견감독인에 관한 규정을 준용한다(가사소송규칙 제32조 제1항).[84)]

[신청취지 기재례]

1. ○○가정법원 20○○느단○○○○호 한정후견인변경 사건의 심판이 확정될 때까지 피신청인의 사건본인에 대한 한정후견인으로서의 직무집행을 정지한다. 2. 사건본인의 한정후견인 직무대행자로 ○○○(주민등록번호, 주소)를 선임한다. 3. 한정후견인 직무대행자의 권한범위는 별지 기재와 같다.

3) 후견등기부기록의 촉탁

아래 ①~④의 사전처분이 확정되거나 효력을 발생한 경우에는 가정법원의 법원사무관 등은 재판장의 명을 받아 지체 없이 후견등기관에게 후견등기부에 기록할 것을 촉탁하여야 한다(가사소송법 제9조, 가사소송규칙 제5조의2 제1항 제5호).

① 성년후견인·한정후견인·특정후견인·임의후견인·성년후견감독인·한정후견감독인·특정후견감독인·임의후견감독인의 권한범위를 변경하거나 그 직무집행의 전부 또는 일부를 정지하는 재판 및 그 직무대행자를 선임하는 재판

② 성년후견, 한정후견 및 특정후견에 관한 사건에서 임시후견인을 선임하는 재판

③ 직무대행자, 임시후견인을 해임 또는 개임하는 재판 및 그 권한의 범위를 정하거나 변경하는 재판

④ 여러 명의 직무대행자, 임시후견인의 권한 행사에 관한 결정과 그 변경 또는 취소의 재판 ① 내지 ④의 재판이 본안심판의 확정, 심판청구의 취하 기타의 사유로 효력을 상실하게 된 때에는 가정법원의 법원사무관 등은 재판장의 명을 받아 지체 없이 후견등기관에게 후견등기부에 기록할 것을 촉탁하여야 한다(가사소송법 제9조, 가사소송규칙 제5조의2 제2항).

---

84) 즉, 예를 들어 성년후견인직무대행자에 대하여는 성년후견인에 관한 규정을, 한정후견인 직무대행자에 대하여는 한정후견인에 관한 규정을 준용하게 된다. 가정법원은 상당하다고 인정할 때에는 직무대행자에게 사건본인의 신상보호 및 재산관리에 필요한 명령을 할 수 있으며, 직무대행자를 해임하거나 개임할 수 있음은 임시후견인과 같다(가사소송규칙 제32조 제3항).

4) 임시후견인, 직무대행자 등의 보수 지급

가. 보수의 지급

사건본인의 재산, 신상을 둘러싼 이해관계인 사이의 다툼이 심한 경우 임시후견인 또는 직무대행자는 사건본인의 친족이 아닌 객관적인 제3자를 선임하는 경우가 많을 것이고, 이 경우보수지급의 문제가 발생한다. 직무대행자에 대하여는 사건본인의 재산 중에서, 임시후견인에 대하여는 청구인 또는 사건본인의 재산 중에서 각 상당한 보수를 지급할 것을 명할 수 있다(가사소송규칙 제32조 제6항).[85)]

나. 보수의 예납

신청에 의해 임시후견인이나 직무대행자를 선임하는 경우 임시후견인, 직무대행자의 보수는 가사소송규칙 제4조 제1항에서 규정하고 있는 '기타 심판절차의 비용'에 포함된다고 해석함이 상당하므로, 청구인에게 보수를 예납하게 할 수 있을 것이다(가사소송규칙 제4조, 민사소송법 제116조, 민사소송규칙 제19조).

3. 심리절차·재판

가사사건을 담당하고 있는 가정법원이 직권 또는 당사자의 신청에 의하여 사전처분이 사건을 해결에 필요한지 여부를 심리한 후 결정의 형식으로 한다.
사전처분을 한 재판에 대하여는 즉시항고할 수 있고(가사소송법 제62조 제4항) 즉시항고 기간은 민사소송법 규정에 따라 고지받은 날로부터 1주일이다.

---

85) 예를 들어, 한정후견개시 청구를 한 청구인이 임시후견인 선임을 구하는 사전처분을 신청하여 인용되었으나, 사건본인의 정신적 장애가 없다는 이유로 한정후견개시 청구가 기각된 경우 등은 사건본인의 재산보다는 청구인의 재산에서 임시후견인의 보수를 지급하게 하는 것이 형평에 맞다.

부 록

- 핵심판례 정리
- 미성년, 성년후견관련 민법조문

핵심판례 정리

1. 적모와 자 사이에 이해가 상반되어 적모가 법정대리권을 행사할 수 없는 경우에 특별대리인 선임의 가부

【판시사항】 – 대구고등법원 1974. 10. 25. 선고 73나753 판결

친권자가 미성년자의 친족회원을 지정할 수 있는 경우

【판결요지】

친권자가 미성년자의 친족회원을 지정할 수 있는 경우는 친권자가 후견인을 지정할 수 있는 때에 국한된다할 것이고 후견인과 동일한 권리의무 밖에 가지지 못한 적모는 미성년자의 친족회원을 지정할 수 있는 지위에 있지 않다.

2. 후견인이 의사무능력 상태에 있는 금치산자를 대리하여 그 배우자를 상대로 재판상 이혼을 청구할 수 있는지 여부(적극) 및 이때 금치산자의 이혼의사를 객관적으로 추정하기 위하여 고려하여야 할 사항

【판시사항】 – 대법원 2010. 4. 29. 선고 2009므639 판결

후견인이 의사무능력 상태에 있는 금치산자를 대리하여 그 배우자를 상대로 재판상 이혼을 청구할 수 있는지 여부(적극)및 이때 금치산자의 이혼의사를 객관적으로 추정하기 위하여 고려하여야 할 사항

【판결요지】

의식불명의 식물상태와 같은 의사무능력 상태에 빠져 금치산선고를 받은 자의 배우자에게 부정행위나 악의의 유기 등과 같이 민법 제840조 각 호가 정한 이혼사유가 존재하고 나아가 금치산자의 이혼의사를 객관적으로 추정할 수 있는 경우에는, 민법 제947조, 제949조에 의하여 금치산자의 요양·감호와 그의 재산관리를 기본적 임무로 하는 후견인(민법 제940조에 의하여 배우자에서 변경된 후견인이다)으로서는 의사무능력 상태에 있는 금치산자를 대리하여 그 배우자를 상대로 재판상 이혼을 청구할 수 있다. 다만, 위와 같은 금치산자의 이혼의사를 추정할 수 있는 것은, 당해 이혼사유의 성질과 정도를 중심으로 금치산자 본인의 결혼관 내지 평소 일상생활을 통하여

가족, 친구 등에게 한 이혼에 관련된 의사표현, 금치산자가 의사능력을 상실하기 전까지 혼인생활의 순탄 정도와 부부간의 갈등해소방식, 혼인생활의 기간, 금치산자의 나이·신체·건강상태와 간병의 필요성 및 그 정도, 이혼사유 발생 이후 배우자가 취한 반성적 태도나 가족관계의 유지를 위한 구체적 노력의 유무, 금치산자의 보유재산에 관한 배우자의 부당한 관리·처분 여하, 자녀들의 이혼에 관한 의견 등의 제반 사정을 종합하여 혼인관계를 해소하는 것이 객관적으로 금치산자의 최선의 이익에 부합한다고 인정되고 금치산자에게 이혼청구권을 행사할 수 있는 기회가 주어지더라도 혼인관계의 해소를 선택하였을 것이라고 볼 수 있는 경우이어야 한다.

3. 친권자가 미성년자의 친족회원을 지정할 수 있는 경우

【판시사항】 – 대법원 1975. 3. 25. 선고 74다1998 판결

[1] 적모와 자 사이에 이해가 상반되어 적모가 법정대리권을 행사할 수 없는 경우에 특별대리인 선임의 가부

[2] 친권자가미성년자의친족회원을지정할수있는경우

【판결요지】

[1] 적모와 자 사이에 이해가 실질상 상반되어 적모가 법정 대리권을 행사할 수 없는 때에는 민사소송법 제58조에 의하여 특별대리인을 선임 할 수 있다.

[2] 친권자가 미성년자의 친족회원을 지정할 수 있는 경우는 친권자가 후견인을 지정할 수 있는 때라야 하고 친권자가 후견인을 지정할 수 있는 때에는 유언으로 후견인을 지정하는 경우를 말한다.

4. 미성년자에 대한 법정후견인의 취임 시기·절차 및 법정후견인의 우선순위를 정한 민법 제932조, 제935조 제1항 소정의 직계혈족을 부계직계혈족에 한정할 것인지 여부

【판시사항】 – 대법원 2000. 11. 28. 선고 2000므612 판결

미성년자에 대한 법정후견인의 취임 시기·절차 및 법정후견인의 우선순위를 정한 민법 제932조 , 제935조 제1항 소정의 직계혈족을 부계직계혈족에 한정할것인지 여부(소극)

【판결요지】

미성년자에 대한 법정후견인의 취임은 지정후견인이 없음을 조건으로 후견개시사유의 발생과 동시에 당연히 이루어지는 것이고, 그 경우 법정후견인의 선임·해임 등에 관하여 적용되는 가사소송규칙 제65조 제1항 에 따른 의견청취 등의 절차를 밟아야 하는 것도 아니며, 한편 법정후견인의 우선순위를 정한 민법 제932조 , 제935조 제1항 에서 말하는 직계혈족을 부계직계혈족에 한정하여 해석할 것도 아니다.

5. 자필증서에 의한 유언의 방식으로 전문과 성명의 자서에 더하여 '날인'을 요구하고 있는 민법 제1066조 제1항 중 '날인' 부분이 유언자의 재산권과 일반적 행동자유권을 침해하는지 여부

【판시사항】 – 헌법재판소 2008. 3. 27.자 2006헌바82 결정

자필증서에 의한 유언의 방식으로 전문(전문)과 성명의 자서(자서)에 더하여 '날인'을 요구하고 있는 민법(1958. 2. 22. 법률 제471호로 제정된 것) 제1066조 제1항 중 '날인' 부분(이하 '이 사건 법률조항 부분'이라 한다)이 유언자의 재산권과 일반적 행동자유권을 침해하는지 여부(소극)

【결정요지】

이 사건 법률조항 부분은 유언자의 사망 후 그 진의를 확보하고, 상속재산을 둘러싼 이해 당사자들 사이의 법적 분쟁과 혼란을 예방하여 법적 안정성을 도모하며, 상속제도를 건전하게 보호하기 위한 것으로서 그 입법목적은 정당하다. 그리고 자필증서에 의한 유언은 가장 간이한 방식의 유언이지만 위조나 변조의 위험성이 상대적으로 크고 유언자의 사후 본인의 진의를 객관적으로 확인하는 것이 어려우므로 방식을 구비할 것을 요구하는 것 자체는 위와 같은 입법목적을 달성할 수 있는 적절한 수단이다.

한편, 동양문화권인 우리나라에는 법률행위에 있어서 인장을 사용하는 오랜 법의식 내지 관행이 존재하는바, 이 사건 법률조항 부분은 이와 같은 법의식 내지 관행에 비추어 성명의 자서만으로는 입법목적을 달성하기에 부족하다는 고려에 입각하고 있으므로 성명의 자서 외에 날인이라는 동일한 기능을 가진 두 가지 방식을 불필요하게 중복적으로 요구하는 것으로 볼 수는 없다. 나아가 유언자로서는 무인을 통하여 인장을 쉽게 대체할 수 있고, 민법이 마련하고 있는 다른 방식의 유언을 선택하여 유증을 할 수 있는 기회가 열려 있으며, 생전에 수증자와 낙성·불요식의 사인증여 계약을 체결함으로써 원하는 바를 달성할 수도 있으므로, 날인을 요구하는 것은 기본권침해의 최소성원칙에 위반되지 않을 뿐 아니라 법익균형성의 요건도 갖추고 있다.

[재판관 김종대의 반대의견]

오늘날 날인은 자필에 비해 타인에 의한 날인가능성과 위조가능성이 커 의사의 최종적 완결 방법으로는 부적당하게 되어 각종 법률에서 서명(성명의 자서)만으로 처리하는 경향이 점차 확대되고 있다. 자필증서에 의한 유언에서 날인을 요구하는 목적은 유언장의 전문의 자서와 성명의 자서에 의해서 충분히 달성되므로 그 밖에 날인을 요구하는 것은 불필요하게 중복적인 요건을 요구하는 것으로 헌법 제10조에 의하여 보장되는 유언자의 일반적 행동의 자유를 제한함에 있어 최소침해성의 원칙을 준수하지 못하였고, 이 사건 법률조항 부분은 법익 균형성의 원칙에도 위반되므로 위헌으로 선언하여야 한다.

민법(1958. 2. 22. 법률 제471호로 제정된 것) 제1066조 (자필증서에 의한 유언) 제1항 중 '날인' 부분

6. 가사비송사건, 특히 미성년자등의 후견인을 해임하고 선임하는 재판등의 심리에 있어 법원이 취하여야 할 조치

【판시사항】 – 대법원 1992. 3. 25.자 91스11 결정

[1] 가사비송사건, 특히 미성년자등의 후견인을 해임하고 선임하는 재판등의 심리에 있어 법원이 취하여야 할 조치

[2] 미성년자 후견인을 해임하는 심판을 함에 있어 후견인과 청구인을 신문하여 본다든가 사건본인들을 소환하여 신문하는 등의 방법으로 충분한 심증이 형성될 때까지 사실을 조사하는 등의 심리를 게을리 한 원심결정을 심리미진의 위법으로 파기한 사례

【결정요지】

[1] 가사비송사건, 특히 미성년자의 후견인을 해임하고 선임하는 재판을 함에 있어서는 그 재판이 미성년자의 이익에 직결되는 것이므로 이를 심리하는 법원은 무엇이 미성년자의 이익에 가장 도움이 되는가를 신중히 판단하여야 하고 그와 같은 판단을 하기 위하여서는 사전에 직권에 의하여 충분한 증거조사를 함으로써

성인들간의 재산 기타 이해관계를 둘러싼 분쟁에서 미성년자가 불측의 피해를 입는 일이 없도록 법원의 후견적 임무를 다하여야 한다고 할 것이다.

[2] 미성년자의 후견인을 해임하는 심판을 함에 있어 후견인과 청구인을 신문하여 본다든가 사건본인들(적어도 그 중 연령이 18세에 이르고 그 이름으로 작성된 진정서가 제출되어 있는 사건본인)을 소환하여 사실을 신문하는 등의 방법으로 충분한 심증이 형성될 때까지 사실을 조사하여야 하고, 그 사실에 기초하여 후견인을 해임할 것인가를 결정함에 있어서도 관계 당사자와 사건본인의 의견을 들어보고, 필요하다면 후견인이 해임되는 경우에 다음 순위로 후견인이 될 사람들의 의견도 들어보는 등의 심리를 충분히 하여 무엇이 미성년자인 사건본인의 이익에 가장 부합하는 것인가를 결정하였어야 옳았음에도 이를 게을리 한 원심결정을 심리미진의 위법으로 파기한 사례.

7. 진정한 후견인이나 선순위 후견권자가 실제 후견인이 아닌데도 후견인인 것처럼 호적에 등재된 자를 상대로 그 지위를 확정하기 위하여 제기한 후 견인해임심판의 적부

【판시사항】 – 대법원 1991. 4. 4.자 90스3 결정

[1] 미성년자의 부 및 조부가 사망하고 외조부와 이혼한 생모가 생존하는 경우 개정 전 민법 제932조, 제935조에 의한 후견인의 순위 및 위 경우 미성년자의 고모가 후견개시신고를 하여 호적에 후견인인 것처럼 등재된 경우 후견인으로 취임한 것으로 볼 수 있는지 여부(소극)

[2] 진정한 후견인이나 선순위 후견권자가 실제 후견인이 아닌데도 후견인인 것처럼 호적에 등재된 자를 상대로 그 지위를 확정하기 위하여 제기한 후 견인해임심판의 적부(소극)

【결정요지】

[1] 미성년자에 대한 법정후견인의 취임은 지정후견인이 없음을 조건으로 후견개시사유 발생과 동시에 당연히 이루어지고, 호적상 후견개시신고는 보고적신고에 불과한 것인바, 미성년자의 부 및 조부가 사망하였어도 외조부가 생존하면 개정 전 민법 제932조, 제935조에 따라 부의 사망과 동시에 외조부가 후견인으로 취임한 것이라 할 것이고, 그에게 후견인 결격사유가 있는 경우에는 이혼한 생모가 차순위로 후견인이 되는 것이므로 미성년자의 고모가 후견개시신고를 하여 호적에

후견인인 것처럼 등재되었다 하여도 후견인으로 취임한 것으로 볼 수 없다.

[2] 후견인해임심판은 후견인에게 민법 제940조 소정의 사유가 있는 경우에 그 지위를 상실하게 하는 절차이므로 실제 후견인이 아닌데도 후견인인 것처럼 호적에 등재되어 있다 하여도 후견인해임심판의 대상이 될 수 없는 것이고, 진정한 후견인이나 선순위 후견권자가 위와 같이 등재된 자를 상대로 그 지위를 확정하기 위하여 후견인해임심판을 구하는 것은 부적법하다.

8. 의사무능력자인 금치산자의 후견인(후견인이 배우자인 경우는 법원이 선임한 특별대리인)이 금치산자를 대리하여 그 배우자를 상대로 재판상 이혼을 청구할 수 있는지 여부

【판시사항】 – 대법원 2010. 4. 8. 선고 2009므3652 판결

[1] 의사무능력자인 금치산자의 후견인(후견인이 배우자인 경우는 법원이 선임한 특별대리인)이 금치산자를 대리하여 그 배우자를 상대로 재판상 이혼을 청구할 수 있는지 여부(적극)

[2] 식물인간 상태의 의사무능력자인 금치산자의 어머니가 민사소송법상 특별대리인으로 선임되어 금치산자를 대리하여 후견인인 금치산자의 배우자를 상대로 이혼소송을 제기하고, 그 후 후견인으로 개임되자 친족회의 동의를 얻어 그 소송을 수행하는 것은 적법하다고 한 사례

[3] 병상에 누워있는 식물인간 상태의 남편을 내버려 둔 채 친정으로 돌아가 버린 뒤 다른 남자와 간통을 하는 등 그 배우자에게 혼인관계를 파탄에 이르게 한 이혼사유가 존재하고, 나아가 남편 본인의 이혼의사도 객관적으로 추정할 수 있다고 한 사례

9. 후견인이 재산조사와 목록작성을 완료하기 이전에 피후견인의 재산에 관한 권한을 행사할 수 있는 예외적인 경우인 민법 제943조 소정의 긴급 필요한 경우의 의미

【판시사항】 – 서울남부지방법원 1990. 8. 16. 선고 89가합11184 판결

후견인이 재산조사와 목록작성을 완료하기 이전에 피후견인의 재산에 관한 권한을 행사할 수 있는 예외적인 경우인 민법 제943조 소정의 긴급 필요한 경우의 의미

【판결요지】

후견인이 재산조사와 목록작성을 완료하기 이전에 피후견인의 재산에 관한 권한을 행사할 수 있는 예외적인 경우인 민법 제943조 소정의 긴급 필요한 경우라 함은 재산목록작성 완료 이전에 피후견인의 재산을 처분하지 아니하면 회복할 수 없는 손해를 입게 될 우려가 있는 경우를 의미하는 것이므로 후견인이 외국인과 혼인하여 이주를 위한 출국을 서두르고 있었고 피후견인도 그와 함께 출국하여야 할 형편에 있었다는 사정만으로는 긴급 필요한 경우에 해당한다고 볼 수 없다.

10. 재산목록 작성 전의 후견인의 권한

【판시사항】 – 대법원 1997. 11. 28. 선고 97도1368 판결

[1] 재산목록 작성 전의 후견인의 권한

[2] 재산목록 작성 전의 후견인이 피후견인 명의의 문서를 작성한 행위에 대하여 후견인이 문서작성의 권한이 있다고 믿고 있었을 개연성이 있다는 이유로, 사문서위조죄 등에 대하여 유죄를 인정한 원심판결을 파기한 사례

【판결요지】

[1] 후견인은 후견개시원인사실이 발생한 때부터 당연히 피후견인에 대한 재산관리권과 법률행위대리권을 가지게 되나, 민법 제943조 에 의하면 후견인은 재산조사와 목록작성을 완료하기까지는 긴급 필요한 경우가 아니면 그 재산에 관한 권한을 행사하지 못한다고 규정하고 있는바, 이는 재산목록의 작성이 끝날 때까지 후견인의 권한 행사를 제한하는 규정으로서 이에 위반한 후견인의 행위는 무권대리행위에 해당한다고 할 것이고, 위 조문에서의 긴급 필요한 경우란 재산목록의 작성 전에 이를 하지 않으면 피후견인의 신상 또는 재산에 관하여 후일 이를 회복하기 어려운 불이익을 가져오게 할 경우를 말하는 것이다.

[2] 재산목록 작성 전의 후견인이 피후견인 명의의 문서를 작성한 행위에 대하여 후견인이 문서작성의 권한이 있다고 믿고 있었을 개연성이 있다는 이유로, 사문서위조죄 및 위조사문서행사죄에 대하여 유죄를 인정한 원심판결을 파기한 사례.

11. 후견인선임 청구사건에서 법정후견인이 존재하고 후견인변경에 대한 법정후견인의 동의가 없더라도 법원이 직권으로 후견인을 변경할 수 있는지 여부

【판시사항】 – 서울가정법원 2006. 7. 12. 선고 2006느단4251 판결

후견인선임 청구사건에서 법정후견인이 존재하고 후견인변경에 대한 법정후견인의 동의가 없더라도 법원이 직권으로 후견인을 변경할 수 있는지 여부

【판결요지】

[1] 사안의 개요

가. 미성년자인 청구인 겸 사건본인의 부모가 모두 교통사고로 사망하였다.

나. 이에, 사건본인의 외조모가 사건본인의 법정후견인이 되었다가, 위 교통사고로 인한 보험금 등으로 9억 3천여 만 원이 나오게 되자, 그 중 1억 9천만 원을 지급받으면서 후견인의 지위를 사건본인의 조모에게 양보하여, 조모가 사건본인의 후견인이 되었다.

다. 그 후, 사건본인의 숙부모가 사건본인의 후견인인 조모의 승낙을 받아 사건본인을 입양하였다.

라. 위 과정에서 위 9억 3천여 만 원 중 1억 9천만 원을 외조모가, 1억 9천만 원을 조부모가, 1억 9천만 원을 숙부가 각 나누어 가지고, 사건본인 명의로 2억 원을, 숙부 명의로 1억 5천만 원을 각 보험회사에 예치하였다.

마. 한편, 사건본인의 양부모가 된 숙부모는 나누어 가진 1억 9천만 원, 사건본인 명의 및 숙부 명의로 예치된 3억 5천만 원, 사건본인의 조부모로부터 1억 9천만 원 중 8천만 원을 받아 합계 6억 2천만 원을 관리하다가 대부분을 소비하고, 사건본인을 학대하였는데, 이러한 사실이 알려지게 되어, 숙부모는 아동복지법위반으로 구속되어 최종적으로 숙부는 징역 2년을, 숙모는 징역 1년 6월에 집행유예 3년을 각 선고받아 확정되었고, 사건본인과 숙부모는 파양이 되었으며, 그에 따라 외조모가 법정후견인이 되었고, 이에 검사가 사건본인으로 하여금 조부모, 외조모, 숙부모를 상대로 파양으로 인한 손해배상청구의 소를 제기하도록 하기 위하여 특별대리인선임신청을 하여, 법원으로부터 특별대리인으로 변호사를 선임 받아, 특별대리인이 손해배상청구의 소를 제기하였으며, 사건 본인이 이 사건으로 후견인을 외조모에서 특별대리인인 변호사로 변경하여 달라는 청구를 하고 있다.

[2] 쟁점

법원이 법정후견인 및 친족의 존재에도 불구하고 친족이 아닌 다른 사람으로 후견인을 변경할 수 있는지 여부

[3] 법원의 판단
사건본인의 복리를 위하여 사건본인의 후견인을 외조모에서 변호사로 변경한다.

12. 친족회의의 동의 없는 후견인의 행위에 대한 취소권이 채권자대위권의 목적이 될 수 있는지 여부(소극)

【판시사항】 – 대법원 1996. 5. 31. 선고 94다35985 판결

[1] 친족회의의 동의 없는 후견인의 행위에 대한 취소권이 채권자대위권의 목적이 될 수 있는지 여부(소극)
[2] 명의신탁의 대내적 효력 및 명의수탁자 사망시의 효과

【판결요지】

[1] 후견인이 민법 제950조 제1항 각호의 행위를 하면서 친족회의 동의를 얻지 아니한 경우, 제2항의 규정에 의하여 피후견인 또는 친족회가 그 후견인의 행위를 취소할 수 있는 권리(취소권)는 행사상의 일신전속권이므로 채권자대위권의 목적이 될 수 없다.
[2] 명의신탁관계를 성립시키기 위한 신탁계약의 기본은 신탁자와 수탁자 사이의 내부관계에 있어서 그 목적물의 소유권은 언제나 신탁자가 보유하는 것이므로 그 목적물이 소유권과 관련되어 발생된 권리도 그들 내부관계에 있어서는 신탁자에게 귀속되는 것이므로, 신탁자가 그 신탁계약을 해지하면 수탁자는 그 권리를 신탁자에게 이전하여 줄 의무가 있고, 명의수탁자가 사망하면 그 명의신탁관계는 그 재산상속인과의 사이에 존속하게 된다.

13. 무의미한 연명치료

【판결요지】 – 대법원 2009. 5. 21. 선고 2009다17417 전원합의체 판결

[1] 환자가 의사 또는 의료기관(이하 '의료인'이라 한다)에게 진료를 의뢰하고 의료인이 그 요청에 응하여 치료행위를 개시하는 경우에 의료인과 환자 사이에는 의료계약이 성립된다. 의료계약에 따라 의료인은 질병의 치료 등을 위하여 모든 의료지식과 의료기술을 동원하여 환자를 진찰하고 치료할 의무를 부담하며 이에 대하여

환자측은 보수를 지급할 의무를 부담한다. 질병의 진행과 환자 상태의 변화에 대응하여 이루어지는 가변적인 의료의 성질로 인하여, 계약 당시에는 진료의 내용 및 범위가 개괄적이고 추상적이지만, 이후 질병의 확인, 환자의 상태와 자연적 변화, 진료행위에 의한 생체반응 등에 따라 제공되는 진료의 내용이 구체화되므로, 의료인은 환자의 건강상태등과 당시의 의료수준 그리고 자기의 지식경험에 따라 적절하다고 판단되는 진료방법을 선택할 수 있는 상당한 범위의 재량을 가진다. 그렇지만 환자의 수술과 같이 신체를 침해하는 진료행위를 하는 경우에는 질병의 증상, 치료방법의 내용 및 필요성, 발생이 예상되는 위험 등에 관하여 당시의 의료수준에 비추어 상당하다고 생각되는 사항을 설명하여, 당해 환자가 그 필요성이나 위험성을 충분히 비교해 보고 그 진료행위를 받을 것인지의 여부를 선택하도록 함으로써 그 진료행위에 대한 동의를 받아야 한다. 환자의 동의는 헌법 제10조에서 규정한 개인의 인격권과 행복추구권에 의하여 보호되는 자기결정권을 보장하기 위한 것으로서, 환자가 생명과 신체의 기능을 어떻게 유지할 것인지에 대하여 스스로 결정하고 진료행위를 선택하게 되므로, 의료계약에 의하여 제공되는 진료의 내용은 의료인의 설명과 환자의 동의에 의하여 구체화된다.

[2] **[다수의견]** (가) 의학적으로 환자가 의식의 회복가능성이 없고 생명과 관련된 중요한 생체기능의 상실을 회복할 수 없으며 환자의 신체상태에 비추어 짧은 시간 내에 사망에 이를 수 있음이 명백한 경우(이하 '회복불가능한 사망의 단계'라 한다)에 이루어지는 진료행위(이하 '연명치료'라 한다)는, 원인이 되는 질병의 호전을 목적으로 하는 것이 아니라 질병의 호전을 사실상 포기한 상태에서 오로지 현 상태를 유지하기 위하여 이루어지는 치료에 불과하므로, 그에 이르지 아니한 경우와는 다른 기준으로 진료 중단 허용 가능성을 판단하여야 한다. 이미 의식의 회복가능성을 상실하여 더 이상 인격체로서의 활동을 기대할 수 없고 자연적으로는 이미 죽음의 과정이 시작되었다고 볼 수 있는 회복불가능한 사망의 단계에 이른 후에는, 의학적으로 무의미한 신체 침해행위에 해당하는 연명치료를 환자에게 강요하는 것이 오히려 인간의 존엄과 가치를 해하게 되므로, 이와 같은 예외적인 상황에서 죽음을 맞이하려는 환자의 의사결정을 존중하여 환자의 인간으로서의 존엄과 가치 및 행복추구권을 보호하는 것이 사회상규에 부합되고 헌법정신에도 어긋나지 아니한다. 그러므로 회복불가능한 사망의 단계에 이른 후에 환자가 인간으로서의 존엄과 가치 및 행복추구권에 기초하여 자기결정권을 행사하는 것으로 인정되는 경우에는 특별한 사정이 없는 한 연명치료의 중단이 허용될 수 있다. 한편, 환자가 회복불가능한 사망의 단계에 이르렀는지 여부는 주치의의 소견뿐 아니라 사실조회, 진료기록 감정 등에 나타난 다른 전문의사의 의학적

소견을 종합하여 신중하게 판단하여야 한다.

(나) 환자가 회복불가능한 사망의 단계에 이르렀을 경우에 대비하여 미리 의료인에게 자신의 연명치료 거부 내지 중단에 관한 의사를 밝힌 경우(이하 '사전의료지시'라 한다)에는, 비록 진료 중단 시점에서 자기결정권을 행사한 것은 아니지만 사전의료지시를 한 후 환자의 의사가 바뀌었다고 볼 만한 특별한 사정이 없는 한 사전의료지시에 의하여 자기결정권을 행사한 것으로 인정할 수 있다. 다만, 이러한 사전의료지시는 진정한 자기결정권 행사로 볼 수 있을 정도의 요건을 갖추어야 하므로 의사결정능력이 있는 환자가 의료인으로부터 직접 충분한 의학적 정보를 제공받은 후 그 의학적 정보를 바탕으로 자신의 고유한 가치관에 따라 진지하게 구체적인 진료행위에 관한 의사를 결정하여야 하며, 이와 같은 의사결정 과정이 환자 자신이 직접 의료인을 상대방으로 하여 작성한 서면이나 의료인이 환자를 진료하는 과정에서 위와 같은 의사결정 내용을 기재한 진료기록 등에 의하여 진료 중단 시점에서 명확하게 입증될 수 있어야 비로소 사전의료지시로서의 효력을 인정할 수 있다.

(다) 한편, 환자의 사전의료지시가 없는 상태에서 회복불가능한 사망의 단계에 진입한 경우에는 환자에게 의식의 회복가능성이 없으므로 더 이상 환자 자신이 자기결정권을 행사하여 진료행위의 내용 변경이나 중단을 요구하는 의사를 표시할 것을 기대할 수 없다. 그러나 환자의 평소 가치관이나 신념 등에 비추어 연명치료를 중단하는 것이 객관적으로 환자의 최선의 이익에 부합한다고 인정되어 환자에게 자기결정권을 행사할 수 있는 기회가 주어지더라도 연명치료의 중단을 선택하였을 것이라고 볼 수 있는 경우에는, 그 연명치료 중단에 관한 환자의 의사를 추정할 수 있다고 인정하는 것이 합리적이고 사회상규에 부합된다. 이러한 환자의 의사 추정은 객관적으로 이루어져야 한다. 따라서 환자의 의사를 확인할 수 있는 객관적인 자료가 있는 경우에는 반드시 이를 참고하여야 하고, 환자가 평소 일상생활을 통하여 가족, 친구 등에 대하여 한 의사표현, 타인에 대한 치료를 보고 환자가 보인 반응, 환자의 종교, 평소의 생활 태도 등을 환자의 나이, 치료의 부작용, 환자가 고통을 겪을 가능성, 회복불가능한 사망의 단계에 이르기까지의 치료 과정, 질병의 정도, 현재의 환자 상태 등 객관적인 사정과 종합하여, 환자가 현재의 신체상태에서 의학적으로 충분한 정보를 제공받는 경우 연명치료 중단을 선택하였을 것이라고 인정되는 경우라야 그 의사를 추정할 수 있다.

(라) 환자 측이 직접 법원에 소를 제기한 경우가 아니라면, 환자가 회복불가능한 사망의 단계에 이르렀는지 여부에 관하여는 전문의사 등으로 구성된 위원회

등의 판단을 거치는 것이 바람직하다.

[대법관 이홍훈, 김능환의 반대의견] 생명에 직결되는 진료에서 환자의 자기결정권은 소극적으로 그 진료 내지 치료를 거부하는 방법으로는 행사될 수 있어도 이미 환자의 신체에 삽입, 장착되어 있는 인공호흡기 등의 생명유지장치를 제거하는 방법으로 치료를 중단하는 것과 같이 적극적인 방법으로 행사되는 것은 허용되지 아니한다. 환자가 인위적으로 생명을 유지, 연장하기 위한 생명유지장치의 삽입 또는 장착을 거부하는 경우, 특별한 사정이 없는 한, 비록 환자의 결정이 일반인의 관점에서는 비합리적인 것으로 보이더라도 의료인은 환자의 결정에 따라야 하고 일반적인 가치평가를 이유로 환자의 자기결정에 따른 명시적인 선택에 후견적으로 간섭하거나 개입하여서는 아니된다. 그러나 이와는 달리, 이미 생명유지장치가 삽입 또는 장착되어 있는 환자로부터 생명유지장치를 제거하고 그 장치에 의한 치료를 중단하는 것은 환자의 현재 상태에 인위적인 변경을 가하여 사망을 초래하거나 사망시간을 앞당기는 것이므로, 이미 삽입 또는 장착되어 있는 생명유지장치를 제거하거나 그 장치에 의한 치료를 중단하라는 환자의 요구는 특별한 사정이 없는 한 자살로 평가되어야 하고, 이와 같은 환자의 요구에 응하여 생명유지장치를 제거하고 치료를 중단하는 것은 자살에 관여하는 것으로서 원칙적으로 허용되지 않는다. 다만, 생명유지장치가 삽입, 장착되어 있는 상태에서도 환자가 몇 시간 또는 며칠 내와 같이 비교적 아주 짧은 기간 내에 사망할 것으로 예측, 판단되는 경우에는, 환자가 이미 돌이킬 수 없는 사망의 과정에 진입하였고 생명유지장치에 의한 치료는 더 이상 의학적으로 의미가 없으며 생명의 유지, 보전에 아무런 도움도 주지 못하는 것이므로, 이때에는 생명유지장치를 제거하고 치료를 중단하는 것이 허용된다.

[대법관 김지형, 박일환의 별개의견] 환자의 사전의료지시가 없는 상태에서 회복불가능한 사망의 단계에 진입한 경우, 이러한 상태에 있는 환자는 법적으로 심신상실의 상태에 있는 자로 보아야 한다. 민법상 심신상실의 상태에 있는 자에 대하여는 금치산을 선고할 수 있으며 금치산이 선고된 경우에는 후견인을 두게 되는데, 그 후견인은 금치산자의 법정대리인이 되며 금치산자의 재산관리에 관한 사무를 처리하는 외에 금치산자의 요양, 감호에 관하여 일상의 주의를 기울여야 하는 의무를 부담한다. 따라서 후견인은 금치산자의 요양을 위하여 금치산자를 대리하여 의사와 의료계약을 체결할 수 있음은 당연하며, 그 의료계약 과정에서 이루어지는 수술 등 신체를 침해하는 행위에 관하여는 의사로부터 설명을 듣고 금치산자를 위한 동의 여부에 관한 의사를 표시할 수 있고, 마찬가지로 진료행위가 개시된 후라도 금치산자의 최선의 이익을 위하여 필요하다고 인정되는 범위 내에서는

그 진료행위의 중단 등 의료계약 내용의 변경을 요구하는 행위를 할 수 있다. 다만, 진료행위가 금치산자 본인의 생명과 직결되는 경우에는 그 중단에 관한 환자 본인의 자기결정권이 제한되는 것과 마찬가지로 후견인의 행위는 제한되어야 하고, 환자의 자기결정권에 의한 연명치료 중단이 허용될 수 있는 경우라고 하더라도 후견인이 금치산자의 생명에 관한 자기결정권 자체를 대리할 수는 없으므로 후견인의 의사만으로 그 연명치료의 중단이 허용된다고 할 수 없다. 그렇다면 회복불가능한 사망의 단계에 이른 경우에 이루어지는 연명치료의 계속이 금치산자인 환자 본인에게 무익하고 오히려 인간으로서의 존엄과 가치를 해칠 염려가 있어 이를 중단하는 것이 환자 본인의 이익을 보호하는 것이라고 하더라도, 이는 항상 금치산자인 환자 본인의 생명 보호에 관한 법익 제한의 문제를 낳을 우려가 있으므로, 민법 제947조 제2항 을 유추적용하여 후견인은 의료인에게 연명치료의 중단을 요구하는 것이 금치산자의 자기결정권을 실질적으로 보장할 수 있는 최선의 판단인지 여부에 관하여 법원의 허가를 받아야 하고, 이에 관하여는 가사소송법, 가사소송규칙, 비송사건절차법 등의 규정에 따라 가사비송절차에 의하여 심리.판단을 받을 수 있다. 한편, 이와 같이 비송절차에 의하여 연명치료 중단에 관한 법원의 허가를 받는 것이 가능하다고 하더라도, 환자 측이 반드시 비송절차에 따른 허가를 받아야 하는 것은 아니고 소송절차에 의하여 기판력 있는 판결을 구하는 것도 가능하다.

[3] **[다수의견]** 담당 주치의, 진료기록 감정의, 신체 감정의 등의 견해에 따르면 환자는 현재 지속적 식물인간상태로서 자발호흡이 없어 인공호흡기에 의하여 생명이 유지되는 상태로서 회복불가능한 사망의 단계에 진입하였고, 환자의 일상생활에서의 대화 및 현 상태 등에 비추어 볼 때 환자가 현재의 상황에 관한 정보를 충분히 제공받았을 경우 현재 시행되고 있는 연명치료를 중단하고자 하는 의사를 추정할 수 있다.

[대법관 안대희, 양창수의 반대의견] 환자가 회복불가능한 사망의 단계에 이르렀는지를 판단할 때 환자를 계속적으로 진료하여 옴으로써 환자의 상태를 직접적으로 얻은 자료에 의하여 가장 잘 알고 있을 담당 주치의의 의견은 단지 의료기록만을 통하여 환자의 상태에 접근한 다른 전문가의 견해에 비교하여 그에 일정한 무게를 두지 않을 수 없는바, 담당 주치의의 의견에 의하면 환자가 회복불가능한 사망의 단계에 진입했다고 단정할 수 없고, 연명치료의 중단을 환자의 자기결정권에 의하여 정당화하는 한, 그 '추정적 의사'란 환자가 현실적으로 가지는 의사가 객관적인 정황으로부터 추단될 수 있는 경우에만 긍정될 수 있으며 다수의견이 말하는 바와 같은 '가정적 의사' 그 자체만으로 이를 인정할 수 없는바, 연명치료

중단에 관한 환자의 추정적 의사를 인정할 근거가 부족하다.

[대법관 이홍훈, 김능환의 반대의견] 환자가 생명유지장치인 인공호흡기가 이미 삽입, 장착되어 있는 상태에서 그 장치의 제거를 구하는 것이 정당하려면 생명유지장치가 삽입, 장착되어 있는 상태에서도 환자가 비교적 아주 짧은 기간 내에 사망할 것으로 예측, 판단되는 돌이킬 수 없는 사망의 과정에 진입하였다는 점이 전제되어야 하는데, 환자가 아직 뇌사 상태에는 이르지 아니한 지속적 식물인간 상태이고 기대여명이 적어도 4개월 이상이므로, 이러한 경우 환자가 돌이킬 수 없는 사망의 과정에 진입하였다고 할 수는 없다.

미성년, 성년후견관련 민법조문

제5장 후 견

제1절 미성년후견과 성년후견 〈개정 2011. 3. 7.〉

제1관 후견인 〈신설 2011. 3. 7.〉

제928조 (미성년자에 대한 후견의 개시) 미성년자에게 친권자가 없거나 친권자가 제924조, 제924조의2, 제925조 또는 제927조 제1항에 따라 친권의 전부 또는 일부를 행사할 수 없는 경우에는 미성년후견인을 두어야 한다. 〈개정 2014. 10. 15.〉
[전문개정 2011. 3. 7.]

제929조 (성년후견심판에 의한 후견의 개시) 가정법원의 성년후견개시심판이 있는 경우에는 그 심판을 받은 사람의 성년후견인을 두어야 한다.
[전문개정 2011. 3. 7.]

제930조 (후견인의 수와 자격) ① 미성년후견인의 수(數)는 한 명으로 한다.
② 성년후견인은 피성년후견인의 신상과 재산에 관한 모든 사정을 고려하여 여러 명을 둘 수 있다.
③ 법인도 성년후견인이 될 수 있다.
[전문개정 2011. 3. 7.]

제931조 (유언에 의한 미성년후견인의 지정 등) ① 미성년자에게 친권을 행사하는 부모는 유언으로 미성년후견인을 지정할 수 있다. 다만, 법률행위의 대리권과 재산관리권이 없는 친권자는 그러하지 아니하다.
② 가정법원은 제1항에 따라 미성년후견인이 지정된 경우라도 미성년자의 복리를 위하여 필요하면 생존하는 부 또는 모, 미성년자의 청구에 의하여 후견을 종료하고 생존하는 부 또는 모를 친권자로 지정할 수 있다.
[전문개정 2011. 5. 19.]

제932조 (미성년후견인의 선임) ① 가정법원은 제931조에 따라 지정된 미성년후견인이 없는 경우에는 직권으로 또는 미성년자, 친족, 이해관계인, 검사, 지방자치단체의 장의 청구에 의하여 미성년후견인을 선임한다. 미성년후견인이 없게 된 경우에도 또한 같다.
② 가정법원은 제924조, 제924조의2 및 제925조에 따른 친권의 상실, 일시 정지, 일부 제한의 선고 또는 법률행위의 대리권이나 재산관리권 상실의 선고에 따라 미성년후견인을 선임할 필요가 있는 경우에는 직권으로 미성년후견인을 선임한다. 〈개정 2014. 10. 15.〉

③ 친권자가 대리권 및 재산관리권을 사퇴한 경우에는 지체 없이 가정법원에 미성년후견인의 선임을 청구하여야 한다.
[전문개정 2011. 3. 7.]

제933조 삭제 〈2011. 3. 7.〉

제934조 삭제 〈2011. 3. 7.〉

제935조 삭제 〈2011. 3. 7.〉

제936조 (성년후견인의 선임) ① 제929조에 따른 성년후견인은 가정법원이 직권으로 선임한다.
② 가정법원은 성년후견인이 사망, 결격, 그 밖의 사유로 없게 된 경우에도 직권으로 또는 피성년후견인, 친족, 이해관계인, 검사, 지방자치단체의 장의 청구에 의하여 성년후견인을 선임한다.
③ 가정법원은 성년후견인이 선임된 경우에도 필요하다고 인정하면 직권으로 또는 제2항의 청구권자나 성년후견인의 청구에 의하여 추가로 성년후견인을 선임할 수 있다.
④ 가정법원이 성년후견인을 선임할 때에는 피성년후견인의 의사를 존중하여야 하며, 그 밖에 피성년후견인의 건강, 생활관계, 재산상황, 성년후견인이 될 사람의 직업과 경험, 피성년후견인과의 이해관계의 유무(법인이 성년후견인이 될 때에는 사업의 종류와 내용, 법인이나 그 대표자와 피성년후견인 사이의 이해관계의 유무를 말한다) 등의 사정도 고려하여야 한다.
[전문개정 2011. 3. 7.]

제937조 (후견인의 결격사유) 다음 각 호의 어느 하나에 해당하는 자는 후견인이 되지 못한다. 〈개정 2016. 12. 20.〉
1. 미성년자
2. 피성년후견인, 피한정후견인, 피특정후견인, 피임의후견인
3. 회생절차개시결정 또는 파산선고를 받은 자
4. 자격정지 이상의 형의 선고를 받고 그 형기(刑期) 중에 있는 사람
5. 법원에서 해임된 법정대리인
6. 법원에서 해임된 성년후견인, 한정후견인, 특정후견인, 임의후견인과 그 감독인
7. 행방이 불분명한 사람
8. 피후견인을 상대로 소송을 하였거나 하고 있는 사람
9. 제8호에서 정한 사람의 배우자와 직계혈족. 다만, 피후견인의 직계비속은 제외한다.

[전문개정 2011. 3. 7.]

제938조 (후견인의 대리권 등) ① 후견인은 피후견인의 법정대리인이 된다.
② 가정법원은 성년후견인이 제1항에 따라 가지는 법정대리권의 범위를 정할 수 있다.
③ 가정법원은 성년후견인이 피성년후견인의 신상에 관하여 결정할 수 있는 권한의 범

위를 정할 수 있다.
④ 제2항 및 제3항에 따른 법정대리인의 권한의 범위가 적절하지 아니하게 된 경우에 가정법원은 본인, 배우자, 4촌 이내의 친족, 성년후견인, 성년후견감독인, 검사 또는 지방자치단체의 장의 청구에 의하여 그 범위를 변경할 수 있다.
[전문개정 2011. 3. 7.]

제939조 (후견인의 사임) 후견인은 정당한 사유가 있는 경우에는 가정법원의 허가를 받아 사임할 수 있다. 이 경우 그 후견인은 사임청구와 동시에 가정법원에 새로운 후견인의 선임을 청구하여야 한다.
[전문개정 2011. 3. 7.]

제940조 (후견인의 변경) 가정법원은 피후견인의 복리를 위하여 후견인을 변경할 필요가 있다고 인정하면 직권으로 또는 피후견인, 친족, 후견감독인, 검사, 지방자치단체의 장의 청구에 의하여 후견인을 변경할 수 있다.
[전문개정 2011. 3. 7.]

제2관 후견감독인 〈신설 2011. 3. 7.〉

제940조의2 (미성년후견감독인의 지정) 미성년후견인을 지정할 수 있는 사람은 유언으로 미성년후견감독인을 지정할 수 있다.
[본조신설 2011. 3. 7.]

제940조의3 (미성년후견감독인의 선임) ① 가정법원은 제940조의2에 따라 지정된 미성년후견감독인이 없는 경우에 필요하다고 인정하면 직권으로 또는 미성년자, 친족, 미성년후견인, 검사, 지방자치단체의 장의 청구에 의하여 미성년후견감독인을 선임할 수 있다.
② 가정법원은 미성년후견감독인이 사망, 결격, 그 밖의 사유로 없게 된 경우에는 직권으로 또는 미성년자, 친족, 미성년후견인, 검사, 지방자치단체의 장의 청구에 의하여 미성년후견감독인을 선임한다.
[본조신설 2011. 3. 7.]

제940조의4 (성년후견감독인의 선임) ① 가정법원은 필요하다고 인정하면 직권으로 또는 피성년후견인, 친족, 성년후견인, 검사, 지방자치단체의 장의 청구에 의하여 성년후견감독인을 선임할 수 있다.
② 가정법원은 성년후견감독인이 사망, 결격, 그 밖의 사유로 없게 된 경우에는 직권으로 또는 피성년후견인, 친족, 성년후견인, 검사, 지방자치단체의 장의 청구에 의하여 성년후견감독인을 선임한다.
[본조신설 2011. 3. 7.]

제940조의5 (후견감독인의 결격사유) 제779조에 따른 후견인의 가족은 후견감독인이 될 수 없다.

[본조신설 2011. 3. 7.]

제940조의6 (후견감독인의 직무) ① 후견감독인은 후견인의 사무를 감독하며, 후견인이 없는 경우 지체 없이 가정법원에 후견인의 선임을 청구하여야 한다.

② 후견감독인은 피후견인의 신상이나 재산에 대하여 급박한 사정이 있는 경우 그의 보호를 위하여 필요한 행위 또는 처분을 할 수 있다.

③ 후견인과 피후견인 사이에 이해가 상반되는 행위에 관하여는 후견감독인이 피후견인을 대리한다.

[본조신설 2011. 3. 7.]

제940조의7 (위임 및 후견인 규정의 준용) 후견감독인에 대하여는 제681조, 제691조, 제692조, 제930조 제2항·제3항, 제936조 제3항·제4항, 제937조, 제939조, 제940조, 제947조의2 제3항부터 제5항까지, 제949조의2, 제955조 및 제955조의2를 준용한다.

[본조신설 2011. 3. 7.]

제3관 후견인의 임무 〈신설 2011. 3. 7.〉

제941조 (재산조사와 목록작성) ① 후견인은 지체 없이 피후견인의 재산을 조사하여 2개월 내에 그 목록을 작성하여야 한다. 다만, 정당한 사유가 있는 경우에는 법원의 허가를 받아 그 기간을 연장할 수 있다.

② 후견감독인이 있는 경우 제1항에 따른 재산조사와 목록작성은 후견감독인의 참여가 없으면 효력이 없다.

[전문개정 2011. 3. 7.]

제942조 (후견인의 채권·채무의 제시) ① 후견인과 피후견인 사이에 채권·채무의 관계가 있고 후견감독인이 있는 경우에는 후견인은 재산목록의 작성을 완료하기 전에 그 내용을 후견감독인에게 제시하여야 한다.

② 후견인이 피후견인에 대한 채권이 있음을 알고도 제1항에 따른 제시를 게을리한 경우에는 그 채권을 포기한 것으로 본다.

[전문개정 2011. 3. 7.]

제943조 (목록작성전의 권한) 후견인은 재산조사와 목록작성을 완료하기까지는 긴급 필요한 경우가 아니면 그 재산에 관한 권한을 행사하지 못한다. 그러나 이로써 선의의 제삼자에게 대항하지 못한다.

제944조 (피후견인이 취득한 포괄적 재산의 조사 등) 전3조의 규정은 후견인의 취임후에 피후견인이 포괄적 재산을 취득한 경우에 준용한다.

제945조 (미성년자의 신분에 관한 후견인의 권리·의무) 미성년후견인은 제913조 및 제914조에서 규정한 사항에 관하여는 친권자와 동일한 권리와 의무가 있다. 다만, 다음 각 호

의 어느 하나에 해당하는 경우에는 미성년후견감독인이 있으면 그의 동의를 받아야 한다. 〈개정 2021. 1. 26.〉

1. 친권자가 정한 교육방법, 양육방법 또는 거소를 변경하는 경우
2. 삭제 〈2021. 1. 26.〉
3. 친권자가 허락한 영업을 취소하거나 제한하는 경우

[전문개정 2011. 3. 7.]

제946조 (친권 중 일부에 한정된 후견) 미성년자의 친권자가 제924조의2, 제925조 또는 제927조 제1항에 따라 친권 중 일부에 한정하여 행사할 수 없는 경우에 미성년후견인의 임무는 제한된 친권의 범위에 속하는 행위에 한정된다.

[전문개정 2014. 10. 15.]

제947조 (피성년후견인의 복리와 의사존중) 성년후견인은 피성년후견인의 재산관리와 신상보호를 할 때 여러 사정을 고려하여 그의 복리에 부합하는 방법으로 사무를 처리하여야 한다. 이 경우 성년후견인은 피성년후견인의 복리에 반하지 아니하면 피성년후견인의 의사를 존중하여야 한다.

[전문개정 2011. 3. 7.]

제947조의2 (피성년후견인의 신상결정 등) ① 피성년후견인은 자신의 신상에 관하여 그의 상태가 허락하는 범위에서 단독으로 결정한다.

② 성년후견인이 피성년후견인을 치료 등의 목적으로 정신병원이나 그 밖의 다른 장소에 격리하려는 경우에는 가정법원의 허가를 받아야 한다.

③ 피성년후견인의 신체를 침해하는 의료행위에 대하여 피성년후견인이 동의할 수 없는 경우에는 성년후견인이 그를 대신하여 동의할 수 있다.

④ 제3항의 경우 피성년후견인이 의료행위의 직접적인 결과로 사망하거나 상당한 장애를 입을 위험이 있을 때에는 가정법원의 허가를 받아야 한다. 다만, 허가절차로 의료행위가 지체되어 피성년후견인의 생명에 위험을 초래하거나 심신상의 중대한 장애를 초래할 때에는 사후에 허가를 청구할 수 있다.

⑤ 성년후견인이 피성년후견인을 대리하여 피성년후견인이 거주하고 있는 건물 또는 그 대지에 대하여 매도, 임대, 전세권 설정, 저당권 설정, 임대차의 해지, 전세권의 소멸, 그 밖에 이에 준하는 행위를 하는 경우에는 가정법원의 허가를 받아야 한다.

[본조신설 2011. 3. 7.]

제948조 (미성년자의 친권의 대행) ① 미성년후견인은 미성년자를 갈음하여 미성년자의 자녀에 대한 친권을 행사한다.

② 제1항의 친권행사에는 미성년후견인의 임무에 관한 규정을 준용한다.

[전문개정 2011. 3. 7.]

제949조 (재산관리권과 대리권) ①후견인은 피후견인의 재산을 관리하고 그 재산에 관한

법률행위에 대하여 피후견인을 대리한다.

② 제920조 단서의 규정은 전항의 법률행위에 준용한다.

제949조의2 (성년후견인이 여러 명인 경우 권한의 행사 등) ① 가정법원은 직권으로 여러 명의 성년후견인이 공동으로 또는 사무를 분장하여 그 권한을 행사하도록 정할 수 있다.

② 가정법원은 직권으로 제1항에 따른 결정을 변경하거나 취소할 수 있다.

③ 여러 명의 성년후견인이 공동으로 권한을 행사하여야 하는 경우에 어느 성년후견인이 피성년후견인의 이익이 침해될 우려가 있음에도 법률행위의 대리 등 필요한 권한행사에 협력하지 아니할 때에는 가정법원은 피성년후견인, 성년후견인, 후견감독인 또는 이해관계인의 청구에 의하여 그 성년후견인의 의사표시를 갈음하는 재판을 할 수 있다.

[본조신설 2011. 3. 7.]

제949조의3 (이해상반행위) 후견인에 대하여는 제921조를 준용한다. 다만, 후견감독인이 있는 경우에는 그러하지 아니하다.

[본조신설 2011. 3. 7.]

제950조 (후견감독인의 동의를 필요로 하는 행위) ① 후견인이 피후견인을 대리하여 다음 각 호의 어느 하나에 해당하는 행위를 하거나 미성년자의 다음 각 호의 어느 하나에 해당하는 행위에 동의를 할 때는 후견감독인이 있으면 그의 동의를 받아야 한다.

1. 영업에 관한 행위
2. 금전을 빌리는 행위
3. 의무만을 부담하는 행위
4. 부동산 또는 중요한 재산에 관한 권리의 득실변경을 목적으로 하는 행위
5. 소송행위
6. 상속의 승인, 한정승인 또는 포기 및 상속재산의 분할에 관한 협의

② 후견감독인의 동의가 필요한 행위에 대하여 후견감독인이 피후견인의 이익이 침해될 우려가 있음에도 동의를 하지 아니하는 경우에는 가정법원은 후견인의 청구에 의하여 후견감독인의 동의를 갈음하는 허가를 할 수 있다.

③ 후견감독인의 동의가 필요한 법률행위를 후견인이 후견감독인의 동의 없이 하였을 때에는 피후견인 또는 후견감독인이 그 행위를 취소할 수 있다.

[전문개정 2011. 3. 7.]

제951조 (피후견인의 재산 등의 양수에 대한 취소) ① 후견인이 피후견인에 대한 제3자의 권리를 양수(讓受)하는 경우에는 피후견인은 이를 취소할 수 있다.

② 제1항에 따른 권리의 양수의 경우 후견감독인이 있으면 후견인은 후견감독인의 동의를 받아야 하고, 후견감독인의 동의가 없는 경우에는 피후견인 또는 후견감독인이 이를 취소할 수 있다.

[전문개정 2011. 3. 7.]

제952조 (상대방의 추인 여부 최고) 제950조 및 제951조의 경우에는 제15조를 준용한다.
[전문개정 2011. 3. 7.]

제953조 (후견감독인의 후견사무의 감독) 후견감독인은 언제든지 후견인에게 그의 임무 수행에 관한 보고와 재산목록의 제출을 요구할 수 있고 피후견인의 재산상황을 조사할 수 있다.
[전문개정 2011. 3. 7.]

제954조 (가정법원의 후견사무에 관한 처분) 가정법원은 직권으로 또는 피후견인, 후견감독인, 제777조에 따른 친족, 그 밖의 이해관계인, 검사, 지방자치단체의 장의 청구에 의하여 피후견인의 재산상황을 조사하고, 후견인에게 재산관리 등 후견임무 수행에 관하여 필요한 처분을 명할 수 있다.
[전문개정 2011. 3. 7.]

제955조 (후견인에 대한 보수) 법원은 후견인의 청구에 의하여 피후견인의 재산상태 기타 사정을 참작하여 피후견인의 재산 중에서 상당한 보수를 후견인에게 수여할 수 있다.

제955조의2 (지출금액의 예정과 사무비용) 후견인이 후견사무를 수행하는 데 필요한 비용은 피후견인의 재산 중에서 지출한다.
[본조신설 2011. 3. 7.]

제956조 (위임과 친권의 규정의 준용) 제681조 및 제918조의 규정은 후견인에게 이를 준용한다.

제4관 후견의 종료 〈신설 2011. 3. 7.〉

제957조 (후견사무의 종료와 관리의 계산) ① 후견인의 임무가 종료된 때에는 후견인 또는 그 상속인은 1개월 내에 피후견인의 재산에 관한 계산을 하여야 한다. 다만, 정당한 사유가 있는 경우에는 법원의 허가를 받아 그 기간을 연장할 수 있다.
② 제1항의 계산은 후견감독인이 있는 경우에는 그가 참여하지 아니하면 효력이 없다.
[전문개정 2011. 3. 7.]

제958조 (이자의 부가와 금전소비에 대한 책임) ① 후견인이 피후견인에게 지급할 금액이나 피후견인이 후견인에게 지급할 금액에는 계산종료의 날로부터 이자를 부가하여야 한다.
② 후견인이 자기를 위하여 피후견인의 금전을 소비한 때에는 그 소비한 날로부터 이자를 부가하고 피후견인에게 손해가 있으면 이를 배상하여야 한다.

제959조 (위임규정의 준용) 제691조, 제692조의 규정은 후견의 종료에 이를 준용한다.

제 2 절 한정후견과 특정후견 〈신설 2011. 3. 7.〉

제959조의2 (한정후견의 개시) 가정법원의 한정후견개시의 심판이 있는 경우에는 그 심판을 받은 사람의 한정후견인을 두어야 한다.
[본조신설 2011. 3. 7.]

제959조의3 (한정후견인의 선임 등) ① 제959조의2에 따른 한정후견인은 가정법원이 직권으로 선임한다.
② 한정후견인에 대하여는 제930조 제2항·제3항, 제936조 제2항부터 제4항까지, 제937조, 제939조, 제940조 및 제949조의3을 준용한다.
[본조신설 2011. 3. 7.]

제959조의4 (한정후견인의 대리권 등) ① 가정법원은 한정후견인에게 대리권을 수여하는 심판을 할 수 있다.
② 한정후견인의 대리권 등에 관하여는 제938조 제3항 및 제4항을 준용한다.
[본조신설 2011. 3. 7.]

제959조의5 (한정후견감독인) ① 가정법원은 필요하다고 인정하면 직권으로 또는 피한정후견인, 친족, 한정후견인, 검사, 지방자치단체의 장의 청구에 의하여 한정후견감독인을 선임할 수 있다.
② 한정후견감독인에 대하여는 제681조, 제691조, 제692조, 제930조 제2항·제3항, 제936조 제3항·제4항, 제937조, 제939조, 제940조, 제940조의3 제2항, 제940조의5, 제940조의6, 제947조의2 제3항부터 제5항까지, 제949조의2, 제955조 및 제955조의2를 준용한다. 이 경우 제940조의6 제3항 중 "피후견인을 대리한다"는 "피한정후견인을 대리하거나 피한정후견인이 그 행위를 하는 데 동의한다"로 본다.
[본조신설 2011. 3. 7.]

제959조의6 (한정후견사무) 한정후견의 사무에 관하여는 제681조, 제920조 단서, 제947조, 제947조의2, 제949조, 제949조의2, 제949조의3, 제950조부터 제955조까지 및 제955조의2를 준용한다.
[본조신설 2011. 3. 7.]

제959조의7 (한정후견인의 임무의 종료 등) 한정후견인의 임무가 종료한 경우에 관하여는 제691조, 제692조, 제957조 및 제958조를 준용한다.
[본조신설 2011. 3. 7.]

제959조의8 (특정후견에 따른 보호조치) 가정법원은 피특정후견인의 후원을 위하여 필요한 처분을 명할 수 있다.
[본조신설 2011. 3. 7.]

제959조의9 (특정후견인의 선임 등) ① 가정법원은 제959조의8에 따른 처분으로 피특정후

견인을 후원하거나 대리하기 위한 특정후견인을 선임할 수 있다.

② 특정후견인에 대하여는 제930조 제2항·제3항, 제936조 제2항부터 제4항까지, 제937조, 제939조 및 제940조를 준용한다.

[본조신설 2011. 3. 7.]

제959조의10 (특정후견감독인) ① 가정법원은 필요하다고 인정하면 직권으로 또는 피특정후견인, 친족, 특정후견인, 검사, 지방자치단체의 장의 청구에 의하여 특정후견감독인을 선임할 수 있다.

② 특정후견감독인에 대하여는 제681조, 제691조, 제692조, 제930조 제2항·제3항, 제936조 제3항·제4항, 제937조, 제939조, 제940조, 제940조의5, 제940조의6, 제949조의2, 제955조 및 제955조의2를 준용한다.

[본조신설 2011. 3. 7.]

제959조의11 (특정후견인의 대리권) ① 피특정후견인의 후원을 위하여 필요하다고 인정하면 가정법원은 기간이나 범위를 정하여 특정후견인에게 대리권을 수여하는 심판을 할 수 있다.

② 제1항의 경우 가정법원은 특정후견인의 대리권 행사에 가정법원이나 특정후견감독인의 동의를 받도록 명할 수 있다.

[본조신설 2011. 3. 7.]

제959조의12 (특정후견사무) 특정후견의 사무에 관하여는 제681조, 제920조 단서, 제947조, 제949조의2, 제953조부터 제955조까지 및 제955조의2를 준용한다.

[본조신설 2011. 3. 7.]

제959조의13 (특정후견인의 임무의 종료 등) 특정후견인의 임무가 종료한 경우에 관하여는 제691조, 제692조, 제957조 및 제958조를 준용한다.

[본조신설 2011. 3. 7.]

제 3 절 후견계약 〈신설 2011. 3. 7.〉

제959조의14 (후견계약의 의의와 체결방법 등) ① 후견계약은 질병, 장애, 노령, 그 밖의 사유로 인한 정신적 제약으로 사무를 처리할 능력이 부족한 상황에 있거나 부족하게 될 상황에 대비하여 자신의 재산관리 및 신상보호에 관한 사무의 전부 또는 일부를 다른 자에게 위탁하고 그 위탁사무에 관하여 대리권을 수여하는 것을 내용으로 한다.

② 후견계약은 공정증서로 체결하여야 한다.

③ 후견계약은 가정법원이 임의후견감독인을 선임한 때부터 효력이 발생한다.

④ 가정법원, 임의후견인, 임의후견감독인 등은 후견계약을 이행·운영할 때 본인의 의사를 최대한 존중하여야 한다.

[본조신설 2011. 3. 7.]

제959조의15 (임의후견감독인의 선임) ① 가정법원은 후견계약이 등기되어 있고, 본인이 사무를 처리할 능력이 부족한 상황에 있다고 인정할 때에는 본인, 배우자, 4촌 이내의 친족, 임의후견인, 검사 또는 지방자치단체의 장의 청구에 의하여 임의후견감독인을 선임한다.

② 제1항의 경우 본인이 아닌 자의 청구에 의하여 가정법원이 임의후견감독인을 선임할 때에는 미리 본인의 동의를 받아야 한다. 다만, 본인이 의사를 표시할 수 없는 때에는 그러하지 아니하다.

③ 가정법원은 임의후견감독인이 없게 된 경우에는 직권으로 또는 본인, 친족, 임의후견인, 검사 또는 지방자치단체의 장의 청구에 의하여 임의후견감독인을 선임한다.

④ 가정법원은 임의후견임감독인이 선임된 경우에도 필요하다고 인정하면 직권으로 또는 제3항의 청구권자의 청구에 의하여 임의후견감독인을 추가로 선임할 수 있다.

⑤ 임의후견감독인에 대하여는 제940조의5를 준용한다.

[본조신설 2011. 3. 7.]

제959조의16 (임의후견감독인의 직무 등) ① 임의후견감독인은 임의후견인의 사무를 감독하며 그 사무에 관하여 가정법원에 정기적으로 보고하여야 한다.

② 가정법원은 필요하다고 인정하면 임의후견감독인에게 감독사무에 관한 보고를 요구할 수 있고 임의후견인의 사무 또는 본인의 재산상황에 대한 조사를 명하거나 그 밖에 임의후견감독인의 직무에 관하여 필요한 처분을 명할 수 있다.

③ 임의후견감독인에 대하여는 제940조의6 제2항·제3항, 제940조의7 및 제953조를 준용한다.

[본조신설 2011. 3. 7.]

제959조의17 (임의후견개시의 제한 등) ① 임의후견인이 제937조 각 호에 해당하는 자 또는 그 밖에 현저한 비행을 하거나 후견계약에서 정한 임무에 적합하지 아니한 사유가 있는 자인 경우에는 가정법원은 임의후견감독인을 선임하지 아니한다.

② 임의후견감독인을 선임한 이후 임의후견인이 현저한 비행을 하거나 그 밖에 그 임무에 적합하지 아니한 사유가 있게 된 경우에는 가정법원은 임의후견감독인, 본인, 친족, 검사 또는 지방자치단체의 장의 청구에 의하여 임의후견인을 해임할 수 있다.

[본조신설 2011. 3. 7.]

제959조의18 (후견계약의 종료) ① 임의후견감독인의 선임 전에는 본인 또는 임의후견인은 언제든지 공증인의 인증을 받은 서면으로 후견계약의 의사표시를 철회할 수 있다.

② 임의후견감독인의 선임 이후에는 본인 또는 임의후견인은 정당한 사유가 있는 때에만 가정법원의 허가를 받아 후견계약을 종료할 수 있다.

[본조신설 2011. 3. 7.]

제959조의19 (임의후견인의 대리권 소멸과 제3자와의 관계) 임의후견인의 대리권 소멸은 등기하지 아니하면 선의의 제3자에게 대항할 수 없다.

[본조신설 2011. 3. 7.]

제959조의20 (후견계약과 성년후견·한정후견·특정후견의 관계) ① 후견계약이 등기되어 있는 경우에는 가정법원은 본인의 이익을 위하여 특별히 필요할 때에만 임의후견인 또는 임의후견감독인의 청구에 의하여 성년후견, 한정후견 또는 특정후견의 심판을 할 수 있다. 이 경우 후견계약은 본인이 성년후견 또는 한정후견 개시의 심판을 받은 때 종료된다.

② 본인이 피성년후견인, 피한정후견인 또는 피특정후견인인 경우에 가정법원은 임의후견감독인을 선임함에 있어서 종전의 성년후견, 한정후견 또는 특정후견의 종료 심판을 하여야 한다. 다만, 성년후견 또는 한정후견 조치의 계속이 본인의 이익을 위하여 특별히 필요하다고 인정하면 가정법원은 임의후견감독인을 선임하지 아니한다.

[본조신설 2011. 3. 7.]

서식색인

[ㅁ]

[ㅅ]

[ㅇ]

[ㅌ]

[ㅍ]

[ㅎ]

사 항 색 인

저자약력

■ 저 자

법학박사
행 정 사 **김 동 근**

대한민국 법률전문서적 최다출간 저자
(한국의 기네스북 KRI 한국기록원 공식인증)

숭실대학교 법과대학 법학과 졸업(법학사)
숭실대학교 법학대학원 졸업(법학박사)

현, 숭실대학교 초빙교수
중앙법률사무교육원 교수
한국법무보호학회 이사
행정심판학회 학회장
국가전문자격시험 출제위원
YMCA 병설 월만시민문화연구소 연구위원

전, 서울시장후보 법률특보단장
대통령후보 디지털성범죄예방 특별위원회 자문위원

【저 서】
- 가사소송 이론 및 실무(진원사)
- 한권으로 끝내는 가사소송실무(법률출판사)
- 이혼소송부터 가압류 강제집행까지(법률출판사)
- 유형별 가사분쟁실무(진원사)
- 가사소송실무 Ⅰ, Ⅱ(진원사)
- 이혼소송에서 위자료 재산분할까지(진원사)
- 가사소송법실무 (진원사)
- 나홀로 하는 가사소송실무(진원사)
- 가사이혼소송실무(중앙법률사무교육원)
- 내가 이혼전문법호사다(지식공감)
- 나홀로 하는 가사소송실무(진원사)
- 가사소송법실무(진원사)
- 상속분할과 유류분청구(진원사) 외 57권

■ 감 수

변호사 **정 동 근**

서울대학교 경제학과, 법학과
서울대학교 대학원 법학과(민법전공)
사법연수원 40기
법무법인 조율 구성원 변호사

【저 서】
- 가사소송실무 Ⅰ, Ⅱ(진원사)
- 나홀로 하는 가사소송실무(진원사)

[제2판] 미성년·성년후견소송

저　　자 김 동 근
발 행 인 양 진 수
발 행 처 진 원 사

2014년 4월 28일 초 판 발행
2023년 6월 14일 제2판 인쇄
2023년 6월 28일 제2판 발행

서울시 송파구 법원로 9길 26, C동 1107호 (문정동, H비즈니스파크)
전화 : 02) 916-1850 / 팩스 : 02) 916-3442
신고번호 제 2018 - 000026호
http://www.jinwonsa.co.kr
e-mail : hhansin@hanmail.net

ISBN : 978-89-6346-626-2　　93360

정가 35,000원